山右叢書　　山右歷史文化研究院　編

仰節堂集

（外五種）

［明］曹于汴　撰　　李蹊　點校

上海古籍出版社

圖書在版編目（CIP）數據

仰節堂集（外五種）/（明）曹于汴撰；李躞點校. —上海：
上海古籍出版社，2018.6
（山右叢書）
ISBN 978-7-5325-8866-4

Ⅰ.①仰…　Ⅱ.①曹…②李…　Ⅲ.①曹于汴
（1558-1634）—文集　Ⅳ.①Z424.8

中國版本圖書館 CIP 數據核字（2018）第 123780 號

仰節堂集（外五種）

山右叢書

（明）曹于汴　撰

李躞　點校

上海古籍出版社出版發行

（上海瑞金二路 272 號　郵政編碼 200020）

（1）網址：www.guji.com.cn

（2）E-mail：guji1@guji.com.cn

（3）易文網網址：www.ewen.co

浙江臨安曙光印務有限公司印刷

開本 700×1000　1/16　印張 20.25　插頁 2　字數 245,000

2018 年 6 月第 1 版　2018 年 6 月第 1 次印刷

印數：1-1,100

ISBN 978-7-5325-8866-4

G·685　定價：82.00 元

如有質量問題，請與承印公司聯繫

目　録

仰節堂集

附《曹門學則》《共發編》
《共發續編》《乾臺筆記》
《門人問答語》

〔明〕曹于汴　撰

李　蹊　點校

點校説明 …………………………………………………… 三

仰節堂集 …………………………………………………… 五

　序 ……………………………………………… 高攀龍　五

　序 ……………………………………………… 馮從吾　七

　小引 …………………………………………… 劉在庭　九

　序 ……………………………………………… 辛　全　一一

仰節堂集卷一 ……………………………………………… 一三

　序 ………………………………………………………… 一三

　　江西鄉試録後序 ……………………………………… 一三

《崇賢録》序 ……………………………………… 一四

馮少墟先生集序 ………………………………… 一五

《理言什一》序 …………………………………… 一六

《質言》序 ………………………………………… 一六

《讀易夢覺》序 …………………………………… 一七

《四書説意》序 …………………………………… 一八

《四書疑問》序 …………………………………… 一九

《銀臺政紀》序 …………………………………… 一九

馮慕岡先生《語録》序 ………………………… 二〇

《馮慕岡先生年譜》序 ………………………… 二一

重刻《我真語略》序 …………………………… 二二

《理學文鵠》序 …………………………………… 二二

《鯤伯詩選》序 …………………………………… 二三

《孔廟禮樂考》序 ……………………………… 二四

《七克》序 ………………………………………… 二四

《滕縣救荒事宜》序 …………………………… 二五

《讀史斷章》序 …………………………………… 二六

《三臺奏議》序 …………………………………… 二七

贈運庠廣文景岳康君育才館造士序 ………… 二八

《育才館同志録》序 …………………………… 二九

《傳是堂合編》序 ……………………………… 三〇

贈齔臺侍御緝敬李公祖育才傳是序 ………… 三〇

仰節堂集卷二 ………………………………… 三三

叙 ………………………………………………… 三三

《安邑縣志》序 …………………………………… 三三

刻《禦夷集》序 …………………………………… 三四

《春秋房四書同門稿》序 ……………………………… 三四

《春秋房同門經稿》序 ………………………………… 三五

劉公宰邢《給由録》序 ………………………………… 三六

《登壇必究》序 ………………………………………… 三七

《泰西水法》序 ………………………………………… 三七

《治本書》序 …………………………………………… 三八

《九族類鑒》序 ………………………………………… 三九

賀馮少墟先生六帙序丙辰嘉平月 ……………………… 四〇

《楊氏七孝芳聲》序 …………………………………… 四一

送修吾李先生巡撫江北序 ……………………………… 四二

送許繩齋公祖入賀萬壽序 ……………………………… 四三

賀于虹蛟公祖兩臺交薦序 ……………………………… 四四

贈吳中麓父母入覲序 …………………………………… 四五

送潘子孟深貳刺膠州序 ………………………………… 四六

賀邑貳尹定宇賈父母擢尹餘慶序 ……………………… 四七

贈張蓮汀寅丈南歸序 …………………………………… 四八

送劉生本唐西還序 ……………………………………… 四八

賀張碩人烏臺旌節序 …………………………………… 四九

辛母陶夫人七旬壽言序 ………………………………… 五一

甯公異政序 ……………………………………………… 五一

《養心録》序 …………………………………………… 五二

仰節堂集卷三 …………………………………………… 五四

引 ………………………………………………………… 五四

張時庵先生八十壽册引 ………………………………… 五四

《仙掖貤封》詩引 ……………………………………… 五四

題跋 …………………………………………………… 五五

　題文公朱先生《經濟文衡》 ………………………… 五五

　題南皋先生教言 ………………………………………… 五六

　題《貞裕堂集》 ………………………………………… 五六

　題劉孺人《苦貞録》 ………………………………… 五七

　題《抑齋盧公夫婦傳》 ……………………………… 五八

　題《張緑汀年兄主教華陰卷》 …………………… 五八

　題孫生《廬墓克孝册》 ……………………………… 五九

　題譚生《十略》 ………………………………………… 五九

　題《日星樓麟藝》 ……………………………………… 六〇

　題《海陽别意卷》 ……………………………………… 六一

　題胡君《遺愛册》 ……………………………………… 六一

　《芸窗紀愚》跋 ………………………………………… 六二

　《公餘漫興》跋 ………………………………………… 六二

　《玉笥山房集》跋 ……………………………………… 六三

　《劉世子夏卿傳》跋 ………………………………… 六四

　楊明宇都尉《榮壞集》跋 …………………………… 六四

　《薛文清公行實録纂》跋 …………………………… 六五

　讀《李如真先生集》 ………………………………… 六五

　書江汝修《夢蓮卷》 ………………………………… 六六

　書《知非語》 …………………………………………… 六六

　書劉冲倩《飲水携雲卷》 …………………………… 六七

　書《存陰説》 …………………………………………… 六七

　書《權書止觀》 ………………………………………… 六七

　題薛文清公像 …………………………………………… 六八

　書《治病要語》 ………………………………………… 六八

書《濟世靈樞》 …………………… 六八

書《自渡語》 ……………………… 六九

仰節堂集卷四 …………………… 七〇

記 …………………………………… 七〇

婺源朱氏藏書樓記………………… 七〇

淮北堤工記………………………… 七一

學《易》堂記 ……………………… 七二

平陸縣創鑿興文渠碑記…………… 七三

安定祠碑記………………………… 七四

節孝祠碑記………………………… 七四

孟烈孝祠碑記……………………… 七五

孔節婦祠碑記……………………… 七六

趙烈婦祠碑記……………………… 七六

增建觀音廟碑記…………………… 七七

一樂堂記…………………………… 七八

修社學記…………………………… 七八

仰節堂記…………………………… 七九

遊西山記…………………………… 七九

遊龍門記…………………………… 八一

郤陽縣興復阿衡書院記…………… 八三

重修志道書院置田供贍碑記 ……… 八四

侍御緝敬李公生祠記……………… 八五

萬泉侯懷洙范公去思碑記………… 八六

説 ………………………………… 八七

睦族善俗説………………………… 八七

共學説……………………………… 八八

質學説 …………………………………………… 八八

貧富説 …………………………………………… 八九

矢神説 …………………………………………… 九〇

仰節堂集卷五 ………………………………… 九二

墓誌銘 ………………………………………… 九二

顯考累贈徵仕郎刑科右給事中雲津曹府君顯前妣贈

　孺人喬氏顯妣封太孺人張氏合葬墓誌銘 ………… 九二

處士知一先生張公墓誌銘 ………………………… 九四

湖廣按察司僉事慕岡馮公墓誌銘 ………………… 九七

劉介達先生墓誌銘 ……………………………… 一〇〇

張文學見義公墓誌銘 …………………………… 一〇二

定陶縣尹大墅賈公墓誌銘 ……………………… 一〇四

王龍田先生墓誌銘 ……………………………… 一〇六

孝義張仲子北溪暨配李氏合葬墓誌銘 ………… 一〇七

劉孺人曹氏墓誌銘 ……………………………… 一〇八

茂才張子叔艮墓誌銘 …………………………… 一〇九

李母贈孺人羅氏累贈孺人曹氏合葬墓誌銘 …… 一一〇

湖廣鄖陽府同知淥汀張公墓誌銘 ……………… 一一三

明高密侯明軒甯公配孺人王氏合葬墓誌銘 …… 一一五

明義官小川呂公墓誌銘 ………………………… 一一七

仰節堂集卷六 ……………………………… 一一九

祭文 ………………………………………… 一一九

祭王心齋先生文 ………………………………… 一一九

祭慕岡年兄文 …………………………………… 一一九

祭劉朴庵兄文 …………………………………… 一二〇

祭知一張先生年伯文 …………………………… 一二一

祭宋正吾公祖文 …………………………………… 一二一

祭鮑中素先生文 …………………………………… 一二二

祭鄒南皋先生文 …………………………………… 一二三

祭張生旭初文 ……………………………………… 一二三

仰節堂集卷七 ……………………………………… 一二五

議 ………………………………………………… 一二五

防倭議 …………………………………………… 一二五

結民心薦奇才議 ………………………………… 一二七

開荒議 …………………………………………… 一二九

撫虜議 …………………………………………… 一三〇

仰節堂集卷八 ……………………………………… 一三二

尺牘 ……………………………………………… 一三二

與鄒南皋先生 …………………………………… 一三二

答李贊宇 ………………………………………… 一三二

又答李贊宇 ……………………………………… 一三三

答盧生守恭 ……………………………………… 一三四

與譚生大禮等兩會 ……………………………… 一三八

復賈泰巖 ………………………………………… 一三九

復馮慕岡 ………………………………………… 一四〇

復蘇弼垣 ………………………………………… 一四二

上劉晉川先生 …………………………………… 一四三

簡劉朴庵 ………………………………………… 一四四

復瞿慕川 ………………………………………… 一四四

仰節堂集卷九·······················一四六

　尺牘·······················一四六

　　復馮慕岡·······················一四六

　　復馮憲卿·······················一四七

　　簡晉柏陽·······················一四七

　　復潘生以忠·······················一四八

　　簡譚同節·······················一四八

　　復鮑君傑·······················一四九

　　復譚同節·······················一四九

　　復趙乾所·······················一五一

　　復婺源趙大尹青石·······················一五一

　　復李肖溪·······················一五二

　讚·······················一五三

　　孔子手書讚·······················一五三

　　孔子手植檜讚·······················一五三

　　陳楚英先生像讚·······················一五三

　　慕岡先生像讚·······················一五四

　　自題小像·······················一五四

　　四旬七又題小像·······················一五四

　銘·······················一五四

　　素帳銘長至前題·······················一五四

仰節堂集卷十·······················一五六

　表策·······················一五六

　　擬史臣欽承上命重録太祖高皇帝御製文集

進呈表萬曆三十四年江西程 ……………………… 一五六

薦舉策丙午江西程 ……………………………… 一五七

仁體策丙午江西程 ……………………………… 一六一

仰節堂集卷十一 ……………………………… 一六五

約言 …………………………………………… 一六五

明學會約 ……………………………………… 一六五

志道書院約言 ………………………………… 一六六

叙安定祠會約 ………………………………… 一六七

節孝祠會約序 ………………………………… 一六八

文昌閣會約序 ………………………………… 一六九

講書約言 ……………………………………… 一七〇

鷹揚會約 ……………………………………… 一七一

仰節堂集卷十二 ……………………………… 一七三

五言古詩 ……………………………………… 一七三

題徐翼所年伯《素履圖説》十二首 …………… 一七三

和馮慕岡年兄五詩 …………………………… 一七五

題首善書院 …………………………………… 一七六

感懷 …………………………………………… 一七六

雜詩二十二首 ………………………………… 一七六

有感二首 ……………………………………… 一八一

上李大蘭先生四首 …………………………… 一八一

感事一首萬曆辛丑四月八日 ………………… 一八二

春日 …………………………………………… 一八二

得家音 ………………………………………… 一八二

買竹 …………………………………………… 一八二

謝任竹東詩扇 ………………………………… 一八三

輓趙公子并何烈婦有引 ……………………… 一八三

挽董烈婦 ……………………………………… 一八三

贈別絳庠蘇小泉廣文還秦 …………………… 一八四

遊祥宇李公園 ………………………………… 一八四

歸德沈孝女 …………………………………… 一八四

贈曠聲和 ……………………………………… 一八四

都下見西山 …………………………………… 一八四

贈別胡生敬明守戎 …………………………… 一八五

送別戴肩吾 …………………………………… 一八五

癸丑村居雜詩六首 …………………………… 一八五

送別劉年兄豫吾 ……………………………… 一八六

有懷 …………………………………………… 一八七

張無翼茂才索詩 ……………………………… 一八七

葦棚詩 ………………………………………… 一八七

青苔 …………………………………………… 一八七

懷公周廷諸友 ………………………………… 一八八

擬卜居樸庵諸君附近寓懷二首 ……………… 一八八

吊趙烈婦 ……………………………………… 一八八

陶村送別友人 ………………………………… 一八八

贈梁思軒年丈 ………………………………… 一八九

招子榮 ………………………………………… 一八九

關王 …………………………………………… 一八九

與胡上舍 ……………………………………… 一八九

示戒 …………………………………………… 一八九

沈頤貞年伯祀鄉賢 …………………………… 一九〇

輓張年伯母 …………………………………… 一九〇

曲江李年伯 …………………………………… 一九〇

懷思庸先生 …………………………………… 一九〇

讀斛山遺稿 …………………………………… 一九〇

咏喬丹山先生 ………………………………… 一九一

送劉友南還 …………………………………… 一九一

遊北園 ………………………………………… 一九一

吊丁文堂先生 ………………………………… 一九一

徐鳴卿得告南還賦贈 ………………………… 一九二

題史武麟年兄怡怡堂 ………………………… 一九二

熊念塘年丈終養畢謁選任婺源 …………… 一九二

晋松陽乃翁年伯中丞公七帙 ………………… 一九三

寄別張警庵 …………………………………… 一九三

汪中臺年伯祀名宦鄉賢 ……………………… 一九四

贈王金晹計部回南壽其兄復姓孔氏 ……… 一九四

懷昔吟八首 …………………………………… 一九四

贈別戴生 ……………………………………… 一九六

感懷六首 ……………………………………… 一九六

會友有談歸賦寄 ……………………………… 一九七

寄壽徐封君 …………………………………… 一九七

寄報沈湛源博士 ……………………………… 一九八

寄報何霽懷京兆 ……………………………… 一九八

送曾公祖南巡廣西 …………………………… 一九八

讀朝制先生詩語 ……………………………… 一九九

咏耿敬亭年伯 ………………………………… 一九九

王紳字朝用千户 ……………………………… 一九九

世界吟 ………………………………………… 一九九

莫相憎吟 …………………………………… 一九九

咏寓邸四槐 ………………………………… 二〇〇

癸亥冬得告西還途次漫賦 ………… 二〇〇

贈別李本晦侍御 ………………………… 二〇一

平房成 ……………………………………… 二〇一

歸田園 ……………………………………… 二〇二

七言古詩 ………………………………… 二〇二

久旱禱雨有應 …………………………… 二〇二

漫歌行 ……………………………………… 二〇二

從征行 ……………………………………… 二〇三

賈玉行 ……………………………………… 二〇三

濯德歌 ……………………………………… 二〇三

慎防歌 ……………………………………… 二〇三

近觀歌 ……………………………………… 二〇四

大同歌 ……………………………………… 二〇四

哀丁生賓 …………………………………… 二〇四

良良歌 ……………………………………… 二〇四

壽何年伯有引 …………………………… 二〇五

沈孟威年兄乃堂伯母節壽歌 ……… 二〇五

輓熊太孺人 ……………………………… 二〇五

揭曉前一日有友索歌歌此 ………… 二〇六

咏知一張年伯似綠汀年丈 ………… 二〇六

贈別劉冲倩 ……………………………… 二〇六

仰節堂集卷十三 ……………………… 二〇八

五言律詩 ………………………………… 二〇八

會胡慕東掌科於泓芝驛 …………… 二〇八

清明 ………………………………………… 二〇八

與北溪表弟…………………………………… 二〇八

壽陳丈五十……………………………………… 二〇八

訪劉友不遇和其除夕韵………………………… 二〇八

和米山人除夕詩………………………………… 二〇九

夢遊河津遇蘇石水醒識其狀甲辰四月十七……… 二〇九

乙巳七月再遊西園二首………………………… 二〇九

劉定余先生園亭植杏以肖杏壇招飲花前貺詩

　扇賦謝四首………………………………… 二〇九

七言律詩………………………………………… 二一〇

和馮少墟先生勉學詩…………………………… 二一〇

平藩太宇宗侯遺詩步韵以謝二首……………… 二一〇

懷淮陰士民二首………………………………… 二一一

步韵報盧茂才橋梓併致諸友二首……………… 二一一

謁韓侯廟………………………………………… 二一一

志感有引………………………………………… 二一一

村居……………………………………………… 二一二

贈馮少墟先生西還得扉字壬戌仲冬……………… 二一二

步韵謝別太宇賢藩二首………………………… 二一二

龍逢塚…………………………………………… 二一二

魏豹城…………………………………………… 二一三

贈別徐明衡天部以請贈薛西原先生得謫………… 二一三

和呂豫石天部傚學詩十首……………………… 二一三

仰節堂集卷十四………………………………… 二一五

五言絕句………………………………………… 二一五

省躬詩一百三十首……………………………… 二一五

和鄒南皋先生寄示三詩………………………… 二二九

劉冲倩誕初子錫朋 ……………………………… 二三〇

劉冲倩定嗣長子錫蕃 ……………………………… 二三〇

劉冲倩誕次子錫履 ………………………………… 二三〇

七言絕句 …………………………………………… 二三〇

獨坐 ………………………………………………… 二三〇

和友講道 …………………………………………… 二三〇

賞牡丹 ……………………………………………… 二三〇

坐思 ………………………………………………… 二三一

吳安節先生貽詩步韵以謝 ………………………… 二三一

新月 ………………………………………………… 二三一

癸丑村居雜詩 ……………………………………… 二三一

聞報書懷四首_{丁巳} ……………………………… 二三二

初任司理到任日吏用印報云升授吏科給事中

　　虛套取喜何必乃爾走筆題其上 ………………… 二三二

梁燕重來二首_{行取候命} ……………………………… 二三二

藤 …………………………………………………… 二三三

竹 …………………………………………………… 二三三

迎春花 ……………………………………………… 二三三

葵花 ………………………………………………… 二三三

榴 …………………………………………………… 二三三

落花 ………………………………………………… 二三三

咏垂楊似座中友 …………………………………… 二三三

題北園十五首 ……………………………………… 二三四

避暑姚館漫題_{乙巳} ………………………………… 二三五

南遊八首 …………………………………………… 二三六

會堂和楊晉庵先生勉學詩七首 …………………… 二三七

鳶飛魚躍 …………………………………………… 二三七

和張霽春談某詩 ………………………………… 二三八

《仰節堂集》後語 …………………………… 戴　任　二三九

附録 ……………………………………………… 二四〇

重刻《仰節堂文集》序 ………………… 吕崇烈　二四〇

曹門學則 …………………………………………… 二四一

奏疏　刑科 ……………………………………… 二四一

天事當欽時事可虞疏 ………………………… 二四一

嚴禁貪墨疏 ……………………………………… 二四二

乞結滯獄疏 ……………………………………… 二四四

乞勘冤獄疏 ……………………………………… 二四五

生徒毆辱提調乞正法疏 ……………………… 二四六

吏科都察典屆期申明約列疏 ……………… 二四八

乞通章奏疏 ……………………………………… 二五〇

乞亟允枚卜疏 …………………………………… 二五二

乞允儲講以重國本事 ………………………… 二五三

亟舉枚卜以贊聖治疏 ………………………… 二五四

管計有人恭候欽命疏 ………………………… 二五四

都察院夷氛孔熾修防宜急疏 ……………… 二五五

久鬱忠魂可憫疏 ……………………………… 二五六

乞用正推以收賢良之效疏 ………………… 二五八

回籍賢臣根因自別疏 ………………………… 二五九

　　名賢難得起用當先疏 …………………………… 二六〇

　跋語 ……………………………………… 李瀛傑　二六二

　跋 ………………………………………… 朱鼐鑣　二六三

共發編 ……………………………………………… 二六四

　序 …………………………………………… 楊　柱　二六五

　共發編卷一 ……………………………………… 二六五

　共發編卷二 ……………………………………… 二七二

　共發編卷三 ……………………………………… 二八三

　共發編卷四 ……………………………………… 二九一

　《共發編》跋 ………………………………… 譚大禮　二九七

　《共發編》後跋 ……………………………… 呂崇烈　二九八

　《四庫全書總目·共發編》提要 ………………………… 二九九

共發續編 ………………………………………………… 三〇〇

乾臺筆記 ………………………………………………… 三〇三

門人問答語 ……………………………………………… 三〇七

仰節堂集

附《曹門學則》《共發編》
《共發續編》《乾臺筆記》
《門人問答語》

〔明〕曹于汴　撰

李　蹊　點校

點校説明

曹于汴（1557—1634），字自梁，明安邑（今屬山西運城）人。萬曆十九年，舉鄉試第一。明年，成進士，授淮安推官，以治行高第授吏科給事中。天啓四年，起南京右都御史，辭不拜。魏忠賢黨徒石三畏，以東林領袖劾之，遂削奪。崇禎元年，召拜左都御史，振舉憲規，約束僚吏，臺中肅然。後被小人誣爲“西黨”，被斥歸家。崇禎七年卒，年七十七。贈太子太保。《明史》本傳稱其“篤志正學，操履粹白，立朝正色不阿，崇獎名教，有古大臣風”。

曹于汴生平著述，以《仰節堂集》爲代表，四庫館臣評其文曰：“于汴之詩文，亦在理學舉業之間。或似語録，或似八比。蓋平生制行高潔，立朝風節凛然，震耀一世。遠者大者，志固有在，原不以筆札見長。從吾序所謂‘非沾沾以文章名’者，爲得其實。觀是集者，謂之文以人重可矣。”這段話對馮從吾的評價有曲解，所謂“非沾沾以文章名者”，正贊曹于汴文章之好，而于汴未嘗以此沾沾自喜自足也。曹于汴固是一代名臣，然其文爲世所重，非僅僅“以人重”也。其文質樸中藴奇崛，頗得古文家之神髓。

本次點校，將存世的曹于汴著作《仰節堂集》《曹門學則》《共發編》《共發續編》《乾臺筆記》《門人問答語》等俱收在内，并以《仰節堂集》爲主體，將其餘書稿以附録形式置於後。

版本方面，《仰節堂集》見於世的版本有天啓四年長安首善書院本，康熙二年弘運書院刻本，明天啓刻、清康熙乾隆補修本，《四庫全書》本等，諸本皆以天啓本爲宗，内容無甚差異，唯《四庫》本對天啓本文字錯訛處有一定改正。故本次點校《仰節堂集》，以天啓四年長安首善書院本爲底本，以《四庫》本爲校本。《曹門學則》（原爲四卷，詩詞二卷，奏疏二卷。因詩詞部分已具《仰節堂集》中，故僅收其奏疏部分）僅見明丹陽馬之騏刻本，故以此爲底本。《共發編》以《四庫存目叢書》所收天啓五年重刻本爲底本。《共發續編》《乾臺筆記》《門人問答語》則是從《廣理學備考》摘出，無他本可校。

《仰節堂集》序

夫學，性而已矣。夫性，善而已矣。何以證性善也？今人欽欽焉，目明耳聰，手恭足重，心空空而無適，於斯時也，徹内外非天乎？天非性乎？性非善乎？以其爲人之本色，無纖毫欠缺，無纖毫汙染，而謂之善也。循是而動，不違其則之謂道，故學莫難於見其本色，見本色斯見性矣。程子以學者須先識仁，而謂“不須防檢，不須窮索”。夫學豈可廢防檢窮索？欲人識防檢窮索之非本色，辨其非本色者，則知其本色。知其本色，則防檢窮索皆本色也。吾見曹真予先生於長安中，終日欽欽，目明耳聰，手恭足重，叩其中，空空而無適也，可以證性矣。夫性，空言之則無朕也，實證則有象也，先生非其象乎？故先生居鄉孚鄉，立朝孚朝，告君者足以定群囂、明國是，告友者足以明學術、闡道奧，見於咏歌者足以暢天機、流性蘊，所謂循是而動，不違其則之道也。此之謂性，此之謂善。知先生者，知斯集；知斯集者，知先生根本枝葉無二物也。

時天啓四年六月二十六日錫山友弟高攀龍頓首拜撰

《仰節堂集》序

　　昔明道先生作字甚敬，曰：“非是要字好，即此是學。”余以爲作文亦然，非是要文好，即此是學。若作文甚敬，行必顧言，吾得之真予曹先生云。先生全集梓成，余讀之喜甚。鄒魯嫡傳、濂洛正脉，其在斯乎？言言有理，言言不苟，而又言言有作意。它不具論，即如《題南皋先生教言》數語，雜之秦漢古文辭中亦不多得。寸山起霧，勺水興波，賞心哉！觀止矣，蔑以加矣！先生以千古絕學自任，固非沾沾以文章家名者，而作文又甚敬乃爾，即世所稱操觚自豪之士，寧不避三舍退哉？先生雖諄諄講學，而非其人不輕發一語，即得其人，亦不輕發一語。《易》云：“擬之而後言，議之而後動，擬議以成其變化。”先生以之，故其著作雖間有應酬，而譽必有試；獨爲余文似又輕譽，余竊愧之。而或謂善“信如樂正子，孟子進之以‘美大聖神’，夫‘美大聖神’而可易言乎哉？其期望不得不如此，子惟勉之可耳，焉用愧？”猶記前歲少宰缺，廟堂誤起余而借重先生陪，先生特膺簡在。余方爲銓衡得人喜，而先生再三力辭，竟不稅冕行。夫銓衡，重任也；少宰，美秩也。他人爭之若鶩，而先生棄之若浼，此其高風峻節，即古之人寧數數見哉？先生之學，以“躬行”二字爲宗，而辭少宰一節，尤爲躬行之大者。讀先生集，當因言而求於言之外，不然，而徒艷羡其文辭，浮慕其理致，出口入耳，忘厥躬行，即先生所謂没齒務學，終屬半塗，終日矗矗，猶漫道者也。豈惟負先生，亦且自負。或曰：“薛文清公與先生皆晉産也，文清終身學問，只是一‘敬’字。先生學問淵源，蓋有所自。"余曰："然。'青出於藍而青於藍，冰出於水而寒於水'，自古記之矣。"

　　天啓乙丑七月既望，關中馮從吾撰

《仰節堂集》小引

世之有意乎詩文者，將傳詩文以鳴世，而世多不傳。非詩文不可傳也，其所爲傳詩文者，未落紙而已朽也。雲遠澹出岫也，月希微入潭也，風于于喁喁來松也，詩乎文乎，有意乎？無意乎？吾師曹先生之詩與文實似之。余小子在庭游先生門久且深，先生無所不有，一無所有，吾無從窺其際也。噫！學絶道喪，世幾陸沉矣。一力荷肩，有賴先生。先生之於文字波瀾，寧不屑爲、不肯爲而亦何暇爲乎！偶然意到，筆且隨之。開鑿混沌，而繪則天巧；酬唱虛空，而韵則天籟。先生自視直唾餘耳，庭則珍之襲之，不啻波斯大寶焉。每欲剞劂以公同好，先生固辭不可。庭嘗手寫藏笥中，示海門周先生，曰：“文至此乎，宜剞劂以傳。”及西遊豫章，示南皋鄒先生，曰：“文至此乎，宜剞劂以傳。”而無奈先生之固辭不可也。今先生暫歸里，連同二三門下士，不告而梓之長安首善書院，亦天機應洩漏時也。書院，先生常公餘宴處，與二三子講德論業於其中者，故存其語言文字，以存先生於不朽。或者曰：“先生詩文語語不經人道，茲集出而爲詩文家另闢一堂構，真教外別傳乎！”庭唯唯否否。此猶作詩文觀也，請以先生觀先生《仰節堂集》，固尼山注疏也。

甲子初夏山陰門人劉在庭百拜手書於香山之觀旭樓

《仰節堂集》序

　　仰節堂者，予師曹真翁先生講學所也。先生自家食而宦達而林居，無在不以講學爲事，而文集獨以兹堂名，蓋取不忘其初之意。小子不敏，幸備見知之列，見先生渾是一段仁體，生生之機，隨在充滿。在家則透於家，在鄉則透於鄉，在朝廷則透於朝廷，在天下則透於天下。不惟出處取予確有章程，即起居嚬笑罔非至教所寓，而兹集又視爲緒餘者也。先生雖視爲緒餘乎，而千古賢聖之宗、一代得失之林胥此焉在。他不具論，如《仁體策益真訂頑篇》，識仁説也。《江西試録序》，蓋定性書、好學論也。《題淥汀先生華陰卷》，雖僅數言，孟子親説不過如此。《薦舉》一策，非末世對症藥石而萬古用人之準乎？聖人復起，全敢必無易其言也。説者謂宋有四篇文字，全讀先生書，於我明亦云然。又有説焉，世儒著述，其表章贊揚，類多軒冕赫奕之輩，而卑微者不肯收録，是貴貴書，非賢賢書，豈足取信千古？乃先生虛中忘我，舍己從人，苟有善焉，雖卑微易忽之人，必一一嘉與。曹良良，族僕子也，孝行可取，輒爲詩歌以闡揚。而《乾臺筆記》此類甚多。或曰："先正謂'師冕見'一章，可以括《論語》。讀《良良》一歌，可以知先生之集乎！"全笑唯其言，遂筆之以告天下後世知言者。

　　天啓丙寅春首四日古絳門人辛全拜手書于真樂窩中

序

江西鄉試錄後序

臣不敏，副江西典試之役，既告竣，當有言。

夫茲地習譚聖學，而諸以比士來者，亦大概於〔一〕作聖之功三致意焉，臣安能更端以告士？士不聖人之學而誰學乎？學聖人者，心其心，行其行，言其言。舉子制藝，亦言其言者也，方其湛重淵之思，抉九天之秘，魯鄒覿面，莘岐傾懷，里巷屑越之語，烏能有此？不謂聖人口吻可乎哉！第孔孟、伊周啓口容聲，罔非是物，而諸士匪臨場、羔雁，鮮不爲里巷屑越之語者，要在充其類耳，詎寧惟言？士亦嘗心聖人之心矣，行聖人之行矣。尋常食息，大聖如斯，雖在牿亡，猶涵至性。忽愴臆於顛連，忽赧顏於爾女，忽莊容於賓祭，忽灼知於著掩。其於聖心聖行，隙露全露、乍合乍離者皆是。方其離時，一毛萬山；當其合時，百世同室：亦在充其類耳。充之者，言有常也，行有常也，心有常也。夫一臠知五鼎，跬步知千里。業有其言，何不常其言？業有其行，何不常其行？業有其心，何不常其心？言之實者，其言常；行之實者，其行常；心之實者，其心常。其心實，無有不實；其心常，無有不常。無不實者，至誠也。無不常者，不息也。充類者，致其曲而誠也。夫滄浪之咏，充之綦隆，臻居室之能；充之天地，察孩提之愛；充之仁義，達豈以士也？而熒熒隨熄，涓涓自封，弗克充滿，優入聖域哉？夫觀天者以昭昭，察地者以撮土，學聖者以一隅，故棘內可信棘外，一緒可窺全體，非過也，士誠有此倪也。然而由聖倪躋聖極，則亦有辨矣。

臣北產也，既壯而渡江。北之所聞，恪守實蹈、尺步繩趨居多焉；渡江所聞，頓解根宗、圓通開廣居多焉。或相背而各往，或相疑而交辯。頓解者曰："何爲瑣瑣滯滯，拘攣格式？眼瞳不瞭，足趾竟隘。"恪守者曰："何爲艷悟忘修，駕大棄細？以名節不足檢，以疏縱爲無礙。"臣竊謂二者之言可相濟也，俱不可廢也。夫恪守之士，斤斤於門外者也；頓解之士，揚揚於門內者也。門外〔二〕之論，終不能勝。顧烏得決去藩籬，便其情態，躬爲嚆矢，遺人口實？道之暗也，殆與有責焉。夫障緣愈添，本真益昧爾，先達之重戒者，戒之良是；賄賂干請，任情執見爾，先達之明糾者，糾之亦良是。爾多士兩存之，一切謹嚴，一切脫化。三百三千，何思何慮？九經九德，無臭無聲。以此爲心，以此爲行，以此爲言，淵源孔孟，證可伊周，豈不偉與？不然，膠於師說，岐於門戶，其爲辭也詖。詖辭不足辱茲録，而況生於其心，發於其行，害且更烈，何聖學之足云？豈所望於多士哉！

《崇賢録》序

盱山士紳，以宋劉剛烈父子及李博士應列祀典狀，建議於邑侯許君，得諾。先是，三公顯靈於漕直指蘇公，樹壇於直指董公，茲議乃興。建祠以祀，就祀爲會，用闡聖學、感三公而思濟美，匪直報之俎豆已爾。爰述其經制始卒之詳成録，問序於余。

夫宋距今歷年累百，英爽猶存，追崇不誼。今人之性不隔於古人，故不誼也；古人之性不隔於天地，故猶存也。然則天人一而已矣，東西南北之人、古人今人一而已矣。而人或自封一局者，何歟？不達鬼神之情狀，付之曰烏有，亦自封也，則何不可自封者？門其門，戶其戶，名其名，利其利，步武幾許，胡不藩之，剖而家之大乎？吁嗟！此君子之所不爲也。劉氏父子，身其身乎！宋與我何有，而自糜於鋒刃？李氏而身其身，皇皇於聖道之翼也何爲？直指、邑侯而身其身，何有於亡人？何有於吁而舉之祠祀？吁士紳而身其身，翕然不忘於昔賢何爲？而又何會講之殷殷也？是皆根於性也，不可得而隔也，故不容已也。彼自封一局者，亦何嘗隔？而以爲若有畛焉，若有域焉，是幻見也。如夢中之畫界，倏然而醒，畫界安在？諸君子仰止於斯，知其無幻見矣。幻見於講，互有辯；幻見於行，互有規；幻見於幽隱之衷，三公在上，不笑且怒幾希。吁嗟！謂三公不笑且怒，是以爲無神也，奚以祀？以爲有神也，尚念旃哉！

馮少墟先生集序

夫道生人，失其所以爲道，則失其所以爲人矣。誰甘於失其人，而每失其道弗思耳。道貫於血氣之質，弗相離也。離道而抱空質焉，與土梗何殊乎？是道也，其大無外，或狹而小之；其密無間，或輟而斷之；其粹無滓，或點而巇之。是故學爲急焉。學也者，恢廓而使之大，綿聯而使之密，滌盪而使之粹也。道不待學而有，而非學無以保其有，非學無以復其有，非共學無以公其有。故孔子夙歲志學，沒齒不厭也。然學亦難言矣，性天之奧，本中有本，胡以徹之？知見之紛，岐中有岐，胡以析之？習情之錮，忽醒忽迷，胡以覺之？是用連朋講究，互參證以求至當，相夾持而防墮落，故孔子以不講爲憂也。夫道需學，學需講，有不啻飢之食、寒之衣者。而講學顧罹世訾，非盡世之尤也。不學之士患在不講，講學之士患在不副，或亦艷爲美稱，擔簦聊聚，朝朝問路，歲歲不越閾，辟露背而談九容，揮玉麈而稱儉素，於我乎何有？故孔門之訓“無行不與”，夫惟相與以行，則學爲真講，而萬世宗之無斁也。

少墟馮先生沈潛聖學，踐履篤至，問業之士如雲。而先生惟有故[三]以闡揚剴實，衛道謹嚴，蓋亦以行爲講，以行爲學者也，道不在茲哉？昔有問楚侗先生以“天命之性”者，先生方欲訓解，其人曰：“意公自言其性耳。”先生爲之矍然。慕岡先生會友於白下，凝然相對，或曰：“馮公何無講？”座上曰：“此人渾身是講。”其亦旨於論講矣。于汴不肖，仰先生之行有年，茲誦其講道之集若而卷，而窺君子之慥慥也，敬綴數語，志向往焉。

《理言什一》序

夫人之所以爲人，理而已矣。里巷庸衆對談之語，未嘗不謂“理云”“理云”；然究其精微，則峨冠而皓首，或不識爲何物，亦可詫也。古先聖賢，以理爲行，亦以理爲言。言爲後人設也，而究心者寡，安望有窺於理而能齊其行乎？

知一張先生有味於先正闡理之言，摘而録之，時時研討，間發以所見，遂至成帙，命之曰《理言什一》。嗟乎！風會之下也，士之所趨者，流俗汙世、競利逐時之習而已。即沉涵典籍之中，窮年兀兀，藉其可裨進取已耳。又不然，《左》《史》英華，晉唐膏馥，輝潤筆毫，留連光景已耳。聞所謂理言者，如奏古樂，不終場而思睡矣。亦有口誦注脚，漫謂了了，實則錮蔽，此又訑訑之見耳。先生之志大矣哉！其造理之邃、制行之卓，宜也得其所以爲人者矣。人之徹内徹外，動容啓喙，孰能外此？譬彼魚然，能爲順水，能爲逆水，而不能外於水，人亦何爲不理之順也乎？雖然，“什一”云者，以言言之也。理無所謂什者，一而已矣，亦無所謂一。嗚呼，微哉微哉！非究心於理，何足以語此！

《質言》序

徹天徹地，亘古亘今，一理而已矣。人得理以生，惻隱、羞惡、恭敬、是非、真誠，其質也。以此見之行，則爲質行；宣之言，則爲質言。其爲殘忍、無耻、傲慢、昏憒、虛詐之行與言者，非其質矣。故曰"人之生也直"。直，其質也，故曰"君子質直"。

海陵心齋先生，崛起末俗之中，獨完其質，而流遺風以啓後人。靈臺唐君私淑先生之教，興學祠内，敦行慎言，躋八旬無倦。鄉里薰之，縉紳襃之，曰："不失其質者也。"彼有逐聖哲爲夐絶、甘沈染於習氣者，反以習氣爲質者乎？譬之人面有本來色相，乃至抹墨塗朱，盤舞劇戲，久假不歸，不知真面掩朱墨之内也。然一洗刷，真者立露，又豈借面於人哉？人心之質亦若是。予不類，少失其質，時稍稍覺其非是，顧與賢人君子相講劘，其質輒露幾希。或涉世味，恣嗜縱情，則質復隱，而反以非是者爲質，蓋至今悵悵也。辟如劇戲之人，登場逐隊，樂事方濃，若以其抹塗之面爲固然，不復知醜，場終意盡，對衆鑑形，則有啞然自笑，而洗刷不皇耳。

紀生常新、陳生魁類輩，受業於唐君而彙梓其《質言》，欲因言以求質者，則必日親師友，相切相磋，守其惻隱、羞惡、恭敬、是非、真誠之質，必不至抹塗其面，而以非是者爲質矣。不類他日遊海陵，走祠下，將以鑑吾之所質，當有以洗刷我。

《讀易夢覺》序

秦蓮勺先生史公，學《易》有年，沛然徹悟，録其所得成編，爲卷者九，命曰《夢覺》。何覺乎？覺我之爲《易》也。何録乎？將覺世以共覺也。殷阿衡云："予，天民之先覺者也，予將以斯道覺斯民也。"夫《易》，六十四卦括於乾之一卦，三百八十四爻括於乾之一爻，廣大無垠，森羅悉備，我命如是，我性如是，我心如是，我身如是。萬邦億姓，九夷八蠻，昆蟲草木共是。不知我之如是，是睡夢方沉，不可言覺。業覺其如是，我固乾也。九夷八蠻，昆蟲草木，連貫相關，矧夫切而近焉者乎？而不欲其共覺乎？此《夢覺》之所由編也。

讀是編者，謂公逢時不偶，歸田研究，立言覺世，棲山林者當如是。然阿衡覺民，乃在三聘憣[四]然之後，何也？大行窮居，寄迹殊象，自覺覺人，心念惟一。心齋先生不云乎：“唐虞君臣，只是講學，‘執中’十六字，莫非呼人之寐也。”世見孔夫子周流未遇，歸而删述，乃謂達則道行，窮則道明，或遂以“內聖外王”分別爲兩，寧知其周流十二國時，未嘗不爲明計也，故曰“欲明明德於天下”。即如公曩覺世以讜言，今覺世以讀《易》，寧有異耶？泰運復亨，徵車且至，大覺斯民，譬天光之煥，幽隩盡朗。象稱乾元、大明，不在兹乎？余蓋有深望焉。

《四書說意》序

聖賢之書，聖賢之言也。聖賢之言，發於聖賢之意。聖賢之意，動於聖賢之心。有其心則知其意，有其意則知其言，知其言則能說之。說之者，說其意也。說其意者，以意逆之也。不以意逆，而徒揣摸[五]其言而已，終不可肖。今天下士人，其於《四書》，蓋童而說之矣；然至白首，或不達其意。吾無其意，安窺其意？吾無其心，意從何來？李放桃花，其可得乎？

稷竹東任先生著《四書說意》，說孔、孟、曾、思之意，洞然詳盡，何以臻此？余未睹其人而聞其行，清貞端謹，年且望九而不倦於勤，跬步必繩諸義，可以識其心矣。不失其無意之初也，不失其同聖賢之初也。以聖賢之心說聖賢之意，與自說其意何殊？烏得不了了？讀是說者，勿徒以說視之，亦以意逆之。吾之意與先生之意投，乃與聖賢之意投，而先生說聖賢之意者，吾亦可了了。然在能有其心，有其心斯能有其意。李放桃花之謂乎？心，水也；意，波也。江海波、池沼波，洪纖懸異，有同然者。吁嗟！心學可不講哉？正心、盡心、養心、存心，“四書”顧不諄諄哉！

《四書疑問》序

或有問於余曰：“吾讀蓮勺史先生之《疑問》而竊疑焉。夫先生積學功邃，神遊於孔、曾、思、孟之間，默契道真，何疑之有？”吁！此未知疑之不可無也。孔夫子自述云：“四十而不惑。”是其四十之前何嘗自謂無惑？儒者四十之後，尚未可當夫子四十之前，動云“吾既知之矣”，居之不疑，如何其可也？善哉乎先生！以疑自居，而長安諸君子復有未能信、未能疑。真疑、真信之惓惓也，疑則問；問則成其學，學則信。然則既信矣，當無復疑乎？是匪可易言也。虞帝之聖，奚啻於信？而問察之好不置，夫豈自處了了而姑爲是諮詢也？夫子不惑矣，而假年以學，蘄免過之大者，又豈自信無過而漫求免也？世人謂惟聖無過，此殊不然。到得聖，過轉多耳。譬百里之侯，不任咎於封外；天下之宰，詎委責於遐荒？故彼能是，是亦足爲一長之士也。聖人而有足時乎？不足則不敢駕言信，烏得不問且學也？是故讀“四書”者疑焉而已，讀《疑問》者轉疑焉而已。伯玉未五十時，幾不覺四十九年之非，儻亦嘗自疑也，而罔歇於問也，乃克自覺乎！夫學難於有睹，而有睹非可盡學也。疑以生問，問以成信，轉信轉問，没齒焉而已矣，則兹編之所開者宏也。余不敏，叢疑如織，當圖航大河之津，陟華嶽之嶺，摳衣請問矣。

《銀臺政紀》序

竊嘗謂當官致治之要有二，尊令甲、修職掌而已矣。國家建一官，則有一官之成憲，幾經籌量而後布爲章程者，鑒於成憲而精神畢注於此，罔敢頹廢，斯於職不溺。一職不溺，則一官之事理。顧或蔑棄典故，惰窳職守，世之不治無惑也。

安節先生歷官中外有年，所至輒講求舊章，設誠而行之，鴻猷駿業炳焉。比自留卿奏滿，甫入都門，天子簡之銀臺，則首詢掌故，而掾史無以應。先生曰：“奚而〔六〕持循以修職業？”於是廣搜旁采，要例科條，燦然悉具。某事也，訓典之當舉，莫或湮之；某事也，訓典之所禁，莫或循之。政乃大飭。汴不敏，睹先生之爲《納言》，而知奉職者當如是也；睹《政紀》，而知先生之盡職有所據也。職巨職細，諸百執事，疇不有成法在？疇不有官守在？即古稱名臣傑士，躋世蒙隆，亦無他奇，第各不虧其職分，以無戾於憲典足矣。雖然，方策昭垂，由心制之。先生編纂而躬行，由心運之。脱無是心乎，即令條教盈案，將貌焉背之以馳，世之不治自若耳。然則當官致治，又自有本也歟？蓋信哉其有本也！

馮慕岡先生《語録》序

昔有士人十數，相遇於崆峒之陽，衣冠甚都，吐辭雋永。主人蕭之，各授采牋，冀承清論。須臾俱就，録而成編，覽者珍襲，何異程朱比肩哉！居頃之，叙及生平，或曰：“吾鞅掌日久，崇膴不我及，奈何？”或曰：“時情未可拂，將造貴人之門。”或曰：“田無妨求，舍無妨問，不者何以遺子孫？”主人驚汗吐舌，是與録中之語殊不類，人與言可相背而馳耶？因思前代以詩賦取人，未免靡麗之習。國朝定以經義，周情孔思，淋漓筆穎，制非不善。迨其後也，僅借梯榮，下不必顧行爲文，上不聞因文問行，若謂舉子業固應爾爾。大人先生乃登壇講道，彙語爲録，評駁古先，抉剔造化，非法言不言，宜亦非法行不行，是以高賢大良，罕不從事躬修。今若此，將令異日觀語録者亦若觀舉子藝乎？是可嘆也。於是新安戴生以所輯《慕岡語録》視余。余交公知公，揚言於衆曰："是固非憑耳入，流之於肺肝；非僅口出，履之以實踐。其通籍二十餘載，茅茨猶故。秉憲於楚，兢兢奉職，百務俱興，直觸橫瑠，脱全楚於水火。禁詔獄累年，講晰益邃。兹録所載，獄中爲多，蓋以自砥，亦將覺人，塵態光華，無所覬覦，其亦可尚也乎！"主人乃逌然而喜，因叙次所談，弁之簡首。

《馮慕岡先生年譜》序

昔在孔門，無不從事學問，及語好學，僅推顔氏之子。好學，誠難言矣。何况叔世知學爲艱，安問"好"哉！然弗好則可作可輟，可信可疑，學之無成者多矣。

慕岡馮子，孜孜於學，以"好"自許。嘗語余云："吾好學如好好色。"蓋自覺其深，嗜不可解者。其家亦云："公曾對卷研思，大雨，水入户及座下，不動，家人驚呼之，方出。"詎不有真好哉？何以徵之？徵於其學之進也。余初會於都門，再會於肝，三會於淮泗，又會於都門，五通問於圜室，度度非復阿蒙，年有進焉，非好何以致此？譬飢之好食，終果腹也；寒之好衣，終蔽體也。好故有成也。故夫子思顔子，亦曰："吾見其進。"士將學顔子學，何不好其好？馮子殫精於好，可謂善學顔子。向令天假之年，不知所進何似，然亦不虚其年矣。其年可譜，譜之足爲學士模。

其門下士戴君任，當馮子逝後，門户荒涼、交遊星散之日，搜羅讐較，爲之著譜。裹糧重跰，間關累千里，問序於余，此亦好學之報也。聊綴數言，闡揚其好，以俟尚論者知其生平竅要云。

重刻《我真語略》序

絳郡公筥我真大夫，甫涖堂皇，輒以興學維風爲第一義，進多士而誘掖之。觀其《語略》，蓋其初爲鉛山侯以教鉛士，而鉛士刻之者也。多士以傳寫爲艱，重付梨棗，問序於余。

余與大夫同遊久，此語亦習閲。其人恂謹，其學有本原，故其語精切而醒人。其歷官行政，衷然有成勣。仕絳未半期，口碑業徧四境，多士若其化，乃崇其語耳。第未知多士之梓之也，將誦其語乎？抑語其語乎？踐其語乎？語其語者，大夫曰："仁亦非仁無談。"大夫曰："義亦非義無談。"宛然有道口頰也，盛矣。踐其語者，業共談仁，非仁無由；業共談義，非義無行：儼然有道步武也，尤盛矣。顧余所望，在此不在彼。蓋嘗聞海濱一先生出所著《語録》示諸人士，人士爭捐貲鋟之梓。最後一人以貲來，主者弗納，其人恚甚："奈何拒我？"主者曰："爾既應試列名矣，烏用此？"先生聞之，嘆曰："將令我不暇給耶！"士林傳爲笑柄。吾晉士風椎魯，罕從事於講，講則矩蹈而繩約之，弗敢越軼，寧失之方，不至失之圓。茲之剖劂《語略》者，固"非公不至室"者也，子大夫其忻允。

《理學文鵠》序

關中少墟馮先生，輯諸大家舉子藝百數十首，以式多士，命曰《理學文鵠》。不命以舉業，而曰理學，何也？見理學、舉業之非二也。皇制，羅俊秀之士於庠序，俾其研究理奧，心繹而躬迪之，期於湊泊融貫，可通於世用，顧上之人無由知也，則令攄所學於文藝。其文肖其所學，乃因文而知其人，擢以科第，簡以官秩，而收治平天下之效。舉業之制，豈不善哉？習之敝也，學不必理，文亦不必理，帖括剿襲，妝點色澤，以博進取。迴視所爲文，真成敝帚，無一字可濟於世，此舉業之贗也。清修之士從而厭薄之，講聚闡理，自謂理學。或遂謝舉子藝以爲高，誦法孔子而甘蹈其所謂果，失則均焉。兹集出而舉業在是，理學亦在是。舉業而不本之理學，雖極工巧而識者亦窺其微，庸人之腹終不能倣聖人之口。亦未有理學徹而文不精者，孔孟、周程之文，不在兹乎？固可睹已。彼不達於理而覬成章，譬醯瓿而欲瀉酒，味固不似也。吁嗟！不達於理，而文之飾滔滔皆是，厭薄而不屑爲者，宜其高矣，此理學之所以不明也。

《鯤伯詩選》序

夫世之治也，士大夫惟公室之恤。迨其念不越身，計不逾家，漠然不知有國，而世乃衰。風之醇也，無不尚樸者。鑿醇而漓，則縟麗穠纖以相矜尚而已。士大夫不能報國而至衰其國，不能維風而至敝其風，亦足怞矣，顧非所論於藩潢家也。彼其離腹墮地，所睹宮殿之巍，錦繡之爛，禄豢終其齒，惟絲竹之爲娛，裘馬之爲豪已爾。而又格於功令，無當官從政之責。治不任勣，亂不任咎，烏能約其躬而國之慮也？

王孫鯤伯有異焉。足未嘗過城闉，而聞廟堂有善政，不啻欲躍者。抑或民有隱，天有灾，亂有萌，不啻額之蹙者。居恒自奉殊簡，雖座上時有客，而不類徵逐宴飲，競水陸而侈繒綵，無闚侯鯖、誇趙舞之態，其精神固有所注也。若人而爲貴戚卿乎，安有惟田之求、舍之問、金玉之輂，爲不可知之子孫計，而治理日圮，民生日困，外訌日熾，内蘖日積，而金甌無闕之天下，且有懷問鼎之思、厘方蹶之憂者乎？竊謂鯤伯足尚也。或曰：“若晤其人乎？”曰：“否。”“何以知之？”“以詩知之。”其詩慷慨激烈，殷殷國是，忠義之肝膽，流於吟諷，如將天問而雲排焉，而蕭寂清約之致，時時宣露。《經》云：“《詩》言志。”又云：

"《詩》可以觀。"公之志形於篇什，吾因篇什而觀其人，知其關於治亂醇漓之大也，乃三嘆而書其集之首以爲序。

《孔廟禮樂考》序

夫高下未判，有自然之中；陰陽未蕩，有自然之和。天地之禮樂，本於兹矣。人得之爲性，則亦有自然之中焉，有自然之和焉。中固未有不秩如者，和固未有不雍如者。聖人若是，途人亦若是。第中和之性不能無所蔽，其不形而爲乖戾者寡矣。故聖人以性之中制爲禮，俾人人遵其禮，而各復其性之中；以性之和制爲樂，俾人人遵其樂，而各復其性之和。辟之於水，制之者由源而發爲流也，遵之者緣流而得其源也。得其源者，得其性也；得其性則中和合一，禮樂匪二。後世不究其源，安問其流？孔子，禮樂之宗也。其廟祀之典，尚不免於舛廢，況其他乎？夫磬折式里，自鮮愆動；鳴鑾鏘玉，當無躁心。袒背而歌濮上，必納於邪。禮樂豈細故，可忽漫言哉？

楚儒瞿睿夫氏慨然欲以興之，乃推廣觀察周淑遠氏之意，爲《孔廟禮樂考》。稽引宏遠，核訂精嚴，闡發幽奧，皎然不啻列眉。意若曰：諸誦法孔子，遊其門，觀其禮，聞其樂，肌膚固，邪穢滌矣。又若曰：請自兹始，舉廟廊、閭巷承訛襲陋、敝禮淫樂，一反之隆古，合諸天地，世教其興，民性其復矣。故禮行而民志定，樂作而神人格。夫論禮而不遺民也，論樂而不遺人也，則聖人之制禮樂，瞿氏之考禮樂，意固可想。是書成而陳令尹鋟梓以永之，與瞿、周之意又何殊焉？

《七克》序

昔者魯鄒之立訓，知天知人之説，蓋屢言之。學莫要於知天矣，知天斯知人，知人者知其性也。共戴一天，共秉一命，共具一性，可知也。泰西距中華八萬里，邈矣。龐君順陽著《七克》各一卷，中華之士諷其精語，爲之解頤，此何以故？其性同也。傲、妬、慳、忿、迷食、色、惰善，七者情之所流，吾性所無。率其性焉，未有肯任其流者，中華、泰西之所不能異也。謂傲妬之可長，慳忿之可持，食色之可迷，善之可惰，豈天之降性爾殊哉？平旦而憬然，見君子而厭然，聞善言而快然，其憬然、厭然、快然者，性爲政情順聽矣。性如堂皇，僕隸之所不得擾也。性不爲主，雜情熾，堂皇無主，僕隸登矣。性靈一覺，雜情濯濯；堂主一升，群僕寂寂。故知人之性者，可以盡人之性矣；盡人之性者，化其情者也；化人之情者，自盡其性而已矣。自盡其性者，自化其情者也；化其情者，知天而已矣。上天之載，聲臭且無，知天之人纖欲俱絕，詎令七者之潛伏流溢也乎哉？而克之其烏容已？於時龐君梓其編及半，索序於余，漫書此以復之。

《滕縣救荒事宜》序

余治農渠陽之塢乾所，趙公以《救荒事宜》四卷觀余，蓋其二十年前尹滕時，起溝中瘠而生全之，既試之猷也，久而未嘗示人。顧烏可不傳之宇內，俾司牧者有所型範而安養元元之衆乎？余受而卒業，則見其規畫詳盡，搆思肫懇，於神於人、於上於下，凡可爲民請命，靡不舉也；以粟、以粥、以金錢、以蔬果、以藥餌，凡可拯民於阨，靡不備也。遠近有程，給散有法，普遍而不淆，綜核而不漏，委任而無冘，拮据巡省而忘瘁。直令餓者餐，憊者起，賣者贖，流去者歸，流來者如家，病死者有葬，嗷嗷者寧，洶洶者戢，而又制器墾蕪，興農積粟，已往爲鑒，將來有儲。想其據堂皇，撫黔赤，軫饑困，切痌瘝，寸心欲嘔，雙鬢欲皓，潸淚不知幾揮，蓋其視民生若鵠而精神畢注於斯也。洵民之父母哉！是以滕民頌之久而不忘，朝論韙之，晉陟銓部。夫公之殫其職也如是，則必以是望人矣。顧簿書習熾，愛養意疏，人未必如是之殫職也，則未免信口繩之，而怨謗乃至，然公則無愧於職矣。且士人秋春二闈藝文各十九首，而國家賁弓旌之典，錫青紫之榮，何愛此十九首者而隆重若此？爲其績學已素，必能代主養民也。而民之隸其下者，未至而望焉，既至而迓焉。稽首揩墀，莫敢仰視；鞭朴詬詻，無敢反脣。出入乘於民之肩，竭蹷供養，無敢違者，雖氂孺婦女，聞宰官之過其里，企足引領，冀一窺見顏色焉，又何愛於異鄉之書生而尊榮若此？爲其必能養我也。顧或秦越相視，痛苦不相關，平時既不爲之備，荒年坐視其死亡，豈非負民並負國也哉？若公者，可謂兩無負矣。

憶曩歲宦於淮北，有語余者曰：“經遊滕縣，相隔半尺許，便自迥異。”余心識之。繼被徵北上，入其疆，田頭皆樹，樹外爲墻，墻外又樹，樹外爲坦道，出境而止。其田無不墾，穀無不碩，無草莠之雜，楚楚若一姓者然。不覺心折公之孳孳民事，蓋不遺餘力也。無何，公亦離任。越數年，東省告荒，或謂余曰：“滕縣以樹木之利，民得濟於饑。”此則公救荒於行後，而公亦不知，茲卷亦所不載。余記所睹聞乃爾，遂題於簡端。

《讀史斷章》序

夫理，斷事之衡也；心，燭理之鏡也；欲，掩心之障也。欲深心昏，心昏理隱，遇事當前，蒼素無以別。非事之難斷也，既失其衡，曷憑而度之？況乎千百世之前，史編所載，其人杳如也，其事之端委茫如也。摘辭之筆，或至眩真；評議之口，遂爲成說。冀以剖斷不爽，不更難乎？

孝廉姚君仲美，天成修潔，濯濯塵表。曩在壯齡，緣侍養北堂，不暇刻離，遂謝公車，累科不赴，荏苒皓首，竟絕仕進。撫臺金溪吳公疏薦未報，而君恬處畎畝。數椽容膝，無榱棟之羨；

裋褐蔽躬，無文繡之願；藜藿充腹，無鼎烹之嗜。此於世味捐除蓋盡，心靈安得不露？理奧安得不徹？居常闚戶讀史，神遊掌指，考得失之原，察心曲之幽，策成敗之數，獨抒心見，不襲人吻，積久成帙。一日，鹾臺上谷劉公晉接間，詢其近功，出斯編以視，劉公頤解，題曰《讀史斷章》，橅刻以傳，且命爲序。分運烏程史公忻然授梓。匪具精瑩，曷來賞識？余辱交於君，知其屏除欲染，非旦夕矣。心瑩理洞，斷事炳炳，有固然者。乃弁數語，俾讀茲編者知其根，因而讀史者知所準則焉。

《三臺奏議》序

昔子輿子尚論古人，以伊尹爲"聖之任"。後世易視此"任"，每謂有所不足；其高視尹者，又謂其"任"不可幾及。近儒剖之曰："任，以所遇而言。"蓋聖賢當事未有不任，而清和自存其中，藉令夷、惠、阿衡，其任亦同，大抵名臣良相彪炳史册者，罔有不任。國制，士人筮仕曰"任某職"，其之官曰"赴任"，遷轉曰"離任"，豈異人任？而一日當官，烏可一日不副其任？然而天下不治，則以任事者之鮮也。簡命頒之當宁，職掌載之典章。而或以利害怵心，當任不任，義當言而卷舌，理當前而縮趾，職務烏得不隳？禍亂烏得不作也？

以予窺於今日，司馬拱陽孫公，所稱任事之臣哉！公曩以治行高等任南臺侍御。時柄臣用事，力能墜人於淵。公抗疏糾彈，風裁聞天下。留都豪貴，行行且止，獨畏公一人。迨後改任北臺，正色韡轂間。值群陰方熾，戈戟攢攻，公八面應之，直氣執言，終無所憚，遭其齮齕無悔。頃歲，泰運復亨，帝庸舊碩，公秉鉞西秦。藩府巨蠹憑依城社，梗憲虐衆，公毅然繩之法。藩王百計熒奏，卒不能撓公。若曰：此皆吾任，吾不任而誰任？豈其姑依違退避，博人之歡，保己之禄而已？諸疏具在，他疏可類按也。儻人人如公，無論職巨職細，事到思任，安有唯唯畫諾，悠悠玩愒，視責任若弁髦，叢脞庶務，流毒邦家也？公今知遇日隆，晋貳樞卿，則夫東西烽燧方棘，中原萑苻潛窺，茲任匪眇，而公必有所自任矣。將士淑慝，兵機興釁，明目張膽，議之朝堂；瀝誠竭智，告之君上。情面怨訕，安能撼公？蓋封疆，公之家垣；兵政，公之家政。勁骨直節，固饒任之，而海宇磐石，在其仔肩耳。豈不並駕古先哲人，而阿衡之業伫當屬之矣。

贈運庠廣文景岳康君育才館造士序

或有問於余曰："醴直指李君緝敬，集三藩雋士於育才館而督課之，復時聚於傳是堂，專爲科第計乎？"余曰："否。""其敦聘廣文康君景岳司教事，專爲訓以文辭乎？"余曰："否。"世之盛也，舉業、理學合於一。師以是教，弟子以是學，上以是登之科第而任之職，乃能廉於躬，忠於主，慈於民，而天下以治。迨其衰也，忘其初制，師之教、弟子之學、主司之掄選，總不越於文辭，曰以是梯青紫而已。終身唔咿，不知理學爲何物。間聞理學之譚，從而非笑之，以爲作僞，以爲好名。吁！亦但爲其真者耳，爲其實者耳。然不講則真安在，實安在？貿貿何之？亦不得之數矣。縱博一第，躋膴仕，而世味薰人，如舟無柁，安望廉忠慈愛，保世之不亂乎？

直指生理學之鄉，灼見於此，乃綣綣於鑄士，俾其文行雙修，直徹本體，庶由體適用，而世終藉也。而又以據皋坐者，非僅僅文辭之士所能型範，知康君自關中來，從少墟先生講學久，以黃甲之英，恬居芹序，可以爲人師，遂藉之主教。而君以天成樸茂，沈酣理域，洞燭玄微，繩趨矩蹈，罔有越逾。望之，識其爲端人；就之，坦易可挹；扣之，而無隱不剔也。士乃蒸蒸若於化，競自澡濯，向於聖學，同志有録可按也。

會直指驄馬南，諸士解館以歸，乃質余言爲廣文贈。余惟人生而明德具焉，昭昭如也。其於義利善惡、得失禍福之介，無不了然者。比其染於風習，迷於欲念，乃不知義之爲崇，利之爲卑，不知從善之足樂，從惡之足憂。道充德富，本得也而嗤其失；墮實損名，本失也而侈爲得。奢躬淩物，禍之媒也，而罔知遠；守身善世，福之聚也，而罔知趨。是非眩焉，從違乖焉。病其身而病天下，所謂載胥及溺也。揆厥所由，以不知理學而僅没没於文辭之藻繢也。學則明，不學則暗。以理則爲聖學，不以理則爲俗學。俗學之昏人，終無開眼出頭日。此廣文之所以無負直指，有造士類也。乃書此以贈廣文，且以勗多士。

《育才館同志録》序

昔有友人會余於都下，譚志甚悉。首辨志，次立志，次持志，終以成志。辨若問岐，立若樹表，持若執玉，志乃竟成，而總不越於孟子輿之"尚志"，於仁志居，於義志由。必也志學，志期於矩，從心不逾之謂成。

按釐李直指本晦，羅三藩髦士於育才館，立科條，厘教育。館祀堯舜禹，率之對越。館距城數里而遠，復於城內孔廟之東創弘運書院、傳是堂，時挈諸生遊其中，闡明聖學。士蒸蒸奮，若謂："明師在上，良朋在列，所不辨志以至成志者非夫！"爰彙其姓名字貫，爲《同志録》。同志居仁，同志由義，自同志於學也。粵稽堯舜以志成帝，禹以志成王，皋、夔、稷、契、益以志成贊襄，孔孟以志成開繼。或同志一堂，或同志千古，爾多士同其志，即謂同諸聖喆之志可也。以斯締交，亦以斯久要，蓋直指之志如斯，爾多士不相渝，斯爲不負。余嘉其志，更喜其同，乃題數語，拭目以觀其成。

《傳是堂合編》序

夫道以學明，亦或以學之偏焉而不明，故學必有分，非以一登壇講論，僅優於不事，學者便可謂明道也。學不足以明道，矻矻亹亹何爲？故子思薄賢知而道中庸，孟子舍夷惠而學孔子，學固有正傳也。

大江之右，有南皋鄒先生，學孔子之學，徹悟立本，弘大無邊，而仁體盎然。蓋初誦其書，繼會其人而知之，洵所謂傳之正者。柱史李本晦氏，與同里而從遊久，蚤得其傳。按歷三藩，所至興會闡學，竟日不倦。會録其所語語〔七〕成卷帙，余得而卒業。大概南皋之學也，即孔子所傳之學也，亦即唐虞以來相傳之學也。比付之剞劂，而奏議、序紀、書答、文告胥萃，命以《傳是堂合編》。若曰：皆是物也。從昔名世碩人，對君戒衆，序述書問，何者不本於學？不本於學者，卮言耳，奚以格上喻下，孚友而垂遠？壁經所載陳謨布告，尚矣。端木、東里以辭命安邦，而杏壇所紀，固撰著之衡也。故學以入道，何不貫？道以應用，何不臧？謂編中諸項，皆柱史之學可矣。

余歸自京師，方抱痾杜門，亟赴會於是堂。官師、紳士、耆民俱集，問難互發，無微不抉。窺其直露本根，不規規邊隅以自域，其視人無不可親，藹藹沁入群心，故曰“南皋之學”也。斯爲正學，而道由以明，明斯傳矣。士君子之學，原爲道計，其於道爲明計，明道爲傳計，將令千聖如存，萬年永揭，實式賴之。學不當如是哉！乃識數語以告夫共學者，知辨宗云。

贈鹾臺侍御緝敬李公祖育才傳是序

李侍御緝敬奉命來按鹾，約躬貞度，百務俱興，尤嘉惠風教。軺車所至，輒興會明學，羅所得三藩之雋士於城北育才館，昕夕課訓。復念城中無聚講所，創傳是堂，而時時携之遊。闡千聖之秘，期百世之業，其一段謙沖慈藹之度浹入衆心，士無不若於化者。會瓜期且屆，而侍御兼有歸志，諸士將祖帳東門而難於別，謂余："盍爲言？"

　　余惟古昔多治，學明也；叔季多亂，學不明也。士狃於帖括，工於聲欨，僅借爲青紫之梯，終身讀聖書，不知聖學爲何物，如是者不明。或從事講學矣，而泥於畛域，錮於意見，曲而不全，局而不徹，如是者亦不明。由前之説，將染於流俗勢利之陋，固足以殃民而蠱世。由後之説，雖其斤斤自好，優於儔伍，然亦未能充滿腸冷[八]，纇潛而不自覺，亦以學爲世病。學可不辨哉？吾鄉先正文清，生平篤學，直至性天之通。文成倡道南昌，直指良知，廓清障礙。其門下二王輩，剔發無遺。而鄒氏則前有文莊，今有南皋，俱得其傳。蓋江右多君子，法堂相望，環聽如雲。譬則五都之市，必有佳珍，而終歲剖磨，精光乃露，宜其然也。侍御產於其鄉，甫離襁褓，即立父師友朋之側，衆美躍如，聖真卓爾。耳於斯，目於斯，若呼茶呼飯以爲常，是以入之深而得之正也。竊謂侍御於吾邦，厥功甚鉅，迪多士以入道衆，著於聖人之學矣。蓋皇朝育士，士人業舉，原是如斯，而囿於辭章，溺於名利，非其初也。兹之啓瞶發蒙，躋諸聖域，是功在士類。猶之乎學也，而千里之差，起於毫釐。孔孟之學，自有嫡派，正傳既揭，周行乃顯，是功在斯道。然在道亦在士也，爲士亦爲世也。士既得未曾有，其可忘乎？夜光在野，欋人揮鋤弗顧，不知寶也。或拾之歸，未能什襲，旋亦遺忘，猶之不知寶也。余望諸士，終侍御之訓，勿曰流俗可安，勿曰小成可限，期盡其才，務傳其是，將文清、文成以下，比肩何有？馬首雖南，不殊函丈之聚。遂書此以勗多士，以別侍御。

校勘記

〔一〕"於"，四庫本作"以"。

〔二〕"外"，四庫本作"内"。

〔三〕"故"，四庫本作"教"。

〔四〕"幡"，四庫本作"幡"。

〔五〕"摸"，四庫本作"摩"。

〔六〕"而"，疑當作"不"。

〔七〕"語語"，疑衍一字。

〔八〕"腸冷"，四庫本作"分量"。

仰節堂集卷二

叙

《安邑縣志》序

昔者竊聞之，一家之政，六曹具焉。家必任用人，吏也；必有經費，戶也；必有四禮文事，禮也；必防寇盜，戢外侮，兵也；必有束禁夏楚，刑也；必有田廬器用，工也。六者一有弗飭，不謂善齊。積家成邑，積邑成郡，積郡成藩，積藩成天下，六者一有弗飭，不謂善治平。地域有廣狹，幾務有繁省，而政無兩岐。是故百里之長，協寮帥屬，吏事修明，天曹之邦治；戶有蓄貯，室無離析，地曹之邦教；崇祀優賢，一道同俗，春曹之邦禮；詰戎除械，有備無虞，夏曹之邦政；刑期無刑，奸豪不逞，秋曹之邦禁；城高池深，封洫服舍有章，冬曹之邦事。豈不關繫重鉅，建樹顯奕哉？烏得而忽諸？然古昔經世宰物，莫不設有方策，載其典制，而《周官》一書，獨爲明備，上揆下守，前憲後鑒，由來遐矣。緊我皇朝，廟廊有會典，諸司有職掌，有條例，史局有史，而郡邑志乘權輿於斯焉。邑志雖貌，諸項俱該，不可缺也。

余邑於余省稱劇，二百數十餘年，乃獨缺志。前侯汝陽吳公、臨清邢公嘗欲著之而未竟。今侯上谷耿公，明作庶政，宣上意，愜群情，肇未曾有。頃督學吕公行部諭及，爰命不佞從司馬先生之後，及諸文學，開局編纂。考紀載於群書，訪遺踪於耆老，聽評駁於輿論。逾百日而志成，爲卷者十。大端不越六事，懼不核也，亦懼不詳也。第若不公而胸臆之憑，不直而愛憎之比，德意云何？洵所未敢。夫一畝之宅，百十指之衆，誰不按籍據譜，思爲之理？安有籍四境、譜庶姓，肯屑越也者？侯之斯舉，視邑如家，窺其一斑，異日推治行高等，簡之津要，宰天下如此邑矣。道固非遠，術固無多也。

刻《禦夷集》序

夫用兵者，驅千萬人效死，乃能制勝。千萬人之心至不齊，死人之所甚惡也，非精誠貫結，豈克臻此乎？自使貪、使詐之説出，而介胄之士或不知有仲尼。夫貪未有人不怨者，詐未有人不疑者，縱令殲巨寇，樹勛名，要亦雜霸之習，得不償失，吴起諸人可鑑也。况其下者，僅成危敗，天下國家何賴焉？

李子明晦，研窮理學有年，其修身應世，期不愧屋漏。邇者感東倭之横，有深慮於衷，凡中外之情形，防禦之勝算，搜羅聞見，彙而爲集。不佞讀之竟篇，雅重其志。念夫用兵，呼吸變化，莫可端倪，誠不謂此集遂盡將略，而將略亦不盡明晦，然可得其概矣。因付之梓，亦懷安攘之思者所樂觀也。明晦，呈芬字。集凡四卷。

《春秋房四書同門稿》序

竊嘗謂古者學而後仕，後世不學而仕，興治之難易，所由分也。然後世豈果未學哉？失其所以學耳。孔、曾、思、孟之書，童而習之，經幾講授，經幾研究，摛而爲文，亦詣深趣。夫至於摛爲文，詣深趣也，庶幾覿當年之面，遊聖神之天矣，措之於治何有？顧以此爲登進之階梯云爾。綰綬臨民，鮮迴視燈窗之業者，若謂當官涉世，别有術焉。有仍爲孔、曾、思、孟之談，目以迂遠而不切於事情。其術彌工，悖初學彌甚，而治乃彌不古。

若國家肇立甲令，以經學訓士，以經學取士，豈僅欲耗精神於土
苴哉？弗思耳。趙韓王非知學者，稍稍能用《論語》，亦足興王
定治，況挈其根宗，明體達用，其建樹豈尋常可埒？辟之於醫，
窮軒岐之奧妙，著爲方論，固將起痼壽人也。主家敦請，玄纁既
陳，砭針且施，指其笥中藏卷，曰："茲不過羔雁，今者之恙，
操何術以治之？"人有不胡盧者乎？

頃謬從校士之役，得士若而人，各出其"四書"義稿，選彙
梓之。余讀之，喜諸士業已學矣，積有良方矣，繫之肘後，往治
天下焉，雖與三代比隆可也。

《春秋房同門經稿》序

昔仲尼論君子所懷，曰德，曰刑。夫懷德足矣，而刑何爲
乎？德辟周行，刑辟巖險以約之，有不得不履周行者。先正云：
"《春秋》，聖人律令也。"又云："《春秋》，夫子之刑書。"士宜
何如懷焉？況業是稱專門，搆爲文義，如按律例成爰書，撫卷悚
悚，烏容已乎？全經不具論，論首數段。"元年"之述，戒不仁
也；"即位"之削，戒不忠孝也；"盟蔑"之惡，戒不誠也；"克
段"之貶，戒不愛也。吾而仁乎，忠孝乎，誠且愛乎？讀之坦
坦，不然，則夫子之筆若爲我設，敢不懷哉！

余不敏，先爲理官，日檢律例，治爰書，書成，未嘗不心惕
也。坐堂皇之上，奮筆讞牒，某坐不仁，某坐不忠，某坐不孝，
某坐不誠，某坐不愛，夫安知吾之仁、忠、孝、誠、愛何如也？
古先哲王立法垂憲，以有形警之，亦以無形警之，或法及而人
見，或法及而我見。法及而警焉者，細人；法未及而警焉者，君
子。"懷"以言乎其隱微也。邇從愷陽先生後，以《春秋》薦揚
多士。士按聖經爲文矣，其用"懷"若何？行且筮仕治民，按
律例爲爰辭，其用"懷"又將若何？嗟乎！箕子未囚也，比干

未戮也，三桓未貴也，通乎是，可與論"懷"，可與論刑，可與論德矣。

劉公宰邢《給由録》序

夫人生於親，用於君，事於民，觀法於後人。親胡以不忝？君與民胡以不負？後胡以佑且啓也？光前者以裕後者也，治民者以獲上者也。民之不治，君將不可獲，何以徵光寵於親而作法於後？然則民可忽哉？匪治民無以報君，無論前後矣。

友兄豫吾筮仕邢臺，政成民悅。既三載，考上上，天子敕嘉之，貤封其親。乃袞紀始末，録而存之，曰："聊以示後人。"録成，授其友曹子卒業。適冢子本唐捷鄉書，偕計南宮，是又將繼志理民者，曹子乃以重民之說爲友兄勖其子。語有之："仁者，人也。"舉天下之人言，不能一天下之人，仁之歉也。顧不得馭人之權，則仁之用不廣。孔子所以栖栖皇皇，願得君以治民也。以究其仁，以成其爲一人而已矣。豫吾之仕邢也，邢之四封之衆計日而冀其至，其得觀其丰采者，相述相告，有喜容。不者，亦詢諸人曰："是何容貌齒籍？"殆將生養我儕者，真如手足爪髮通氣於心腹矣。豫吾登其堂，涖其民，民之弗食，若其枵腹；民之弗衣，若其露肘。境之左一人疾，若左臂之木也；境之右一人疾，若右臂之痛也。日調攝休養，粱肉藥石，靡不具舉，又若心腹之氣貫於肢體。蓋以四境爲一人，豈私肥甘以饜三寸之喉，聚綺羅以華七尺之軀，自小其人者哉？今且晉西臺，薦陟鼎鉉，又將一四海之人矣。故曰："有大人之事。"其仁大，則其人大也。然則徵榮於君，非倖也。我弗二於民，君乃弗二於我，而并弗二於吾親，究其仁而成其爲一人也。本唐爲其後人，何以承之？亦顧得君顯親否，在其仁民如何耳。

《登壇必究》序

東海王君漢翀，沉涵勇毅，負遠略奇知。其建鉞江北之狼山，江海清晏，多暇日，乃編纂今古所安夏攘夷者，爲集若干卷，而問序於余，余遜謝未皇也。既自淮入燕，漢翀亦有黔中之遷，前諾未竟。

時友兄馮慕岡氏方從事大司馬，深於兵者，則以其集相質焉。慕岡曰：“大都爲將欲上知天文，下知地理，中知人事，此書三者備矣。渠淮陰人，故取韓侯登壇爲名。所云‘必究’者，未用宜究其理，既用宜究其用。上不制於天，下不制於地，中不制於人，獨往獨來，安國全軍，其用乃究。今楊酋不軌，王將軍登壇，此正究其用之時也。敷奏以言，明試以功。天下平日誦將軍之言，今將觀將軍之功，功副其言，言乃益信。集中戚南塘法爲多，固其生平所允蹈乎？”慕岡之言若是。夫今世論名將，輒屈指南塘。南塘自序其集曰：“精微極於無聲臭，放之格天地而動鬼神。”故不知者謂南塘練士藝，其知者曰練士心，然南塘練其心者也。心包乎天，何制於天？包乎地，何制於地？包乎人，何制於人？不制於天者，天以之清；不制於地者，地以之寧；不制於人者，人以之生。天，吾清也；地，吾寧也；人，吾生也。所謂究其用也，其用至博而至遠，其理至約而至近，其機在我而無難。夫天文億萬，地理億萬，人事億萬，不得其機而握之，衆乃在物，衆在物則我寡矣；巨乃在物，巨在物則我小矣。不爲所制者幾希，而何用之究焉？有味乎慕岡之言哉！以此弁王君之集，其足以感觀者，奏安攘之功矣。遂以之復諸漢翀，而不更有所贅說。

《泰西水法》序

惟上帝好生，既生人，則爲之生食。食出於地，藝於人，人有遺能，地乃有遺利。食乃不足，其不足恒以旱乾，天澤既不可徼，則渠塘溉灌急焉。顧亦罕所講究，而西北之鄉，尤未閑習。土高泉寡，井有淺深甘鹹，大段不得水之用。即有用之者，工力繁浩，不償所費。然大禹疏治溝洫，必於冀州，建都之域不至獨遺，今胡以一望岡鹵？豈阡陌開後，因仍墮廢，遂謂水泉之利若靳於此？方田家終歲懸懸，占雲盼雨，雨愆其期，立視苗稿，猥云"天實爲之，人力無可奈何"，枵腹菜面，展轉爲溝中之瘠而已矣。

太史玄扈徐公，軫念民隱，於凡人事之可興，靡不采羅。閱泰西水器及水車之法，精巧奇絶，譯爲書而傳之。規制具陳，分秒有度。江河之水、井泉之水、雨雪之水，無不可資爲用，用力約而收效廣。蓋筆議於利君西泰，其同儕共終厥志，而器成於熊君有綱，中華之有此法自今始。粵稽曩昔盛世，首重民食，而田器亦有司存。《周禮》稻人掌稼，蓄水止水，蕩水均水，舍水瀉水，俱有經畫。今也牧民之宰簿書不遑，過隴畝，問桑麻，亦未多睹，他何論哉？雖前人樹藝之方載於《月令》諸編，上不倡，下不諳也，食胡以足？竊意冬曹當以此書頒之直省，而方岳之長宜宣告郡邑，倣而行，觸類而長，尚何患粒食之難乎？夫士人談及參贊，遜爲聖神，若無敢望涯涘者，不知此類事即贊化育。井田壞而經界湮，雖猝不能言復，然崇重農功，固王道之先也。不圖於是，而欲睎蹤隆古之治，必弗可覬已。且安有尊處民上，坐享民膏，不爲民生熟計，忍令其饑以死？此豈天之意也哉？

《治本書》序

夫井田行廢，古今之關也。隆古之時，家均以田，人食其力，樂苦不至懸異，風尚因之不漓。後世反此，安望至治？然非但田之不井也，野多曠土，土有遺利，公私乏蓋藏之積，凶荒無拯濟之具。饑寒之苦在民，危亂之禍在國，有由來矣。今之牧民者，相向嘆惋，未嘗不曰：「風俗日偷，徵納日逋。」然富之教之，有先後焉；為之用之，亦有先後焉。胡不思也？

戴肩吾有感於是，采古今農桑樹畜之言，彙而成書四十餘卷，命曰《治本》。牧民者得是書而推行之，可以興民之利矣。夫文王岐周之治，要亦於農盬、雞彘時加意焉，不此之務而區區於簿書之間，抑末也。其或率作、補助之無方，僅一傳宣，聊示文具，即云「民不我從」，則過也。又或奪其時，傾其業，斯民也奔走繁擾之不遑，而曰「爾胡不勤農」，亦過也。噫！古之人當官一日，多人蒙福；今之人當官一日，多人蒙擾。欲興利於斯民者，其始於不擾哉！

《九族類鑒》序

族而曰九，析之也乎？不如是則尊卑疏近不分，奚而施其恩義？九而曰族，仍合之也。不論尊卑疏近，而恩義藹然貫也。一身之中，四其肢，五其官，五六其臟腑，十二其經絡，百其骸，何嘗云九？然而疾痾痛癢，無不相關。不相關者，木人也。九族之痛癢相關亦然，而相關者鮮，茫茫大眾，大概木而已矣。仁人視之，不勝其憐焉。此《九族類鑒》之所由著也。著之者誰？師文周君也。

君蓋慨末俗之日漓，嘆同氣之不輯，以家為型，陶冶六宇，援古證今，法戒咸備，而《類鑒》成焉。為綱者六，為目者五十有八。首曰立宗，壹閫以內秩如矣；次曰睦族，凡此同支胕如矣；次曰教子，聖功浚於蒙泉；次曰事親，百行肇於一本；次曰訓內，防其屬之階也；次曰治生，殖其穀之原也。其義精，其辭劘，其指陳人情物理婉以盡。玩之，令人色動而頤解，心悅而情勃，有不覺其木之蘇而仁之浹者。竊謂此書可置之座右，人人為箴焉。一家之九族睦則爲齊，萬家之九族睦則爲治，天下家家九族睦則爲平，道有二乎哉？君之所造遂矣。乃題數語於簡端，且將告於吾家之九族，俾共遵奉，而各告其九族，則願諸天下之家家。

賀馮少墟先生六帙序丙辰嘉平月

人人有真體，浩浩乎無涯，悠悠乎無盡，與天地同其大，與天地同其久。一身處兩儀之中，譬一指聯四體之內，有精流神貫之渾融，無一毫半息之睽隔，不待智者可知也。然或自生結礙，乃與天地之大不相肖，而其可大者自在；或自生斷息，乃與天地之久不相肖，而其可久者自在。夫其可大者可久，豈不天地同壽哉？無奈結礙、斷息者衆也，則以塵情障於內，習見錮於外耳，而壽乃獨歸之仁者。仁者，無結礙、無斷息之謂也，故以天地爲一體。萬古之前，萬古之後，天地之體如是，仁者之體亦如是，顧不壽哉？古之聖賢，或六十而順，或六十而化。順則無逆，化則無窒。無逆無窒，故浩浩悠悠，同流於天地。

少墟先生壽屆六旬，門下士不遠千里，質余言爲賀，以祝無疆。夫先生肩任斯文，躬行粹德，研入聖神之微，動爲士林之鵠。出則赤衷讜議，揭國是而肅官常；處則繼往開來，立天心而植民命。大道昭宣，風行海宇。自無結，自無斷；自抵於順，自抵於化；自大自久，自符於天地之壽：寧俟祝乎？諸人士戴履於霄壤之間，步趨於几杖之次，先生陶其情，鎔其習，誰不剖其結，緝其斷？先生不貳於天地，多士不貳於先生，共無涯，共無盡，體仁之化何其宏，壽域何其廣也！抑人亦有言："不負此日，方爲得此日。"彼靜恬自適之夫，且詡日長似歲，況有道之儒，日躋而天遊，月異歲不同乎？故日月不至仁，則日月成虛；三月不違仁，而三月非曠。志學從心，一息通於今古；垂憲萬世，尼山之聖常存。先生韶年敏學，以逮今日，窺其功力，蓋瞬息之有養；衡其造詣，偕六甲以俱崇。夫是之謂六旬哉！由斯而耆、耋、耄、期頤，至於無疆，年且彌高，德將彌邵，夫是之謂耆、之謂耋、之謂耄、之謂期頤、之謂無疆哉！完其真體，乃爲真壽，豈僅僅與尋常校年論齒已耶？是則可賀也，謹西向再拜而言賀。

《楊氏七孝芳聲》序

淮陰楊氏通參公，爲其封母董孺人病篤，惶迫莫可爲計。禱於天，刲股爲羹，食之得愈。公之子博士君憶淞、同配謝孺人，復因公病刲股。公之孫把總於庠，亦爲父憶淞刲股。於邦，亦公之孫；於郊妻許，公之孫婦；適陸率履者，公之孫女。一爲母潘，一爲祖母某姓，一爲父憶木，皆刲股。乃謝孺人爲處女甫〔一〕四歲時，業爲母于，及既嫁，又爲博士君各刲股矣。而博士君爲諸生時，已有孝子之稱。於是縉紳戚友交美之，或旌以扁，或贈以詩文，曰“同心純孝”，曰“奕世忠孝”，曰“德行文學”，曰“孝子名士”，曰“孝順之門”。亦有未及旌揚者，蓋有待也。

諸生於升，亦公之孫，而博士君之子也，將梓其詩文以傳，而求序於不佞。時不佞且北行，徒行送百二十里，示懇也。余以其刲股者七，命曰《七孝芳聲》云，因七人而概楊氏之門，因刲股而概七人之孝耳。借謂其孝止於刲股，則通參公之清修崇望，出處有聲，果何物乎？而其餘可推矣。又謂孝止於七人，則于升之奔走不遑，求顯其先，果何物乎？而其餘又可推矣。洪惟我太祖以孝治天下，而刲股一事不在旌表之列，非薄之也，不欲以難事爲民倡，且慮其毀傷滅性，重違親意也。顧孝子當親之疾，凡可救療，不憚爲之。斯時也，不知有旌，而遑知有不旌？夫民心積染，或至路人其親，區區財利校量，爾我一語不相能，或至反唇。彼其白刃自殘，視膚肉若瓦礫，瀕死無顧，豈可易及哉？善乎！盧子守恭之言曰："以身療親身，猶親自治自。夫惟以身爲親身，故能刲股，故能竭力，故無以有己，故不失身以辱親。"通參公可作，或以余言爲不謬矣。

送修吾李先生巡撫江北序

江北爲留京門户，二陵所居，實國家重地。狼山直當日本東海，衝釜山。頃緣東方用武，頻歲戒嚴。顧濱海延袤二千里，大港可出入者無慮數十，而兵不滿二萬，犀利之器無儲，何以爲禦？然通泰鹽徒，擁蓋建旆而僭稱號；潁亳桀盜，鳴鼓露刃而詬有司。捕鹽緝盜之役，陽食於官，而陰以賊爲利。而諸豪猾不逞者，時出飛語，謂某且梗運河而剽漕粟，某且潰諸堤而灌城市。於是當事者蒿目深惟，爲一切增兵足餉計。然兵餉取諸民者也，而其民何如哉？田沉於水，一望成巨漚，其一二高原之鄉，亦遂鞠爲茂草。郊野之民委身爲駔儈，日求米升許以餬口。中人之産無五日之粟，而重以河工之迭興，大木之鱗集，班軍漕卒之奔命，榷使鹽璫之驛騷。有司者惟催科箕會是急，求免目前。民以爲不見德也，不相親而相讐，脱有緩急，何恃焉？故議者欲風勵群僚，崇重民事，力溝洫以治水，而轉害爲利；巡行補助，易蒿萊爲膏壤。於凡蠹政、妨民之習，一力更始，使野土無曠，家有蓋藏，不擾於公而暇於私。然後計里爲倉，因倉爲學，因學明約，因約練武，以通上下之情。若元氣之流盎，内治外威於斯焉在。他日南方有事，吾將批其吭；北方有事，吾將擊其尾。左提右挈，據重勢而奠國家磐石之安，顧不麻乎？然此惟撫臺可爲之，而今撫臺修吾李先生則其人也。

竊謂天下無難爲之地，無難爲之事，無難爲之時，亦無不能爲之人。其人之不爲者，則以我心據其中，而失其所以爲者也。

李先生欲無我者，知其大有爲耳。公起家地曹，時執政握重權，立能生殺人，將實言者於危法。公抗章申論，遭左謫不悔，豈計得失利害者哉？既觀察三省，揚歷兩京，爲今大理大都，無以豪貴狥法者，無以私暗倖福者，無以盤錯訑虓、衆所縮手而兩可依迴者，故政成人服，所在垂永利。其視營營顯臚，問田舍，急妻子，不啻羞之。方督學晉中，一旦念其親，輒棄官歸，無異脱遺。當在齊魯，值荒疫，匹馬走餓病萬夫中飯藥之，殆不知有身。每見其推轂忠義之士，然其言曰"忠義"以自盡耳，而矜己詡人何爲？嗟乎！此足觀公矣。不有其利，且不有其名，殆庶幾無我也。持此治天下無難，而於一方何有？蓋嘗論之，州縣之吏，以百里爲我者也；一郡之守，以州縣爲我者也；司道之長，以列郡爲我者也；撫臺之尊，合道、郡、州、縣爲我者也。故邑無循令，則郡有慚德；府事修和，而後憲司無忝。撫臺之精神，包羅流貫於上下。其政方舉，有一閡隔，皆爲未充。公其以無我者師帥江北，俾道、府、州、縣皆忘其我而共成一我，政其興哉！民其康哉！國家藉兹地爲重，又何疑焉？

送許繩齋公祖入賀萬壽序

繩齋許公，湛心若冰，植躬成矱。蚤歲刺吾晉之澤郡，一窺其丰采，稔聞政教業弁冕仕籍。既揚歷金紫，飄飄巖棲者若而年。諸簪紳過其廬，無不式者。當宁采庭臣議，起憲晉寧，公再三辭，不獲允，乃西視事，宿寶故俗爲之一滌，吏未有不灑然者，事未有不釐然者，民未有不帖然者。世之爲政以簿書，公之爲政以身也。今歲春大計群寮，銓臣疏舉廉異吏，以風有位，海內不數數，公褎然其間。是秋，屆聖天子萬壽之辰，公將賷表入賀，郡大夫祖帳郊關，質余言爲贈。

夫聖節告期，萬國執玉，冠蓋且相望，若公者真入賀人哉！

旅馳旅見，拜舞嵩呼，賀之文也。忠誠懇惻，如愛親年，賀之實也。於以究其實，公誰遜焉？夫壽君者壽國，君所御也。壽國者壽民，國所由立也。壽民者好生者也，好生者盡其性者也。盡其性者，無所以閡之，閡之者其出有繫，其處有牽，居榮若艷，遇膏若霑。性本虛而實之，性本達而隔之，君民何有乎？公之挺然有執，脫然無營，處榮如蠟，視膏如涗，澄澄乎滓之汰也，恢恢乎籬之剖也，此性體之初也，與眾通者也。性與眾通之，生乃與眾共之，奚而不好？故視民若子，立其命焉。視國若家，永其脉焉。對一夫而不敢忘君，行一令而不敢忘君，此之謂視君如元首。世之元首乎君也以分，公之元首乎君也以性。以分則不敢廢其文，以性則不容過其實。嗟乎！天之不得不高，地之不得不下，理也。人生於天地，而斯理咸具。雖在童孺，遇長則肅。故曰：“義之於君臣有性焉，真性露則愛君篤矣。”是行也，天顏日邇，赤念愈殷，稽首闕前，凝精帝座，天子萬年，而後喜可知也。縟節云乎哉？維天之鑒，聖壽與齊，介景福焉，逾岡陵焉。草野遠臣，罔效華封之祝，竊忻虎拜之虔，敬爲吾君慶。

賀于虹蛟公祖兩臺交薦序

虹蛟于公，以東堂握篆，綱振紀張，三尺山巖，四壁冰凛。不佞側觀風采，喟然興嘆曰：“時哉！譺政由此舉乎？”既而鹽臺曾公、按臺汪公相繼報命，僉登薦剡。不佞疊窺清評，輒復嘉喜，曰：“時哉！百城此其鵠乎？”盍觀諸天焉？臘深沍極，陽律飛葭，乃氣淑而彙暢；長夏番庶，商音應候，則霜嚴而眾結。假令有春無秋，大造亦幾窮矣。邇時譺地何如哉？地固近寶，閭左通神，如風斯靡，人未能自制其情也。煦煦呴燠之，輒不無修其睚眦，梗令次且。嗟乎！一人御宇，萬里傾懷。惟是法度聯絡，智無庸謀，勇無庸角也。有其弛之，莫或張之，奚所恃，亦奚所不至哉？

于公以勁氣直節，挺挺明作，不怨之辭，不恩之樹，不繞指之習，不唯唯諾諾之拘骸法逾格，令甲存焉。商民始而騷，中而服，終乃定，陽鱎固可阻也，白額固可戮也，烏足異者？吏奉刀筆如刻木，靡所施其黠。至於願休閒，行其庭，迹稀喧絶，顧不偉與？故斯時不可無公，蓋天道也。不可無兩臺之薦，亦天道也。匪公則法且湮，匪薦則群工無所嚙矢，而法亦湮。公之裨益兹土，詎尋常效官奉職已耶？迹厥注措，適中其會者也，故曰時也。時者，聖神所不違也。夏之不得不忠也，商之不得不質也，周之不得不丈〔二〕也。仲尼當周之季，不得不文勝之厭也，時焉而已矣。唐之藩鎮，宋之戎狄，始以因循，竟成壅潰，不識時者也。故動陽於六杪，運陰於九極，《易》之爲道，不越乎時，以濟窮而成不匱者也。齪之廣文諸士，質言贈公。夫縫掖之談，治法出焉。治能外於時乎？乃以此爲復，而并以爲公贈。

贈吴中麓父母入覲序

往歲，中麓吴父母補選吾邑，當事者若以爲難地焉，而公慨然易之。余窺其言論丰采，私爲吾邑稱慶。既則及中途而玩胥畏威，甫入境而閭閻飲和。上下不由掾喙，運之獨斷；徭賦不必往案，要之便民；讞牒不恣雀角，歸之式憲。藹然進赤子於几杖，而休息均調之，民於是帖席。窮鄉僻陬垂白之叟，謂及其未斃而出之於壑，余親聞之。而鄰封遙逖之人，企足引首，思睹其顏色。每一行部，至於擁道。此其地之難易何如也？然其故難言之矣。且民情之善良者無論，即有一二故染，亦大都外憍虚而中柔脆，張之則張，伏之則伏，犨之則慹，綏之則蘇，法易行也，恩易入也，公得其機矣。

兹以修覲届候，先期戒途，而簪紳孺耄之謡頌者、繾綣者，難其往而盼其還者，巷若沸而心如結；而公之介幕，若譚君、邊君、封君，茹厥德意，受厥成績，莫不采謠頌而揄揚焉。其僚采之間，耳目最真，精神最邇，有不容已爾。夫謠頌也，繾綣也，若沸而如結也，氣所通也。氣也者，一體也；一體也者，父母也。請陳父母之説：先儒云乾稱父，坤稱母，而人秉天地之性，則父母之道，誰人不具？顧所用如何爾。或用之一家，或用之百里，或用之千里，或用之天下，性一而已。隨處而顯施，非易地而增減。故漢讚循吏，《詩》戒"具瞻"，無異術也。若乃胡越分歧，痛癢罔與，是荆棘生膝下而同室反脣也。公嘗向余語曰："吾行實事者。"嗟乎！實哉，實哉！乾得實以父，坤得實以母，人得實以備。乾坤之性，實則通，文則隔。古昔之治以實，叔季之治以文。循吏也，具瞻也，實焉足矣。公非久處百里，天下之大，且利藉焉。是行也，銓鑑之司當最其父母之績，以報當宁。余故推本其性，而謂由於實。三君其以爲然乎？

送潘子孟深貳刺膠州序

天爲民立君，君爲民立百司，庶僚職巨職細不同，總之各盡其職，以安民而成治。譬之目視耳聽，手持足行，以成此一身而已矣。乃或以内外正佐，風憲、有司之異，而厭薄其官，濡延歲月，以爲弗獲建樹，而職以内曾不克盡，是目不能視而顧憾其弗得聽，足不能行而以不獲持爲歉也，豈不惑哉？

潘子孟深，爲中丞熙臺先生之孫，少承家學，攻儒業，入太學，博洽，善詩辭，不難一第，而竟不偶，選授膠之貳刺，或者以不盡其長惜之。夫長亦何地不可酬哉？會計當而委吏非虛，苗壯長而乘田無負。惟其如是，故爲司寇而魯大治。今人但知薄委吏不爲，而不知其無孔子會計之當，即委吏亦且溺職，縱授之司寇，亦何以治焉？夫一州之中，有刺史主之，而其僚屬或司捕、司農、司戎、司教化，不一而足。借令捕者戢民之寇盜，農者豐民之蓄積，戎者使民知兵，教化者使民仁且讓，不亦一郡至理乎？若捕者不省關，農者不履畝，則非官之不能盡其人，而人之不能盡其官也。孟深第盡其所司，爲良貳刺而已，他非所當計。

賀邑貳尹定宇賈父母擢尹餘慶序

夫世之治不治，由民之安不安；民之安不安，由仕之職不職；仕之職不職，由學之明不明。古者學而後仕，是以其職舉，民賴以安，而措世於上理。晚世之仕者罕由於學，非無學也，帖括辭章以爲工課，利祿華膴以爲期許，非古之所謂學也。一登仕版，鮮有軫民之隱者，豈啻不軫其隱，且朘其脂膏焉。轝金載玉，自不之醜，親戚鄰佑亦鮮爲之醜也。其資微位下者尤甚，前途近而培[三]克若不遑也。元元奚藉焉？邇值四夷之警、旱荒之災，有識者且謂揭竿斬木之變若在眉睫焉。吁嗟！朝廷之設官，豈期至於此乎？

關西馮仲好先生，倡學造士，厥意良遠，定宇賈君實出其門，以明經來丞吾邑。催徵，其職也，初至，掾史以羨金進，麾之不納。邑人以爲詫，奈何有視金若浼之丞也？繼從事直指之臺，職司捕。有訟者具緡錢爲爰書費，亦麾之。邑人尤以爲詫，奈何有視金若浼之捕官也？於是聲藉藉起，署邑篆，又署臨汾篆、猗氏篆，廉靖加愍。垂白老人私議於間，諺有之“署官如劫”，奈何有視金如浼之署官？予聞而重之，然不以爲異。彼其講學關西之日，澄澈其心靈，堅定其操守久矣。知愛其身而不肯淪於可醜矣，固將軒軒磊磊，答億兆，報朝廷，維斯世，千秋不朽，寧肯令此膩垢者點其皎皎乎哉？君不阿上官之左右，初時不見知，顧茂實奚掩？竟知之。既而直指薦於朝，主爵者擢餘慶令尹。吾邑之慶將移於餘慶，餘慶之慶也。夫主爵乃得人若是，主爵之慶也。夫海内聞風，清吏且蒸起，海内之慶也夫！初時忽有訛傳，謂升信不的，衆乃譁，是將致汶汶者揶揄矣，夫夫亦僅至此乎？已而升信確，交相慶者倍於前，索文於予以賀。故事，爲賀文者須妝點嬿事，其衷不囮，予則深知君，握管一揮而就，甚慊也，此亦予之慶也夫！

贈張蓮汀寅丈南歸序

世有砥躬修行之士，不知者曰：“此蹠也。”可以謂之蹠乎？彼固不自蹠也。世有貪榮嗜利之夫，不知者曰：“此夷也。”可以謂之夷乎？彼亦不自夷也。真夷、真蹠，在人之自知，外之毀譽不與焉。

寅丈張蓮汀氏，以保定賢能薦調淮安，董治河事。比初至，予迓之舟中，見其繪河圖爲屏，心敬其賢，必謹於職業者也。及理大工，綜核有方略。曾半夜遇大風雨，席廬盡圮，萬夫大譁，幾僨事，一言定之。往歲運道水涸，舟不能寸移，主司者束手。君倡議塞義安口，而四百萬漕粟盡北矣。其才識勛勞，大約類此。然從事理學，其講談多心見，此其立身出政之本也。君，宮保之子，澹素若出韋布，其家學有自，此又其本也。每向余言，世路多崎嶇，圖歸田以教子孫。予曰：“君才當用世，且當事者憐才，安能遂君之圖？”乃主議者以不理之口投閒乎君。夫君之所圖果遂矣，顧其遂君之圖者，非所以爲名也。然君亦有真徜徉泉石之間、遊酣《詩》《書》之府，明學範俗，佑啓後人，此乃多才多勛、求歸田之蓮汀也，非主議者聽不理之口投閒之蓮汀也。君亦自知何如耳，何恤乎人言？

送劉生本唐西還序

劉生將還之前一日，曹子過焉，問所學，對曰：“方從事

'忍'字。"乃翁豫，吾年兄，亦首肯，謂其言果不誣也。善乎哉，劉生之篤於學也！夫色之於目，聲之於耳，味之於口，臭之於鼻，安佚之於四肢，環向而相餌，而我之欲心、競心、嗔心、矜心、習心方且沸如湯，飛如蓬，躁如技癢，忍何容易？故一時不忍，或貽百歲之羞；一念不忍，或起滔天之禍。故君子忍小以就大，忍妄以就真，忍童心俗氣以就聖躅賢軌，蓋終身以之也。夫衆人之不忍何也？懦也。懦則物強而我弱。君子之能忍何也？勇也。勇則我大而物小。故天行健，君子自強，勇之謂也。然勇可習乎？夫愧懷內生，赤發於面，斯時也其氣揚，故兩軍對壘，雖有羸夫，辱之則奮，故曰"知恥近勇"。夫言恥而知先之，恥生於知也。亦有褒衣聚談，甘辭仁義，不知暴棄之可嗤；流俗相仍，駕言從衆，不知塵情之可鄙。故學先於求知，而知何以求焉？水之照以清，心之靈以虛，知生於內者也。對鑑而知我之妍醜，對聖哲之範、師友之良而知我之善惡，知藉於外者也。知則恥矣，恥則勇矣，勇則忍矣。夫虞帝殷相，古之大聖也，則亦動之忍之增益之，於未降大任之先而克勝其任矣。動則知之謂也，恥之謂也。動則忍矣，動、忍則增益矣。劉生將求增益，以待大任，烏得不動、忍之兢兢？

賀張碩人烏臺旌節序

碩人景氏，余年友奉常公之女。十六齡時，爲天部張公之子婦。公子素抱羸恙，不數日，別室靜攝，荏苒三月而捐世去。人謂碩人於公子，即眉目亦未稔也；然而矢志從一，既不獲身殉，則寂守閨閣。玉逾瑩，冰逾潔，石逾堅，迨今三十餘載。嗣子有室，嗣女有家，門閥不墜，垺天部他公子若光大者。萬口嘖嘖，謂公子有妻，天部有婦，奉常公有女。宗親頌於庭，鄰里讚於閭。於是豸直指念山張公采群議而旌焉，隆以錫幣，額其門曰

"苦節可風"云。

粤稽《易》之《坤》，象曰"利貞"，又曰"安貞吉"，又曰"利永貞"。不貞何以爲坤德？貞而不安，非貞也。貞而不永，亦非貞也。伊其勁節如斯，可不謂貞乎？確然無二，可不謂安乎？垂老節成，可不謂永乎？貞而安，安而永，坤元不在兹乎？洵可以風矣。凡厥有生，誰無貞性？惟無所風，貿貿不識所之，故春風過而衆物榮，秋風起而萬彙肅，風之所關，詎不大哉？兹者碩人爲風，四國爲草，諸凡閨閫之媛，瞻望感嘆，方知翠鈿羅綺非華也，刺繡挑描非巧也，惟是貞節堅凝，乃爲兩間之正氣、一代之完人，而步武芳蹤，當亦不乏，孰非風之所鼓？抑聞道肇居室，化先閨範，《詩》首二《南》，《書》崇潙汭，豈徒爲壼内人哉？有婦之貞，以風爲子，則不貳於親；以風爲臣，則不貳於君；以風爲弟，則不貳於兄；以風爲朋，則不貳於友。若曰彼女也，且松筠其節；我士也，豈萎薾其行？故曰："男兒負剛氣，莫愧女郎身。"然則碩人之所風廣矣，苦在一身而風化被於千萬人，苦在百年而令名流於千百世。是以蚤謝鉛華，不辭落寞，固守之定，亦識之卓也。雖然，"苦節"之云，旁人睨之耳，碩人奚苦焉？彼其寧心一醮之不忘，坦然成性，異日見夫於地下，香骨如銀，其視無貞之婦，方且興憐興慨曰："斯人也，不人而禽，何苦乃爾！"蓋視失節極大，以節爲甘，故曰"苦節"之云，傍觀之説耳。昔聞公子蚤負異才，未弱冠入黌序，輒擅詞壇之牛耳。天假之年，必當巍科膴仕，封妻光顯，彼一時也，碩人冠帔鏗鏘，里婦企踵而誇羡，脅肩而尊奉，然無以顯其貞，亦無以樹之風，政不出於閾外，名不聞於四方，但赫然榮耀已耳。以今校彼，孰大孰小？蓋亦有天意焉。天若謂世態之靡，如瀾之倒，不有以風，究將何極？障大河者必堅土，護名花者豈朽木？風斯世者，非若人之儔與而誰與？是以寧奪其榮而置之苦，藉其節而用以風耳。然則直指之褒旌，固奉若天意也。宗親鄰里之旅賀，亦動於天也。碩人以節風，直指觀風，仍以碩人風，天以碩人及直指風。余不敏，以不文之辭揚其風，且厚望吾里之人勿負此風。

辛母陶夫人七旬壽言序

陶夫人者，贈尚書一閒公六世孫女，裔出於晉靖節先生。鼂稱孝女，適辛稱賢孝婦，生子爲慈母。子復元，篤於聖學，乃曩者夫人能忍貧，俾竟儒業，乏膏繼晷，令爇香以照，致有今日。當路交旌焉，勉之曰：“勿自滿。”峨冠者罕此識也。秋仲初，壽七旬。辛子門下士樂辛子之有壽母，相與歌頌之。辛子樂其母壽，樂門人之歌頌其母，而母以歌頌而益樂，且益壽也，俱天理人情之至也。

諸士質余言爲引，辛子亦以簡來。昔者趙冢宰吉亭公語余於京師：“士夫之家多壽母。”歷數之，信然。茂樹蘇生，坤氣必厚，抑以貴事，志適氣固，理有然乎！然猶以勢分論也。況生子而賢，且以賢事，又當何如？兹夫人之所以壽也。古之論大孝者曰“德爲聖人”，生子而聖，且以聖事，更當何如？固亦盡人之子，盡人之母也。諸士頌夫人之壽，必述其德，亦必及其子之德。述其德，則德其德矣。各德其德，各事其事，子各事其事，親各壽其壽，洋洋金石之頌，交相應也。洵樂乎哉！此亦夫人所欲也。

甯公異政序

天壤間，目之可睹，耳之可聞，足之可至，謂之明。目所不可睹，耳所不可聞，足所不可至，謂之幽。明有盡，幽無盡。通於明，不通於幽，猶局曲之見也。古之君子，不愧屋漏，惟是以環吾前後，昭布森列，莫非鬼神，無時無地，無敢不敬，故不至有愧。而學士家或以厭世人徼福之陋，漫云："何鬼神之有？"孔夫子盛德之訓何以說焉？幾何不縱肆於屋漏也？胡不觀明軒甯公？

公爲高密侯，禱雨雨至，憂雹雹止，憂蝗蝗去，夫非鬼神之所爲歟？一念潛乎，捷於桴鼓，鬼神之顯如是。公蓋無不敬者，無不敬，則吾心之神凝。以吾心之神通鬼神，故隨感隨應也。凡人以形用者，有及有不及；以神用者，無不入。以形用者，聲音笑貌不能信孺子。以神用者，六通四闢，用之於明格豚魚，用之於幽動天地。彼以隱微之中，莫予視指，邪辟暗滋，不知鬼神在傍，歷歷洞悉。吁，其亦可愧也夫，其亦可懼也夫！

《養心録》序

《養心録》者，復元辛子學道所得，録之成書者也。堅貞之力，精詣之語，不可枚述。其大者，在以聖人必可爲。夫丈夫何畏？有爲若是，聖人同類，從昔談之。近世名賢每謂滿街皆聖人。世人高視聖，卑視己，望之而震。其學聖人之學者，未嘗不慷慨思齊。至論及不思而得，不勉而中，亦未免遜於聖焉。夫果聖人不思，而衆不能不思；聖人不勉，而衆不能不勉。相距何啻逕庭，焉在其滿街皆聖人乎？解者曰："思之熟可至不思，勉之熟可至不勉。"果爾，何不云"滿街皆可至聖"，而直以"皆聖"目之？不觀之孩提乎，其知愛親也，不思不勉也；不觀之稍長乎，其知敬長也，不思不勉也；不觀之乍見孺子入井乎，其怵惕惻隱也，不思不勉。滿街之人非孩提則稍長，非壯者則老者。孩提稍長，既不思不勉而愛敬，壯而老者又不思不勉，而惻隱於孺子之入井，是以曰滿街皆聖人也。顧乍見惻隱，發一葉於枝幹，亦以知愛、知敬，原含真性於本根，理本相因，機無二致。

或又曰：“聖人不思不勉，事事如斯。衆人偶觸之天，烏得比而同之？”辟諸匹夫懷抱良璧，雖其迷懵不自知，而連城在握，可不謂與富人同哉？然則不思而得，不勉而中，人之本然也，同然也。養心者，還其本然、同然而已，是爲聖人也已矣。

校勘記

〔一〕“甫”，四庫本作“十”。

〔二〕“丈”，當爲“文”字之誤。夏尚忠、商尚質、周尚文，乃古人通言。

〔三〕“培”，四庫本作“掊”，據文意似當爲“培”字。

引

張時庵先生八十壽册引

歲庚申春仲念六，時庵先生張公壽届八旬，復元辛君摘辭成册，走書質言，俾弁之首。

顧余不敏，其奚以壽公？請談壽乎。世人以氣爲身，不以理爲身，不知身者也。乃以身之所歷爲年，不以理之所貫爲年，夫所貫何極？是壽之説也，如以所歷而已。公之宰容也五六年所耳；然公之樹勛於容，及容人之思公，迨今未艾也，五六年已乎？其守滄也六七年所耳，然公之樹勛於滄，及滄人之思公，亦迨今未艾也，六七年已乎？其司南計部，二千石秦、蜀十四年所耳，然南人、秦人、蜀人之思公，迨今未艾也，十四年已乎？比歸林麓，不爲世俗縟麗態，明學講道，淑世維風，夫道何極之有哉？可以窺公之年矣。客有難予者曰："果爾，則人人在道中，人人皆壽，何以必得其壽獨歸諸有聖德者？"余曰："此覺不覺之異耳，復元云乎哉？"愚夫愚婦，各具聖人體段，一覺悟焉，如醉夢得醒，自爾手舞足蹈。然則人人皆聖，所乏者覺，覺之則聖；人人皆壽，亦所乏者覺，覺之則壽。覺此身從無極二五中來，有不與無極二五共不艾哉？不則不可言覺。公固覺之先者哉！請以是爲公壽。

《仙掖貤封》詩引

春曹介泉衛君之前主上黨教事也，化行勛茂，銓司以翰林待詔遷之，蓋久懸不除者，致旨嚴勘，然終以君雅稱此，遷而准授，不爲例。越三歲，則竟以是遷，移贈其大人徐川翁如其官，於是閭里歡動，謂造物者殆若有意存焉。

夫久懸之缺，介泉豈覬得之？主爵者於應除應否，靡不了了，而何爲除所不除？天子業知爲曠典，不難奪之，而特恩眷注，不啻榮介泉而卒至榮徐川翁。始終湊合若此，則翁之砥躬績學，以謹厚没齒，而介泉承其世範，益醇修，宜於邇遐。天將昌其閥而揚其光，銓司雖欲不以是官授之，而天子雖欲靳之，有不可得者。然種德者食報，厚積者巨發，天雖欲不以是佑其父子，亦不可得也。乃世或謂通顯可力致，而圖之以術，是與天抗也。又或不求諸己而求諸天，甚且咎天之不我福，是仇天也。則胡不以翁觀焉？

翁之贈也，諸達人先生歌誦以詩，成卷，題曰《仙掖貤封》，而不佞引於首，蓋深感於天人之際，見翁之得此，非偶爾也。

題　跋

題文公朱先生《經濟文衡》

朱先生之學，繭絲牛毛而未嘗不廓大，遠搜旁稽而未嘗不簡要，履繩蹈尺而未嘗不透悟。世之外於先生者曰：“何其不廓大也，不簡要也，不透悟也？”是不諳其所到而枉之者。其歸於先生者曰：“先生繭絲牛毛已也，遠搜旁稽，履繩蹈尺已也。”是割其所到而枉之者。由前之人猶可言也，猶[一]後之人不可言也。故舍朱從陸，與闢陸從朱，總之不知先生。蓋儒賢之從事於學，入門不必同，及抵堂奧，未嘗或異。儻未窺其堂奧，第望門而評驚焉，烏足以盡？

余年友張華東氏尊信先生，寶其《文衡》，昕夕披玩，楮敝墨渝，重加裝演，不忍釋手，其嗜之若此，蓋亦遊先生之堂奧者矣，可不謂千載知己乎哉？

題南皋先生教言

嘗聞鄒先生之論學矣，曰行路，曰到家，曰開眼，曰未開眼。夫既未到家，則雖没齒務學，終屬半途；既未開眼，則雖終日矻矻，猶漫道也。余曩誦先生之書，邇聆先生之講，大抵高坐堂室，雙眸朗朗之談。意其閱歷之久，艱苦之嘗，參究體驗，積有工〔二〕力，乃臻於是乎？士人無其功力，驟而聞之，未必見信。縱或信之，亦僅爲幽玄妙論，聞未曾有，足以悅耳而解頤，非真能信也。果其聽受而出，傚效而履，質之飭躬、御物，一一相肖，方爲真信耳，詎易得哉？

浙董父王君録先生之言成帙，余受而卒業，謬題數語，期與學者共信焉。然則當如何？亦曰第行行不已，求開不已，會有到時與開時。

題《貞裕堂集》

《貞裕堂集》，集吳母太恭人之褒揚於上下，自誥敕以及傳誌、記序、詩咏、文辭。貞，言其節；裕，言其子若孫之彬彬賢且貴。貞以啓裕，裕以報貞。兹集也，以章母懿，亦以風世教。

母之子安節先生爲汴師，寄示汴，命以言。謹拜手卒業，有概於衷。夫猶子未繼，先十年而矢節已堅，是洵貞也。撫襁褓之子，德成爵顯，繩繩未央，是洵裕也。第當其直志從一、艱苦不二之日，貞在是，裕亦在是；貞於母身可睹，裕若有待而見焉耳。善乎塘南先生之言：「節義根於性也。」夫天下有裕於性者哉？世或以險夷樂苦自撼之，自怵之，乃不無隘焉。吳母於境之可撼可怵，掃若祛霧，蕩若焚毛，亭亭無倚，浩浩無礙，孰貞於母？亦孰裕於母？詎待先生登第甫稱裕乎？竊怪夫士之不知貞者，不知裕也。夫本包六合，羅萬象，而營營於數十畝之宮，競富鬪麗，謂裕於居；本高無上，貴無偶，而屑屑焉夜睨台曜，畫傍侯門，謂裕於貴；本前無始，後無終，而斤斤於百年之內，玩流光，奉口體，幸而皓首，謂裕於壽。裕其非裕，不裕其可裕，不貞者如是。故君子亦貞而已，貞則裕矣。太恭人貞於家，先生貞於國。家國，迹也。貞不囿於迹，不囿於迹之謂裕，故貞無所待，裕亦無所待。然孝子不忘其先，則吳氏之後，固待太恭人而裕；裕無所囿，則後之裕皆其裕。茲貞裕堂所以有集也。

題劉孺人《苦貞録》

江右直指以劉孺人賴氏孀節奏於天子，欽命旌之。士大夫形諸歌頌，其子伸集爲帙，曰《苦貞録》。

夫孺人苦哉？苦於形而不苦於心者也。以不貞爲苦，以貞爲不苦者也。世不能辨苦，何以辨貞？然劉子念其母艱辛拮据，狀其苦之也則宜。余亦蚤孤，共余母守貧，貧未若劉氏之甚，而亦艱於甘旨。余或食於富貴之家，或舉箸躊躇不能入口。既登仕版，無他長，獨不敢輕費人錢，安知其不似吾一錢之難？彼以一錢爲母子命，豈其不如我也？劉子仕矣，不忘母子之苦，當亦知民間母子之苦。孺人以貞而成其子之貞，劉子以貞而顯其母之貞，俾其先君子有妻有子，端在是乎？嗟夫！孺人艱於初，貴於終，劉子之懷可抒。而其先君子又艱於年，安得起九原而禄養之？則劉子之不能舉箸入口，當有時時動者，抑亦没齒而已矣，此又余與劉子同者也。揮筆至此，淚潸潸不可遏，遂止。

題《抑齋盧公夫婦傳》

余嘗言：天下多清有司，而鮮窮鄉官。夫既輦載而富，則所云冰澄玉潔，如薦剡及口譽者何爲乎？故清之真者難也。咎在不知俸廩之外，不宜更有所取；不知朝廷之禄，原以供其在任之用，非并其任後、身後俱有贍也。

平生聞山東曹楚石談及此、守及此。曾晤一客，自嘆其禄薄，謂到家何所用，竊不然之。理淮日，過諸生盧守恭之盧，其盧社學也，蕭然四壁。因思其父抑齋翁揚歷二十餘載，致位中丞，所遺後人如此，可不謂清之真者哉？既讀翁夫婦傳，則翁夙承家學，澹素稜峻，不知有權相，奚知有其官？一裘不浣，殞於國事。而江夫人閨閣丈夫，叱明珠簪珥之遺，真抑齋妻也。彼固謂食君之食，事君之事，事一日事，食一日食，子孫何勞焉，而以君之官爲其囊篋乎？我朝諸僚俸禄，載在典制，雖善節省，亦難多餘，苟無妄取，即公卿無大富。薛文清宰相迴籍，中途而窘；羅一峰狀元及第，客至無米：不爲異也。世以薛、羅爲奇絶，則盧公可易睹哉？然使守恭不甘於貧窶而行告於通家世籍、故吏門生，宜當有所獲，而不之爲也，亦真抑齋子也，約其躬而揚其先者也。不然，予何以知盧公之清之真哉？翁夫婦懿美備於傳中，清特其一節。予感於此，而聊題之乃爾。

題《張綠汀年兄主教華陰卷》

孟子曰：聖人與我同類者，夫人亦在乎爲之而已。人之所以異於禽獸者幾希。其視聖人甚近，視禽獸亦甚近，無兩可住足之處。世人俗眼，則視聖人甚遠，視禽獸亦甚遠。究則聖人之遠者果遠矣，而彼雖欲遠禽獸，不知其日近也。明眼者知其兩近，故汲汲皇皇，祈以異於禽獸而齊於聖人。其視人亦皆兩近，故汲汲皇皇，悲人之窮而共立共達也。余不肖，每念及此，未嘗不生懼焉。夫聖人者，不失赤子之心者也。赤子之心，人人皆有，則人人皆聖。戕伐之後，人人有平旦，則人人可聖。第令旦晝如平旦，不致牿亡，何至與禽獸近哉？自爲者保平旦之氣，爲人者共保平旦之氣，其斯而已矣。夫平旦之氣，以息而生，以夜而息，則其故可想矣，故聖人主靜。靜也者，不以時，不以地，不以枯寂，心之體也。赤子之初也，旦晝之牿不靜耳。不靜而胡以御動？禽獸不遠，無惑矣。

年友張綠汀氏，自爲、爲人期之乎聖人。主教華陰，以人之聖不聖責諸己，以己之聖不聖自責也。同心之友題卷贈別，余無能爲言，則以孟子之言衍而書諸卷。書既凜凜，轉自懼矣。

題孫生《廬墓克孝册》

孫生昔爲其祖母廬墓，邐復廬其嫡母墓。三年畢，士紳艷稱之，製歌成册，問序於曹子。

曹子曰：「將頌諸乎？抑祝之也？」行者啓於途，匪若居者止於室，是故必有祝，俾及其所期。孫生竟廬墓之孝，將居於斯耶？抑自此啓行耶？語云：「孝弟也者，其爲仁之本與？」謂行仁自孝弟始。夫曰「本」，則有幹有枝，有花有實。曰「始」，則有終。幹、枝、花、實之無終，而曰「吾從事於始矣」，而可乎？行道者，未有縈縈其既行之武者，有期而至者在也。孫生廬墓之孝，固其既畢之武當亦忘之，必有所期，必有所終，必有所止以居矣，乃題數語以祝焉。

題譚生《十略》

譚生同節篤志聖學，考訂仲尼年譜，正諸家之訛，皆據所見發明之，爲《洙泗考略》。居常開卷，藉以尚友，志顧不遠哉？

既又以生平所讀之書各加纂編，自李聃、釋迦、天文、地理、古今政事、文藝、方術皆爲《略》，以淑其身心而宏其應用。余得以逐一涉獵，嘉其窺覽之博、思致之邃也。

或謂其言有與孔子不合者。雖然，予嘗有云，善學者雖巷語野謳，亦切實際；不善學者，雖三墳二典，徒益支撐。顧同節之學如何耳。士人童而讀《學》《庸》《論》《孟》，言言聖訓。然思以是博富貴，虐取窮民，誰予違者？凌傲鄉鄰，誰予抗者？予讀書得第人也。嗟乎！吾夫子乃令人如是耶？則雖日誦夫子書何益？乃王文成公遇市人鬥罵，亦謂之講學。士誠好學，無往非益也。且人不聞雞鳴乎？彼以唱曉爲事者也。不聞犬吠乎？彼以守夜爲事者也。雞犬之聲，非以有爲而發，故主人善飼之亦然，訶打之亦然，是之謂率性。然則聞其聲，得其益不淺也。同節意若斯乎？其語之會中，諸生當知所以求益矣。

題《日星樓麟藝》

《易》始於元，《春秋》亦始於元，尼聖之大旨固在仁也。世之談《春秋》者，類云謹嚴，是固然矣，抑知聖心之仁乎？其最謹嚴者，華夷之辨。而先正以內中國、外四夷爲王道之用。王道、霸道不可同年而語，聖人所以處四夷固可識矣。後世之斬艾誅鋤，尚首功而侈京觀，終霸道耳，聖人忍視耶？智之有愚，賢之有不肖，君子之有小人，猶中國之有夷狄，聖人所以處小人亦可識矣。以王道行之，則各得其所。其有君子、小人之未辨，則又斥中夏編籍爲胡虜而橫加誅剪，聖人更忍視耶？夫霸者之腹不能效王者之口，不仁者之心不能發仁者之言。業《春秋》而摛之文，欲肖尼聖之口吻，必也仁乎？

盧君龍升藹藹吉士，其從事於仁久矣，其爲麟經之義必有當矣。竊嘗怪發揮聖人之言者，往往類於雜霸，亦其心若是，其口不可强。讀龍升《麟藝》，有深省焉，遂題數語於簡端。

題《海陽別意卷》

繄我皇明，真儒輩出，講明聖學，而大江以西尤稱盛焉。不佞遊其地，晤其人，聆其談，讀其書，未嘗不咨咨[三]三嘆，曰："文在茲乎！"

惺魯胡君，南昌名士，所從學皆鉅公碩儒，講貫有年。北遊河洛，逾中條，駐彎郇封，吾黨之士執經請質，函丈之間常滿。不佞間詢之云："若從胡先生講學乎？"曰："否。吾輩第從講書耳。"嘻！講學、講書有二乎？伊其據案橫册，第一云"大學之道"，尚不謂之講學乎？講，一而已。以學聽之，學在是矣；以書聽之，書焉已耳。聽之以學，則將契諸心，體諸身，片語隻言可達神化；聽之以書，或且入於耳，出於口。"時習"二字，亦屬想像。其勞劬同，其費月日同。身心之講，聖賢爲伍，一息成千載之業；口耳之學，皓首屹屹[四]，所造不越里巷。士宜何所擇焉？胡君馬首欲南，多士綣綣製卷爲別，聊題其端乃爾。夫胡君所講未誼也，其勿僅付口耳，昕夕修證，如獲珍饌，吾飽吾腹，方爲我有。俾江右碩儒聞之曰："吾道北矣。"不亦可乎？

題胡君《遺愛册》

夫共世而居者，共氣而生，交相愛而已。或以愛施，或以愛報，各不容已。顧其責在施者，有其施，有其報；未有有其施，無其報者也。

應暘胡將軍愛軍士，軍士愛將軍，生而歌頌之，歿而俎豆之，士紳艷稱焉，厥子敬明彙之爲册以視余。余想其當年之交相愛也，形骸化而精神貫。上不曰我可飽，爾可飢；我可暖，爾可寒；我可甘，爾可苦。愛之則願共飽、共暖、共甘也。下不曰我可飽、可暖、可甘，爾可忘。愛之則不忘之，而歌頌之、俎豆之也。斯何其翕如雍如，協氣遍滿乎？余讀遺册，恍挹淑美，而嘉愛不違。況共闆而交愛，一何皀哉！敬明世父之官，欲繼父志，則亦繼其愛耳。夫愛不靳於禽魚草木，況同類而爲人？愛不遺於千百世，況生同時？愛不嗇於山隅海陬掉臂不相識之人，況相臨而事使，何弗愛焉？我愛彼，彼何弗愛我焉？上下交相愛，天下事何弗可爲哉？然亦知有施而已，勿計其報。無其報者，必無其施者，勿疑。

《芸窗紀愚》跋

昔人云："言之不文，行之不遠。"奚取於文而行之？文以載道，文行則道行也。如以文而已矣，雖行之遠，奚裨？

汴素不能文，其讀諸家所爲文，亦多不能卒卷。然獨有慕乎督撫褚公之文，抒寫胸臆，根極至理，其贈人不忘箴規，其論事則經綸如指諸掌，讀之可知其人必樹勛流聲、卓犖朝野者也。得其一二而自淑焉，可以無過。然則道固在是，匪文焉已也。公以"紀愚"自命，蓋不欲以文自居也。聖門惟顔子如愚，愚故空，空故近道。彼機智百出，其衷空焉否乎？其於道，何啻千里？即文工鑿悅，君子不欲觀之矣。

《公餘漫興》跋

夫意動而爲言，言成聲而爲詩，詩以抒性靈、洩積臆也，故曰"詩可以觀"。乃有標新鬬異，抽黃對白，俯仰流光，荏苒情寶，敲推幾失常度，性情因而成苦，是亦不可以已耶？

汴承乏淮陰，其於督撫褚公爲屬吏，讀公所爲詩及詞若干首，大都忠愛孝節之念隨感而發，於以匡時動衆，其意油如也，公之性情可觀矣。夫詩家若以沈約、杜甫爲孔子，逐聲咻響，鉄兩而較之，曰"此爲詩"、"此非詩"，其論當自有在，乃所願學不在此。謂作詩若公之忠愛孝節，可以法已。夫論詩若聽言，其言端方而醇愨，此其人何如也？其言綺麗而浮靡，其人又何如也？故立言者蕲於不失其爲人，聽言者蕲於得其人。通乎是，可以論公詩矣。

《玉笥山房集》跋

浙冲倩劉子至予館，奉其翁電仲先生《玉笥山房集》示余，余受而恭玩，卓契實詣見乎辭矣。則海門周先生題其端，謂先生少業舉子藝，窮年不倦，忽夜半聞鶴鳴，憮然有感，隨棄其所業而業此。其聽鶴之偈亦載集中，大要於有聲無聲三致意焉。時余座上二三友人，因共相辨剖。鶴之鳴也，爲有聲乎？爲無聲乎？將謂其無，則其聲至今存也。東海、西海、南海、北海俱聞之，十世、百世、千世、萬世俱聞之，而何況當時吳山之上戛然而嘹嚦乎！將謂其有，則鶴喉空空，如人耳空空，如吳山空空，如當時寂寂，而何況今日，安所執捉？然則有而未嘗有乎？無而未嘗無乎？是真有也？是真無也？有爲真有，則東海、西海、南海、北海、十世、百世、千世、萬世無間於此聲，吾安得間之？而此聲之中，有林林森森者，何間於我？我烏得不同卷同舒、同動同靜？喜同喜、憂同憂、理同理、亂同亂？無爲真無，吾安得滯之爲柴柵、泥之爲渣滓，而不洗之、退之、藏之、密之也？夫耳惟無聲，乃能受聲，惟其洗之、退之、藏之、密之，而後能與林林森森者同卷同舒，同動同靜，喜同喜，憂同憂，理同理，亂同亂。借令卷舒、動靜、憂喜、理亂之不同，吾方柴柵之塞，渣滓之錮也，掃除盪滌之不遑，鶴與我何與焉？而何必其聲之有無之辨剖之曉曉也？遂書之簡末，付冲倩以質於先生，或以其當日之所聞，俾我共聞矣。

《劉世子夏卿傳》跋

余讀《劉夏卿傳》，未嘗不掩卷太息，有逖思焉。世胄之家，生而崇臚，不競華鬪縟，足爲美談。夏卿具孝友忠信之行，志古人，徹《易》理，是不可嘉羨乎？其薄桓、文不行王道，罪季孫阻孔子之行王道，尤非三代以下可多得也。世之齷齪澳澀者無論，借令布置周密，動有作用，有不以爲才乎？穎識風生，揣摩無遺，有不以爲智乎？挺肩張膽，一意摧强，有不以爲力乎？處處流惠，人人見德，有不群然而推賢乎？然大段霸術之餘耳。事功固集，元氣實斲。誰能純衷直行，無機無械，至正大公，無偏無黨？神運而人不知，功成而身不宰，斯之謂王道，蓋亦未見其人也。學術不明，匪朝伊夕，世故多艱，罅漏千百，孟氏以歡虞爲小補，今以小補爲大奇，則以貿貿汶汶，不求裨補者衆也。噫！九原不作，吾誰與歸？

楊明宇都尉《榮壤集》跋

蓋余讀都尉公伏闕諸疏，淚未嘗不潸潸下也。嗟乎！臣事君，子事親，不當如是耶？子有不可致之親，而臣有不可得之君耶？世以楊封翁子尚帝女爲艷稱，然不以貴戚故妨廢子職，徹異數之俞旨，徒跣扶葬，衣衰食糲三年，則昔今戚畹一人而已。不則黃金繞身，何如父子相對之貧哉？諸孫玉立，帝女出者業已五，允徵隆盛，而可欽者在蕭離，損貴榮饋食之禮，此都尉以克閑致，而實翁以貽穀臻也。夫翁之得孝於子也，都尉之得順於帝女也，聖天子俞都尉之孝願也，皆以性通者也。性淪渾無間，前不以後隔，上不以下隔，外不以內隔，故父子志同，男女道合，君臣情洽。然而世每暌焉，則不以性聯，而以形閼也。形則七尺之外若山川、若秦越，烏能通乎？盡斯人之性，詎有不孝者哉？

水共一池，故東搖而西動；人共一性，故此感而彼應。封翁孝而都尉纘其孝，都尉孝而聖帝、帝女遂其孝。或發以性之所有，故真；或符以性之所有，故速。日之遠也，珠對之而火生；月之遠也，鑑向之而水起。不知其所以然，而其所以然者固已了了，可目視而耳聽也。夫性統天下，孝統百行，然則人人可通，事事可通，盡民盡物，奚之而有間焉？

諸搢紳無間，故嘉愛歌頌如在其身。余亦游於無間者，乃綴數言於末簡，以旌仰止之思。

《薛文清公行實錄纂》跋

文清夫子，吾明之大儒也。產於吾鄉，若此其甚近也。然論其世而師友之者，則亦鮮矣。夫子學聖人，而未嘗不欲人之共學。不學夫子，是自外於聖人之學也。聖人，人也，自外於聖，是自外於人也而可乎？

稽竹東任公纂著夫子之行實成錄，將授剞劂氏，公之人人，欲人人學夫子也。學夫子者，學聖人也。學聖人者，人其人也。志顧不偉哉？吁嗟！茲錄出而吾鄉之文清夫子接踵矣，是公之大造吾鄉，以迨天下後世也。

讀《李如真先生集》

夫聖學之不明也，遜聖人而不敢居也。諺有之："衆人是聖人。"何遜焉？甘爲衆人者，無論其自好者，則曰："將爲賢人焉。"非不硜硜，非不翩翩，而真儒每難於睹善治，每難於臻世所號爲賢人者。或至爲世病，非盡名浮於質也。賢人以知見用事，而聖人無知見。以知見用事，或見己而遺人，或舉一而廢百，見一隅而遺其全，見一時而遺萬世，甚且名根利蒂滋其中，執態褊行橫其外。無知見則內不見己，外不見人。如天之覆，如地之載，如日月代明，四時錯行。孟子達此，故曰：聖人與我同類者，聖人先得我心之同然者耳。乃所願則學孔子。蓋嘗流觀[五]今古，事功不同者，學術不同也；學術不同者，學聖學賢不同也。

如真李先生教人曰："寧學聖人，毋寧學賢人。"有味乎其言之哉！其臨終訓子弟曰："人不可以知見用事。"嗟乎！茲其學聖人之要也夫！亦其學聖有得也夫！余讀其集，有深契焉，乃題於末，俟學者辨之。

書江汝修《夢蓮卷》

人與蓮花無間，安得不愛蓮？人與元公更無間，安得元公獨愛蓮？舉世何人不賞花？皆是不容自已，與當年意思無別，徒艷高蹤於千古，自不著察，自不充滿耳。元公常存蓮香不斷，若謂隔越數百年不可面晤，或謂可以寤對，不可寐接，抑謂夢中乍聚，醒後如失，俱有間之見也。故曰："孔子夢周，是其真處。"總之無間。無間之體，因欲而掩，欲盡乃露。中既無梗，相痛相憐。江漢秋陽，推而遜之，不得皜皜，前無歇地。孔子大聖，江漢濯，秋陽暴；吾儕末學，大海滌塵，烈焰鍛淬可也。欲根欲蔓，庶其可盪。用愛宏，尚友遠，寤寐通矣。

汝修《夢蓮》，南皋先生題以"無欲真宗"，且以江漢、秋陽爲孔門心法。謬附數語，請質焉。大概寤時誰不分明？於寐時想汝修，不但夢奇也。

書《知非語》

絳李子命其所著曰《知非語》。伯玉五十知非，淵明亦曰"覺今是而昨非"。顧是非何常之有？由、賜之所是，顏、閔之所非；由、賜之所非，顏、閔之所是。夷、惠之所是，孔子之所非；夷、惠之所非，孔子之所是。君子孜孜進學，月有異焉，月之是非異也；歲不同焉，歲之是非不同也。日新者日知其非也，日日新者日日知非也，日日知非者日日知也。譬鏡之照，未磨時一妍媸，既磨時一妍媸，磨之又磨，又一妍媸。

書劉冲倩《飲水携雲卷》

水泠泠可飲，雲霭霭可携，此意人多不識。顧或水未當前，雲未出岫，而望望焉庶幾遇之，是雲水之牽吾也。水既飲，水且逝矣；雲既携，雲亦散矣。猶依依口頰、襟袖間，是吾之牽雲水也。雖然，劉生所飲水今爲畫中水，所携雲今爲畫中雲。妙乃是畫中，原來着不得。

書《存陰説》

浙劉生昔著《問世狂言》，欲存陽也；兹復爲《存陰説》，不欲抑陰之極也。持以觀余，余曰：陽擬君子，陰擬小人，固有是言。然一陰一陽，總之天道，不聞貴晝而賤夜，何至軒陽而輕陰？夫非盡人之徒與而陰之耶？而小人之耶？而姑存之而已耶？均是人也，同生於乾道，則同爲陽。純陽無論。昨非而今是，則昨陰而今陽，是非半則陰陽半。縱百非一是，亦五陰一陽，可喜之復也。誰其可非？聖主當陽，群賢夾日。午天之下，向榮足快。抑陰豈其時乎？且二氣絪緼，洋洋無間。日出而萬方俱晝，日入而萬方俱夜。若曰某地多陰，某地多陽，尤達天者之所不道。然則雖無此説，亦奚不存也？

書《權書止觀》

語云："權非聖人不能用，而聖人亦不輕以權許人。"即學人可與立，猶未遽與以權也。何也？水止成照，學無止，奚以觀？

無觀則冥冥，奚以權？是以難也。昔賢以《春秋》爲仲尼之權書，權生於觀，觀生於止，通乎！是可以誦此書矣。

潘生曾緝世業《春秋》，録其所得，命曰《權書止觀》，其知用心於止也乎！止則觀，觀則可與權。雖然，余嘗有言："賢有止，聖無止。聖無觀，故無止。"學未至於無止，猶然未可與權也。

題薛文清公像

文清先生臨終，題詩云："七十六年無一事，此心惟覺性天通。""通"字未完而絶。先生學問所得在此，生平讀書爲此。尚論先生之學者以此，學先生者當如此。

書《治病要語》

余曩閲絳藩東壁公所自撰墓誌銘，服其達於生死，賦小詩贊之。比觀辛復元氏所爲公傳，更悉諸懿行。復元向余言，公晚年孳孳於學。公之孫誠一奉公命，從辛子遊，能忘其貴而篤於道。一氣鍾耶？庭訓耶？俱可窺矣。

誠一手公所著《治病要語》示余，以仁、義、禮、智、信五字爲基，臚列十要，而參以《素問》、《本草》及諸家方訣，爲卷十二，蓋壽天下之書也。誠一曰："吾祖初著此書，計卷四十，繼減爲二十，又繼減爲十二。"此亦先正所稱"目[六]減而近於放下"之旨矣。世人能捐伎倆埒此者亦鮮，即此是學，即此是道。宜其達於生死，況以下區區世味，烏能動乎？吁嗟！睎公者，且從生死以下勿動。

書《濟世靈樞》

宗侯東壁公既以醫聲於時，全活無量。厥孫誠一復續其傳，有抱疴望拯者，晰如洞垣。余及家人輩或失調攝，延之治療，刻期奏效。以所著《濟世靈樞》觀余，悉醫道肯綮，將以公之世，躋萬方壽域也。念不忘世世期於濟，此學道有得，匪僅僅攻醫術者比。蓋其學直探大本，是以宇宙同視也。學局皮膚者，雖亦斤斤，而潛伏冷念，不自覺知。學徹神髓，藩籬乃破，疾痛相關矣。又嘗纂前人既效之方成帙，曰《肘後秘方》。既以公世，何以云秘？前人之鄭重而秘藏者也。何秘乎？遇則傳，不遇則不傳也。遇而傳，言言濟世之資；不遇而傳，輕則耳畔之飄風，甚則明珠之投暗矣。吁！此所以遇合之難，而世之罕睹其濟也。

書《自渡語》

《自渡語》，誠一自題其語也。渡曰自，非人之所能與也。未渡而望洋，自望也。不克渡而溺，自溺也。既渡而登岸，自登也。師不能得之徒，父不能得之子，天亦不能得之人。或不知在溺，甚且安其溺。長年憐之，大聲疾呼，聽之漠然，甚且怫然，將如之何？故渡者自渡也。雖然，未渡之先，一自而已。既渡之後，無非自者無不渡。故禹急己溺之思，伊切內溝之恥，完其自渡而已矣。

校勘記

〔一〕"猶"，疑當作"由"。

〔二〕"工"，四庫本作"功"。

〔三〕"咨"，四庫本作"嗟"。

〔四〕"屹屹"，四庫本作"矻矻"。

〔五〕"觀"，四庫本作"覽"。

〔六〕"目"，疑當作"日"。

記

婺源朱氏藏書樓記

宋朱文公故有樓藏書，自爲碑記。既罹兵火，夷爲民居。勝國時，建婺源學宫，適卜其地，今仍之。皇朝崇重文公之學，其經書傳注等書，家傳户誦，屢屢天語，敕禁違悖，載在令甲。然公遺書猶衆，學士或未全睹。茂才崇沐，公之十三世孫也，深慮散逸，將至學脉湮蕪，乃盡搜遺書，爲部若干，爲卷若干，傾囊剞劂之。高義儒紳朱光禄吾弼、汪憲副國楠、吴中翰養春輩，助貲竣業，繼復建樓以貯。厥地亢爽，厥制壯麗。典守之寄，模印之費，俱有經畫。匪家學是章，實關世教。遠抵都門，質余言爲記。

余聞昔有士人，千里從師，師悉出經史，期在盡授，初講一語，其人稽首請退，浹月不至。師問之，對云：“向所聆躬行未徹，敢炫多乎？”當世稱其善學，何必載籍之種種？雖然，聖賢覺世之心，至無窮也。如國醫好生，蓄材聚方，惟患不備。文公不云乎：“恐人未悟，故如此言，又如彼言；此處既言，彼處又言。”其諄諄者，其惓惓者耳。試閲諸編，近循食息之常，遠窮天地之秘，上遡洪荒之始，下暨世代之變。總括根宗之會，細分枝節之詳，費昭名物之賾，隱超聲臭之表。尺尺寸寸，自是渾融；本本原原，不逾跬步。第令學者各隨才力，藉爲津筏，至於道焉而已，可不謂廣大悉具、精微無滲者乎？而士或徒矜充棟，目不及窺；或記誦雖勤，身心無得。譬則珠玉盈前，懵爲乞丐之子。亦有身不升堂，雌黄堂上，逐聲起障，未行觝途。譬則海陸錯陳，妄言無可下箸也。之兩人者，校之初聆一語，矻矻躬行，奚翅星淵！豈文公著書之意？抑豈賢胤藏書之意？

淮北堤工記

出淮郡新城迤北，抵安東，河淮之所經行，歲苦淹漫。先是，萬曆九年，義官歙人鮑越捐資填路，建亭造橋，樹柳穿井，行路之人稱便。府縣義之，其得爲義官以此。迨十九年，水更泛濫，前路日就圮。越勸民築堤捍水，願輸米千斛以助工。時無應者，事遂寢。然從此室廬田園沉没於水，衆不聊生，貿貿焉思逃徙矣。越乃告諸山陽令尹何君，申築堤之議。何君，愷悌愛民者也，躬督視而勸相之，越則日夜拮据，計田授工。其力不能具饔餐者資助之，不克竣其功者爲竣之。堤計廣二丈至五丈，高五尺至丈餘，各隨其地宜，計長一萬三千七百餘丈。越所代竣二百五十餘丈，所資助百六十餘金。經始於二十五年正月，至次年四月告成。堤形如環，衆乃安處其中，所墾田千餘頃，二麥大獲，稱樂土矣。衆謂：“非越則此工無由舉，非令尹則越無以行其議，而民不免於流亡。”遂樹坊曰“何公堤”云。

夫堤之未築，衆罹其害；堤之既築，衆享其利。此於建堤者何與？乃汲汲皇皇若斯乎？用是知天下之人本同一氣，其甘苦悲愉無不相關。譬如十指雖分，而同爲一體，故睹顛連之狀而拯救之者，勃乎不容已。由是充之，即聖賢大公無我之道，豈有他哉！竊怪夫閭左賈豎崇奉錢神者，校利害於銖兩，等人己於冰炭。利之所集，匪惟不以及人，而且瘠人以自肥。凡可以術籠力陷，無不爲也。亦有處豐養侈之人，剌甘衣輕，一費萬錢，而煢獨無告之衆枵腹露肘，曾不得其一盼。甚者深藏厚殖，若將爲千年之計，而父母不得利其有，兄弟不得沾其惠，族戚鄰里不得望其餘。此其心之迷惑，譬如麻木之人，養其一指，忘其九指而不知也。麻木者有時而愈，其十指之病，無不痛楚。迷惑者有時而悟，其四海之内有困苦不得所者，將悲悼救濟之不遑矣。然則斯役也，固足爲迷惑者勸哉！

令尹，洛陽人，余同年進士，名際可。聞百姓爲樹坊，命撤去，蓋欲辭其名耳。然業已人人口碑，詎能辭乎？

學《易》堂記

皇朝號曰大明，豈不誠然乎哉？夫道，世所由立也。道在今時，不啻中天之日矣。粵稽三五之世，及三代之盛，以迨魯鄒傳授之際，原原本本，枝枝葉葉，炳炳烺烺，可按也。漢儒承煨燼之餘，搜羅訓詁，功不可磨，間亦莫達其奧旨。有宋諸儒闡發昭朗，可謂無遺，而或割遯[一]全體，亦有之焉。高皇帝天縱聖神，凝道立極，而當日儒臣尚鮮能奉揚休美。嗣後名儒輩出，論著宏富，如入五都之市，萬寶畢陳，嚴於步武之細，徹於聲臭之先。博而有要，大而有統，周行之坦咸宜，雲漢之倬高揭。成見習聞之表，真脉呈焉；馬勃敗鼓之遺，尊生藉焉。是爲淵淵，是爲浩浩，率循無斁，不流於茫蕩，不局於邊隅。有從心，無違心；有盡性，無拗性。不以尊聖者悖聖，不以法天者乖天，不以維世者禍世。千載一時，不在兹乎？夫道載於六經，而會之於《易》。析枝葉則三百八十有四，疊互流轉，至於無窮；探原本則無辭有畫，無畫有易，杳乎微矣。道明則經明，經明而道益明也。

有孚丁子，能世其先人之學，讀《易》文園。余每遊其園，登其堂，或令筆錄，或令口談，纍括儒先之撰，業已有歲。雖余衰眛，猶未能研窺測而彷彿，大都真成明備。乃爲書"學易堂"三字，仍爲之記而序述如斯，蓋自幸得生於明盛之時云。

平陸縣創鑿興文渠碑記

參知政事詹公巡方河東，植綱振紀，飭吏庇民，靡不具舉。其大者揚勵風教，興起聲髦。更用綣綣，按部虞城，登高遥覽，挹傅説諸賢聖之高踪，神與遊焉。已而慨前修之不作，願多士之彙征。徘徊瞻顧，意者山河淑氣聚散不恒歟？抑何今昔人不相及也？乃命邑令魏君引澗析渠，環遶城邑，暢厥地靈。魏君良尹，明作於治者，遂廣謀詳度，庀材鳩工，鑿渠導澗。高者穿洞，卑者築堤。由城北流入縣治，徧及公署泮宫、通衢委巷，疏通足以破窒，聯絡蔚乎有章。旋出城外，灌田三百畝許。復於邑之艮方甃碑石爲崇臺，上豎樓閣，嚴祀漢關將軍，有鎮定之象、聳拔之義。其資民耕飲，愜人遊眺，固無俟論。經始於萬曆甲辰七月之望，越月工竣。夫取河役之餘基，取古道之隙，費不靡，民無擾，頓成勝迹。魏君以"興文"命渠，而屬余爲記。

夫豪傑之興，天所篤哉，地所鍾哉，人所奮哉！天道，萬古不變者也。人心，三代永直者也。或陵谷不能無遷，則地氣有時而乖乎！公率作僚吏，牖士之天，樹人之軌，而猶不忘懷於風氣，蓋亦嘉惠文教，罔所弗用焉耳。然天如是其不變也，人如是其常直也，而地復如是其稱勝也，虞之人士有不媲休先哲，道崇業茂，其曷以對此德意？夫傅説負上聖之質，不難版築以約，其躬草野之中，何與天下事？而舟楫鹽梅輒復儲諸豫。誰能恬之於守，不以米鹽脂潤撼其膺？誰能身任天下，不以參兩位育遺之遠？斯傅説比肩矣。善乎關將軍之言曰："心在人，日在天。"誰能俾吾之心如天之日，昭朗精融，不雜微滓，洋溢貫徹，不間一髮？斯恬於守矣，斯不忘天下矣，斯動天遇主，勳猷彪炳，光被山川矣。請因令尹以質諸公，而爲虞之人士效區區焉。

詹公名思虞，庚辰進士，常山人。魏君名學徵，乙酉鄉進士，咸陽人。

安定祠碑記

安定胡先生，子孫散逸江淮，凡八支。淮陰一支，則自洪武二年，名子英者，先生八世孫也，占籍山陽，世守譜像。隆慶元年間，庠士王汝舟輩請於郡守黃公，議以聯城明德書院改爲安定書院，以祀先生。

迨萬曆二十四年正月，余署府篆，張生東周輩以舊祠荒圮，請移於府城西北隅積薪庵，蓋前郡守倪公所建，空閒可用。隨請於督撫愛所褚公，得允，乃令倉大使胡九江修葺之。未幾，堂君藍田張公至，命竣前工。迨五月告完，移先生像於其中，扁曰"崇正祀"，樹坊曰"安定祠"。祠正堂三間，寢堂三間，門一間。是年冬十二月，余復攝府，越明春，偕寅僚忠所蔡君暨山陽尹何君修祀事於祠下，因行文何尹，議定春秋二祀，歲以爲常。命工勒石記其始末，仍遷舊祠碑於此，不忘前人好德之雅云。嗚呼！仲尼云："見賢思齊。"入是祠者，尚亦惕然思哉！

節孝祠碑記

宋節孝徐先生及其考妣墓在淮城東三里許，舊有祠，有司歲時祀之。今歲清明前，余命中軍官宋承祖增高其墓而展祭焉。承祖曰："山陽縣治之左爲先生故里，不可無祠。"復相與嘆息，謂先生之後無人，誰主蒸嘗者？

次日，承祖率諸生熊志中輩請建祠，且請以義民官鮑越董其事。余乃處金若干發承祖，令興工。逾數日來曰："偶得先生石像。"又數日來曰："得山陽縣民徐有益者，先生之十九代孫也。"余遂請於直指懷雲陳公、心銘周公，給有益衣巾，充奉祀生，而命置先生之像於祠，議立會祭享，凡爲孝子者得入會。夫先生德行文章具有衆美，而其究歸於節孝，故以節孝稱。然節亦所以成孝也，則一孝足以盡先生矣。顧孩提之童無不知愛其親，而獨先生以孝顯，何哉？則以失其本心者衆也。嗟乎！凡人之溺妻子，耽貨利，敗名檢，甘邪僻，無亦私此血肉之軀耳？然亦知此軀所自來乎？「父兮生我，母兮鞠我，拊我畜我，長我育我。顧我復我，出入腹我。」雖大聖至孝，無能酬親恩而無歉者，奈何忍遷於物而忘之？過先生之里，而猛自省焉，必將愴然其不寧矣。

祠計堂三楹，大門、二門各一楹。得二石獅於民間，乃宋時先生之宅故物，置之門下。

孟烈孝祠碑記

蒲之傭民孟端妻邵氏思，蚤寡，不欲奪其志，抱幼女亥隕於井，八歲女熙墜從之。既出屍，母猶抱亥，熙抱母，閭巷悲感。年友綠汀張君煇，其里人也，爲之傳誦。諸王公卿大夫士共揄揚之，薦達天朝，旌其門，且爲建祠樹坊遷墓，手錄各檄牒、傳咏授余，而以祠記屬焉。

余披玩愴然灑泣曰：「異哉！圭竇婦嬰乃至此乎！」然妻不負夫，子不負母，適得其正，此常也，非異也。世有背夫之妻，忘親之子，則爲異耳。末俗以異爲常，得不以常爲異哉？夫重淵百尺，赴之如歸，激湍絕命，固結不解，是孰爲之氣也？即理也，循其性之自然之謂道也。斯時也，精靈粹湛，羅貫乾元，所謂夫婦知能，可以埒聖，赤子未失，斯爲大人。或有岐言理、氣，析列聖，凡高談性命，薄視庸常，蓋亦未之思已。夫大道渾淪，人人具足，日用皆是，第不知耳。顧惟不知，乃爲真用也。何也？知見起於校量，校量乃生蹊徑。假令邵知死夫之爲烈而後死之，熙知死母之爲孝而後從之，亦何能直截凝一，毫無顧望夾雜也？

而章縫士人，几席跬步，或棄大道而不用，奚取於載籍極博？或用之而猶知之，亦不免利蔕名根，其視烈孝何如乎？故學無他，亦於忠孝廉節，日用不知，斯已矣。故不識不知爲順，則不學不慮爲仁義。嗚呼！詎易言哉？

祠建景虞門下，計堂四楹，中阿居邵，熙、亥左右侍。大門一楹，建坊，額“貞烈祠”。二門一楹。外東西小屋二，居良嫗一，以司涓除啓閉。東隅井一，便自食。創於郡刺史川南郭公元柱，成於鄲郡孫公好古，歷萬曆戊戌、庚子方竣云。

孔節婦祠碑記

節婦姓謝氏，大河衛軍舍雿之女，嫁山陽民孔椿，一載而孀，撫遺腹子金以居。有杜言者謀娶之，不從，强之，節婦投溺於河，屍逆流烈女祠旁。時已越旬餘，面顏如生。金號泣，鳴其冤於上，困苦不爲阻。言竟坐斬，死於獄。觀風諸部院屢旌節婦之墓，與門堂君藍田張公以鄉賢祠左隙地給金建祠祀其母。不佞重節婦而多金之不忘母也，襃以匾，授金冠帶，列於鄉飲之席。

嗟乎！生子者報曰男，則其喜倍，男固優於女也。丈夫而猥瑣，則妾婦之；婦人而才智，則丈夫之。丈夫，固嘉名也。乃節婦不背夫，而士或背親、背君、背兄弟、背友，嗜榮畏窮，偷生忍辱，以爲得計。由節婦觀之，不亦羞乎？遂三嘆而書諸石，以告夫進此祠者。

趙烈婦祠碑記

烈婦姓侯氏，安邑李店村侯良宰女，蚤孤，育於伯父，轉育於所親。年十四，爲馮村趙良進妻。貧，爲人傭，越兩月而良進病，侍養甚謹。又三月而良進卒，其母董將令別適，烈婦自縊以死，時萬曆甲午歲之仲夏。明經葵南張君表其閭，孝廉化域王君表其墓，銓部朴庵劉君題以辭，鹽臺侍御璇石曾公誄以詩。移檄嶭司，發鍰建祠一所。堂四楹，大門二楹，植木主而祀。鄉甿謂可忽玩，或寢住其中。余結茅其鄰，瞻拜感嘆，恐其久而湮廢，爲之塑像以肅觀者。

夫貧家幼婦，非有保姆之教、習見之素。五月之夫，強半在疢，未嘗享其饜飽。而一醮不忘，甘死如飴，與其敗節而偷生，寧一死以全節，視改節爲甚耻，視保耻爲甚急，生且可捐，況區區末利，豈與廉耻校重輕哉？乃有圖利欲之便安，厭禮義之拘檢，喪耻不顧，聞烈婦之風，當亦忸焉泚其背矣。爰述芳蹤，勒之貞珉，藉以維世云。

增建觀音廟碑記

或有問於余曰：“觀音救苦，有諸？”曰：“有之，然救其可救者耳。”“救難，有諸？”曰：“有之，亦救其可救者耳。”有人於此，敦孝克弟，循理守義，不幸而罹於苦難，神將急救之。抑或舉動雖愆，出於失誤，不係有心，苦難及焉，神亦救之。亦或顯有罪過，似在弗宥，悔心未泯，尚可更新，苦難之遭，神亦救之。神明好生，衆生可憫，用是拯濟。倘有良心斲滅，甘從邪枉，逞暴戾爲得計，懷譎詐而罔人，怙惡不悛，省改無日，天網昭昭，賞善罰惡，有常理焉。斯人之苦，天苦之也；斯人之患，天患之也。觀音固慈，不與天左，烏得而救諸？吁嗟！強家騙室，未嘗不奉神像，甚且攫金而還，刲羊報祭，神方怒笑，彼昏不知，尚冀免禍而倖福，其可得乎哉？祇見其愚而已矣。

吾巷觀音廟，肇自國初，屢經重修，碑志詳載，邇歲圮漏殆甚。里耆輩捐貲募衆，庀材集工，增建巍焕。先時神殿一間，香亭三間，大門一間。今則神殿三間，捲棚三間，通過一間，大門三間。大都別樹非故，即俱謂創建可也。廟後又創殿一間，以祀地藏。是役也，首事十人，勤慎不違，而郭君某尤爲拮据，故甫逾時而工竣。謀伐貞珉，以識始末，問記於余。余乃述觀音之所救與否，以告焚拜於此者，願慄慄共洗心云。

一樂堂記

河東龍泉董公，篤行之士。蒲坂綠汀張先生從其仲子振祖之請，題公之堂曰“一樂”，蓋取孟夫子之語。公夫妻康壽，五子森立，雍雍一堂之上，洵可樂也。夫孟夫子第言“俱存”耳、“無故”耳，未嘗計其賢與否。豈以家庭之間，恩常掩義，俱存足樂矣，無故足樂矣，何敢必其皆賢？然公之夫妻諸子，則皆賢者。公孜孜砥行，偶有誤，輒內訟不寧，期於澡滌而後已。里人故有博奕，風訓而化之，積習頓革。仲子潛志聖真，問學四方，其弟徒步從之，其兄徒步省之，俱人之所難，可不謂皆賢哉？藉令孟夫子談及此，又當以爲何如樂也？王天下，勢分之極，且不與天倫之樂，況區區田疇之廣，宮室之美，囊篋之富，官爵之榮，豈足掛公橋梓之齒頰乎？惟其賢乃共樂其樂，而不羨世俗之樂。然則賢者而後樂，此故不必計其賢與否，而賢可知也。不然，雙親垂白、兄弟雁行者，豈少哉？而世味薰心，不以爲樂可若何？此或孟夫子意也，或亦張先生意也。

修社學記

萬曆丁酉春，余署淮安府事。盧生守恭以所居社學傾圮請修，乃爲處數金修葺之。未幾告竣，盧生請爲記。

夫是區區之役，烏足記者？雖然，余有言。往歲李樗山先生遊淮浦，宋正吾丈見其子，求爲之師。樗山憮然曰：“予固不若渠，胡以訓之？”謂赤子方純朴，而漸長者漸琢其真，何所裨益赤子？此樗山自治之嚴也，亦可以知訓蒙之方矣，第令保其初而已耳。夫童蒙譬立通衢，靡所向往，有人焉，引之周行則周行矣，引之羊腸則羊腸矣。聖人之學，周行也；勢利之學，羊腸也。盧生何以教童蒙，當自能辨之。

仰節堂記

先大人以萬曆四年之春構書舍一區，命曰"雲津書舍"。爲間者三，前敞以會講，後分爲靜室。慕陶靖節、邵康節二先生高致，題曰"仰節堂"，俾不肖輩學習其中，慈訓殷矣。迨六年春，大人厭世去，不肖不能治生產，渭弟長成，猶未授室，遂廢此舍，爲之完娶事，時則十五年冬。及十九年，不肖叨舉於鄉，次年成進士，每懷仍建，以不泯先緒，未能也。第於三十六年冬，以刑科右給諫奉差過里，製堂舍二扁，揭於住屋，以見未忘而已。今歲始庀材建造，彷彿當年規制，移匾懸之，私衷方少寧帖。

嗟乎！先人創業，燕翼良遠，不肖捐廢之日，俄頃數語間耳。比欲再構，則宦遊二十餘載，僅克復焉。興廢難易之辨，豈不章章可鏡哉！爰識數語以告後人，且使知此番工役所由起念也。萬曆四十四年丙辰二月十八日。

遊西山記

余寄京二載且半，每聞談西山之勝，不能一往。拱陽年丈屢約同遊，余屢改期，及今月三日乃行。

自廣寧門出，迤邐而西，草樹蔥蘢，塵襟漸爽，流盼顏解，鞍馬無勞。一行三十餘里，抵南禪古寺，大緣和尚出迎。寺殿閣門宇俱損漏，其新葺僅殿三楹、廊六楹，然寬敞豁人心目。北有小齋，暫憩，出寺後，登山踞坐，穀黍一望如油，因思天地生生之德其大矣乎！又念后稷播種之功，感感不已。山後有山，森樹烟靄，遠眺堪嘉，良久乃下。經觀音閣，睹大像三首六臂，相與嘆訝。夫此以像寓意，亦四目四聰之説耳。繼而歷諸果園蔬圃，井邊樹下，清幽可人。僧持戒不設酒，拱陽諷之，得白酒一壺共酌。迨晚歸寢室時，大緣之檀越唐邀遊金山，約以明晨。中夜聞雨聲灑灑，遂高卧晏起。及起，則山色經雨，青翠大異前夕，忻然稱賞。

乃跨馬緣山北行，見群刹或據山麓、或山半、或山頭。朱墻碧樹，掩映縹緲。大緣指云某寺、某寺，然不能遍登也。抵一庵，曰静妙，石墻永巷。將入門，門者大擊雲板，主人蕭客。顧瞻殿宇及殿後大瑤之冢，俱宏麗。延入廊房，以爲止此廊耳，入則更有大宅，連楹列棟，頗興“民膏”之思。一茶而起，行亂石中，狹若山竅，蓦然徑出，旋繞至香山寺。寺前大木連抱，水聲淙淙，蟬語清越，不似城市所聞。殿宇俱依山勢，層疊攀援而上，經數殿轉入方丈。進一軒，題曰“來青軒”，今皇御筆也，主者談駕幸之詳甚悉。軒前高峰右峙，層巒左衍，此山之勝，或未逾此。主僧護守，草木繁茂，無寸不青。復思世人愚冥，得罪天地者，亦自不鮮，而天地生養不厭，蓋信乎生生之德大也。大緣携有果盒，拱陽預命僕夫備酒，盤桓少時。出門，猶徙倚石橋，玩水觀魚方行，赴寺曰“碧雲”者。主僧以訟他出，其頭陀啓殿遲遲。乃由左廊直入，觀所謂卓錫泉者，殊清漪，匯爲小池，泉邊古柳一株，池内有荷，池外修竹數百，琳瑯可愛。僕夫仍酌前酒二三啜，由中而出，覽沼中金玳魚，活潑甚夥。

乃赴金山之約，至則唐越及主僧夔江在彼，遲予輩之來也。寺右有小軒，團坐之，日且西馳。此一日之行，其朱墻碧樹，掩映縹緲，不能遍登者，無不似初出南禪時也。軒臨清澗，遠瞻平野，左有群峰。遶左而行，窮水源，至一石洞，亦幽致。過洞，抵一樓，據高遠覽，逸興益劇。見遊人兩兩，山僧獨步，當無機心。出樓後，緣山步進，山徑纔二尺許，抵華岩寺。寺不大，然有小洞三，二俱幽邃。倚檻迴首，見石壁在屋後，綠赤垂垂。下寺，抵一池，其形如壺，土人呼爲"捏鉢湖"，水清甚。就地坐，垂足池內，去水不盈尺，秋高不可濯，第襲其清氣耳。日已沉冥，主人進巨觥，醺然而歸。時見燈光出樹間，忽聞各梵鐘鼓之音，不覺擊節。

抵寺，仍坐前軒。夜色蒼爵，漏深乃寢。迨曉，主人相留，固辭而迴。經功德寺，殿宇俱廢，第唐越建一小宅，養花其中。少坐，緣河堤行，大柳千章，西湖之蓮可十里。其花已凋謝，悔不早來。忽睹一二朵，亦足酬此一行。既而過萬壽寺門，今上祝釐之處也。大緣謂內有奇石，請入觀之。予不敢，天威不違顏咫尺，諒哉！第入鄰寺延慶，觀布袋和尚畫像，不爲六賊所動，頗有所得。

大緣別而西，唐越東，予與拱陽東南，漸覺喧鬧逼耳，塵土撲面。至寓，殊困倦，隔日不能蘇。豈方遊時肋[二]力勞憊，彼時不覺而此時方覺耶？抑塵喧敗人佳趣，陡爾成憊耶？抑塵遊山遊，亦俱勞事，不可差視耶？然方在山也，則二年之塵若隔世，今仍在塵也，則三日之山亦若隔世，信不可大差別矣。復憶生長晉中，故多山河，少年偕計走霍山，三日方可出。乘高四望，萬壑千峰，汾流激岸，雷轟霆震，彼時不以爲奇也。西山暫往，乃戀戀至是，倦塵氛之擾，而後知幽棲之樂耳。嗚呼！天下事多如此。辛丑八月七日書。

遊龍門記

里居一載，聽客談龍門之勝，爲之馳想。是月旬有一日，偕一峰李君並彎北遊。薄暮抵弘芝，棲遲田野蕭寺，摩撫古碑，業覺灑然。十三，登孤山東偏之柏林。甫及山麓，見怪石縱橫，若蹲獅，若伏象，若欹鼎，若倚案。萬柏森欝，柯交根走，狀若龍螭與獅象狎卧。因而小憩，疑在世外矣。仰顧山巔，有樓突兀如在霄漢。由西徑步上，爲風伯雨師之廟殿。前有亭，亭前爲門，橫以欄楯，則先所仰，顧以爲樓者也。凭欄南眺，百里目前。萬頃平疇，紅綠相間。廟中人謂余曰："今猶霧靄耳，其晴日，禹都醴海，歷歷可指。"然已大恢廓矣。李君聞宗室守正者耕耨其下，下山訪之，迴視，余以爲仙也。

無何，守正遣人邀余，余辭焉，至再，乃赴其社。有泉雙注，頗植花卉，白牡丹成叢，亦足嘉賞。北望山巖，又若大虎拗項伸爪，將飲甘泉之象。李君浮白，余亦忻醑。迨晚迴山，皎月東升，六宇浮朗，林隙露白，樹杪平鋪，幽色可人，鳥聲清婉。余於此時興不淺，李君豪劇醉叫，幾忘其險。凌晨而起，月尚挂空。蒼林若洗，愈覺妙好。暢然而北，日中，至文清公墓下。再拜瞻眺，感嘆典刑。既出祠門，將倚坊上馬，大風忽起，悚然屏息，步走十丈許。是風之來不可知，然謂先生風之亦可也。

十五，拜子夏子祠。其裔孫殊貧，時余飢甚，渠不能具一熟水，胡無周之者？逮晚，至神前村，去龍門尚三二里。或謂且歇於此，余志方銳，策馬趨之。傍山東南，鑿石爲磴，其缺處聯以棧道，盤曲而上，拜於神禹殿前。見其兩山斷峙，大河北來，緬懷疏鑿之功。古柏森立，雉堞迴環。右有危峰，橫插中流，上凌碧落，甃磚石爲樓，所謂"吞吐雲雷"者。峰下架木若橋，覆之以屋，懸浮水面，去水可百尺，扁曰"飛閣"。以暮，未遽登也。憑堞流盼，月光射波，若冶金泛涌。舟人欸乃，聲動山谷。徘徊，漏深方就卧。

次早，乃陟雲雷。樓身在空中，但目力所及，誰障之者？大觀哉！不知山下之人仰視此樓中人，又何如仙也。下此遠入飛閣，容膝之外，四顧洪波，雖謂水擊三千，何不可焉？閣前剜板爲寶，懸以轆轤，余爲木朽地峻，不欲窺之，猶存巖墻之戒乎！經西亭出廟後，度小橋，更成幽寂。巉巖壁削，怪石離列，石隙童樹，點青綴綠。北祀后土，右有大石龕，懸泉滴滴，榜曰“鳴玉”，貴在萬古不息，滴滴自奇也。龕中寒蕭，不可久留。瀕河小亭共坐，地遠喧稀，坦懷淵舒，動固不若静耶？入山已静，猶羨乎此，静趣固無窮耶？巖頭群鴿爲巢，繒繳不及，嘉其知止。循東廊入東亭，遊人詞翰俱集，拂拭讀之。又東，復高峻有亭，南向亦堪覽勝。北皆巨石，好事者鎸大字於其上。仍入廟中，得文清公之記於碑，其陰爲湛甘泉先生之筆，更不虛此遊也。過午，大風作，激濤怒號，飛沙彌漫，石巖撼震。想漢壽、汾陽誅伐寇虜之日，揮戈大戰，萬騎奮呼，當亦肖是，輒又神曠，動固不異静耶？抑動中自寓静耶？既晚，爲主司者所知，騶從群擁，爲我走村人，備餼廩，意固甚嘉；然余盂菽足飽，安用勞人爲？

次晨遂還，立馬峨嵋，猶舉鞭指顧，挹攬烟雲也。方遊時，以未獲涇野先生之記爲憾，北溪路翁授余以稿，可以爲慊。遂呼筆識之，時萬曆甲辰三月二十日。

郃陽縣興復阿衡書院記

郃陽爲古有莘國，傳志所載甚核，伊尹耕於其野，故邑之學宮南百步許有阿衡書院一區，不知創自何時。萬曆間，縣令王邦才更爲常平倉，書院之名遂湮。客歲，代篆蘇按檢銳意復之，扁其堂曰“志尹”。未幾，吳令尹來，按檢行其事未竣，邑紳康國學時爲運庠掌教，乃請於嶻臺李直指，移檄竟興復之舉，萃諸人士講學其中。曠典一新，闡揚聖道，洵盛事哉！

夫書院以阿衡名，固欲諸人士遊於斯者志尹之志也。尹志云何？志在覺民，故曰：“以先知覺後知，以先覺覺後覺。”一夫不被其覺，若己推而内之溝中。尹爲聖之任，而其任固在此，斯其爲學之準也。然則據皋鳴鼓，簪珮俱集，問答互發，遂可謂之覺民矣？曰：“未也。”夫亦先自覺耳，故尹曰：“予天民之先覺者也，非予覺之而誰也？”不則我不昭昭，胡以使民昭昭？然則見非不高也，解非不晰也，聞見非不博且富也，遂可先覺自命，衆亦從而先覺之矣？曰：“亦未也。”蓋有印證焉。伊尹樂堯舜之道，非其義也，非其道也，禄之以天下，弗顧也；繫馬千駟，弗視也。一介不以與人，一介不以取諸人。尹之覺不可窺測，不可模擬，然必有瑩然内湛，覺其不可顧，不可視，不可取予者，乃如是之嚴也。故覺民者使之於辭受取予，覺其有不可而勿欲勿爲，而任先覺者必於辭受取予之不可，覺之尤畣，持之尤堅焉。尹所以爲真覺，而阿衡事業由此出也，非僅僅曰予既知之，而實行不必符之謂也。斯固古之先正創建書院，而今之諸君子又從而恢復之意乎？會講其中者，亦當知所從事矣。

書院西向大門一間，二門三間，兩角門各一間，正堂三間，傍號舍各五間，後堂三間，傍厢舍各三間。門外有池數十畝，湍匯澄泓，可以種蓮，稱勝覽云。李君名曰宣，江西吉水人，進士。蘇君名州俊，山西曲沃人，舉人。吳君名霖，直隸蠡縣人，舉人。康君名姬鼎，進士。

重修志道書院置田供贍碑記

昔在壬辰，余筮仕淮之司理，尋攝府篆，建書院一所於郡學之東。時督漕爲褚愛所先生，允余之議，且捐百金。未幾工竣，余議二名以請，曰“志道”，曰“學孔”。先生命題“志道書院”，而顏其堂曰“學孔堂”。余乃共諸人士明學其中，距今三十餘載矣。先是，郡大夫劉彬予氏、詹見吾氏亦有增葺，而歲月既深，日就傾圮。頃年，山陽孫侯振生以東魯大方師牧兹地，於凡保障安戢、維風剔蠹靡不鳌飭，而尤加意文事，處金四百餘，更新煥美。爰萃譽髦，課文講業。既著成績，剞有《課藝》、《約説》諸編。而仍慮膏火無資，恐致間輟，復處金百五十餘，置田五十頃零，召佃取租，歲得金百四十餘，給子衿之肄於斯者供會之需。區畫俱有條理，士類忻忻奮躍，余聞之亦迺然喜也。

余方得告在籍，賴釐巡李緝敬侍御建弘運書院於吾里，亦買田取租，供贍會事，余時時聯朋聚講，而山陽之舉一時符合，豪傑所見，果爾相同。余不敏，枌社之鄉，舊遊之處，學會并起，南北應求，詎不可愉快哉？夫道不離人，可離非道，離道非人，志道烏容緩？道會於孔子，士不學孔，何名"志道"？淮之多士，尚無負侯至念哉！侯山東莘縣人，壬戌進士，名肇興。

侍御緝敬李公生祠記

先是，侍御李緝敬氏奉命按釐，事且竣，循例疏請避其尊族少司馬，得代以去。紳士商民思之不置，釀金庀材，議建祠尸祝焉。謀已定，則告之余，余曰："是必勝地而後可。"恒念釐池之勝，海內稱奇，但以地隸公家，懸有屬禁，匪尋常可以遊衍。乃於城之南，池之北，卜亢爽之區，向離創祠，甃以崇樓，海、條一帶攬諸几席，以奉侍御。訂期對越，因而聚會，青林翠巘，環列爲屏，池光如鏡，一碧萬頃。春雲秋雨，朝旭晚霞，虞庭解阜之歌洋洋宛在，固無俟交參互答，而恍侍御在坐，暢千仞之高風，濯靈襟以絶滓，不亦愉快乎哉！

竊嘗謂世無善治，由士不學道。不學道則不愛人，不愛上乃負上，不愛下乃負下，滔滔波逝，何所底止？侍御纘承家學，師範名儒，日有孳孳，故其持斧而來也，内絶私營，外無貴態，不啻留人之蓄，而且捐己之有。藩籬剖而藹藹，肺腑輸之人人。席不暇暖，周爰畨遍三藩；事至忘疲，前箸每勤五夜。蠹弗任其久習，不難一旦之滌痾；議不嫌於肇興，直欲百年之永振。用是商謳於閭閻，旅頌於津梁。王人息憑社之奸，暴客懾干城之武。其大者輶車所至，輒明學以作人，而兹地建書院以弘運，啓三聖之肩鑰，開士類之蔀蒙。廩養世世，科條章章。其風無窮，則其澤無窮；其澤無窮，則其思無窮。兹祠之建，固所以寓思也。地勝而祠與之俱勝，祠勝而地因之增勝，然畢竟以人勝也。撫今追往，仁賢所寄，遂成名迹，奕世不磨。亦有華棟猶新，鞠爲茂草，牧豎之所躑躅，行道之所揶揄。如兹之洵可祠也，祠將永而弗替也，不亦鮮其坏哉？乃爲之記，以券之異日。

祠計大門三間，二門三間，正樓三間，捲棚三間，厢廚六間。外房二間，以居灑掃者。侍御名曰宣，江西人，進士。維時同運鄧公全悌，廣西人，鄉進士；判運史公名躬盛，浙江人，進士；趙公名九真，直隸人，鄉進士：共襄盛舉。而史公以署篆董事，樂趨盡士民，而喬縣尹國棟肩理克成，俱應載之石。

萬泉侯懷洙范公去思碑記

於！都哉！此萬泉士盰思其侯范公而樹之碑也。何以碑？寄其思也。碑存侯存，思亦存也。碑可磨，思不可磨也。去思碑，寰中不乏，鮮此比。此真思，亦真可思也。思侯者萬人，碑侯者萬口，奚取數尺之碑爲？無碑亦思，有碑勝無碑，是以碑之樹也。父老垂白者謂："從髫到今所聞睹福我邑者，罕此侯。"涉歷他疆域者，亦謂罕埒其侯也。余之所耳而目者亦如是。憶曩時閱薦牘，或偶無公姓名，咨嗟爲不平。夫傍觀之咨嗟，較當局之許可孰遽？兹擢郡丞，而大司馬王新城公薦侯監大軍東征，又孰與此？足鵠仕籍矣。昔公初下車時，值旱蝗爲祟，憂色可掬。單騎行村塢，誰饒於種，勸假無種者種。種而稔，衆不至餒。貧而仕者給以俸，曰："可鬻炭，爲俯仰資。"婦女亦給俸，俾織紝自給。其衙舍則蕭然，訟者例輸紙穀，盡蠲之。愛養爲例，是若何例也？徵賦如數，輒止耗羨，若將浼焉。審編徭役，酌虛盈，汰除絕户丁錢，故二百七十減百五，省厥繁累，不優於岡劑量而第額云額云者乎？嘉惠衿士，興起文學，賢書祥開相映。刮寇屯聚，練兵，搶攘藉以寧牧。遼事告棘，受令募兵若馬，他地里甲繹騷，獨帖然而事集。馬首之東，知可了兵事無難也。蓋其潛心大道，行誼自凛，尚慈緩刑，入人肌膚，人烏能已於思？

余素慕侯，未獲識荆。瀕行，顧我衡宇，言動鬯爽。授所著《史纂》二帙，僅其一斑，然經世有譜矣。侯名文源，直隷定興人，選貢士。余既從士旴之請爲之記，以闡衆思，仍系以詩，俾大衆時歌焉：“介山峨峨兮不爲高，匪山不高，侯不可望兮，我心實勞！檻流浩浩兮不爲深，匪流不深，維侯有澤兮，實沁我心！”

説

睦族善俗説

昨張生以“睦族善俗”爲問，俱切問也。夫鄉黨與我日相親近，家人尤爲骨肉至戚也，此何難於睦且善者？今之不睦於族、不善於俗者，特以見人不是，不見己不是耳。己有小善則德色，而人之厚恩或撟於小眚；人有小失則切齒，而己之大過則飾以偏見：此之謂不平。我不平而人豈能平之？所以家鄉之間多成嗔恨，職此故也。昔有仕者，其兄落魄，日喧競，周之數十金仍不悛。彼乃咎其兄，里人亦咎其兄而直其弟。然予以爲非其兄之尤也，胡不以其富與兄共，而朝夕敬事之？如其兄猶不悛，乃始可直其弟耳。又有厚價以拓其産者，其鄰欲售之者，輒再倍其直。

於是售之者若不及，而彼猶恐非其人之願也，則詳慰而後成易。然其鄰猶有與之爭鬥者，人皆咎其鄰而直其人。然予以爲非其鄰之尤也，胡不以其富周其鄰人，相聚相愛？如其鄰猶相忤，乃始可咎其鄰耳。由斯以推，施人者雖厚必忘，施於人者雖薄勿忘也；忤於人者雖大勿校，忤人者雖小必咎也。故主人勿咎盜，咎我之致盜，況其他乎？故曰天下國家無皆非之理，聖賢不怨不尤，惟反己自修而已。故"在邦無怨，在家無怨"，和氣在宇宙間，無嗔恨也。不見不是，在人也。

共學説

童子張三光，能爲文，家貧不能延師，余爲備贄，求熊子師之。無以爲居，給之官房，命事其父。其父應聘，亦諸生也，來致謝曰："幸有所棲止，兼得聚訓生徒。"求示之言，余遜辭。夫余官於淮，淮之人有教之之責，若子不知學，與余躬不學同。推之淮人，莫不皆然。吾自畢其責之不遑，豈知爲若子而厚之耶？夫余與若子有間者形耳，乃其氣無間。推之天下人，莫不皆然，人自不睹耳。故士不知學，賊其身者也；學不知共，亦賊其身者也。故不仁爲痿痺，張生以爲然乎？其聚訓生徒，亦必有道矣。

質學説

釋心體者曰"虛靈"。虛故靈也，虛〔三〕則無惡也，亦無善也，有一焉則塞矣；無外也，亦無内也，寄於一焉則滯矣。譚子同節曰："數年以前，日記其善，而善未真；繼復日記其過，而過未寡。"即斯語也，若以爲未得者。夫記之者，有之也，不塞焉足矣。同節又曰："邇年以來，一念未起，斂神丹元；一念初起，每懷濟物。過處稍細，善處稍真。"即斯語也，殆有得焉者。

蓋校之規規善惡，業有操柄，抑亦忘其內、忘其外，忘其丹元、忘其斂，致其虛而極焉乎？夫物之濟也，如飢之食，胃虛則能食，心虛則能濟物，第求虛而已矣。同節又曰："名利之根未斬也，以奔苦京塵，博廣文之官，侘傺跼蹐。卜之曹月川，以學職爲理學之冠，曾不再睹，今之廣文，率爲虛位，上之人亦率以虛位視之，胡以自見？僅以升斗牽耳。"繹斯語也，又若不得于衷者。夫學不在赴選，亦不在逃選。月川之學，不以爲教職而顯，亦不以不爲教職而不顯；不係於上人之知不知，亦不係於志之行不行；而自見與否、食禄與否不與焉。此皆其外迹耳。攝行相事，魯國大治，而後爲孔子，非孔子矣。聖孔子者曰："攝相事，魯國治。"非知孔子矣。君百里而王天下，世以此證聖耳，非聖所在也。遁世不見知，不悔，世亦以此證聖耳，亦非聖所在也。夫譚子虛其衷以遊世，選而喜不可，選而怒不可；不選而怒不可，不選而喜不可。間關千里，猶逾閾也。選不選，知不知，見不見，食禄不食禄，舉箸落箸也，而要之必爲月川，選亦有濟，不選亦有濟，知則以不負爲濟，不知則以不悔爲濟。三十輻圓轉遞前，何與我也？安所睹名利而校之？何也？無所有故無所不有，虛故靈，靈故無往不通也，故無所有之謂聖。然譚子之學歲有進益，不以自局而問於我，所謂虛矣。而余費辭如此，將無涉於有也乎哉？聊識之，更俟他日共相考也。

貧富説

鮑子君傑曩有厚貲，性喜施予，逢人之乏輒周之。諸可修建堤路、橋亭之類，以便利人，以捍衛人，以資益人，傾囊無靳，數十年如一日也。

有客至京，曹子詢其起居，客曰："鮑子貧矣，然上下欽其德義，聲動遐邇，邑里有不平，咸請就質，無不心輸者。"曹子嘆曰："夫君傑今方富哉！"世有蓄財遠地者，有蓄財內府者，孰爲富？曰內府者富，近於我而有濟也。然錙貸盈屋，田園連陌，猶在此身之外，惟積德充義，則貫串身心之內，是真我之有也。千人交口而誦，未易罄也，顧不富歟！庫藏之中，千箱萬㮧，吏胥主之，而不敢言富，以其未得用耳。世之富人，盈腹罩體之外，雖有贏財，何所用之？及其限窮氣散，粒米寸帛、毫金顆珠亦不能用。夫惟德義，則百年之內用之以不㤭，千載之後用之以不朽，是真我之有也。嗟乎！齊景千駟，秋草同萎；夷齊飢死，萬古不磨。誰富誰貧哉？鮑子昔饒於財，今饒於德。夫德，鬼神所敬，聖哲所宗，財烏能等之？散財而成德，可謂識所重矣。彼孔方者，吾奴耳，善用之乃成吾德，不善用之而奴爲政，乃俾我縮項齷齪，喪心詭昧，校牙籌而忘疲，夢糞穢而色喜，自少至老，無一善狀，達人君子視而憐憫焉。夫夫也，乞丐之子乎？乃無一長也，是則真貧也已。余殊念君傑而隔於遠，乃爲《貧富説》以寄之，如面談云。

矢神説

　　淮孝廉李子霖雨，於丁未之孟夏朔日寓都門，齋心發願，誓告於神，其略曰："血誠悔罪，籲天鑒照。一順親心，凡母意念所加，或默相拂，母教訓所及，或明相違者，神罰之；一報君寵，凡異日徇己便，不軫民艱，飾虛文不務實政者，神罰之；一酬師恩，凡心、言、行不以君子自處，負師玉成至意者，神罰之；一體人情，凡家庭之間，妻子無心相左，一意苛求，置以冷落者，神罰之；一宏雅量，凡涉世偶受不平，不能含容，時露躁心浮氣者，神罰之。"

　　曹子聞而斂袵曰：善哉！進修懇切，一至此乎？昔修德之君子，或曰可與人言，或曰可與天知，世兩高之。而儒者曰："可與天知，其至矣乎！"天則無可掩也，無可眩也，無可阿也，故曰天眼極明，天耳極聰，天算極周，天網極密。人有機變，天有乘除；天有誅罰，人無躲閃。故古之聖人惟天之畏也，故曰："上帝臨女，勿貳爾心。"夫世人溺情恣習，罔知畏天，神怒而不知，鬼笑而不悟，彼固忘天，天未嘗忘彼也，則亦時鑒之而行罰焉。孰與矢罰於天？蹈正戒邪，其於罰也免矣。夫隆師取友，以嚴憚我，以夾持我，然師有時而不在其上，友有時而不在其側，天則無刻無地無內無外不與我俱，其嚴憚夾持，顧不密哉？時時對越，惕若凜若，非僻之念何自而萌？邪穢之行何自而作？真性湛然，無往不宜，兹上聖之至德也。

於是李子問德之所由入，曹子曰："夫是足矣，奚言哉？雖然，仲尼論獲上治民，信友悦親，歸之誠身，歸之明善。明者常覺，誠者常一，斯爲合天矣。"遂筆以示勿忘，而併以告淮之同志云爾。

校勘記

〔一〕"遜"，四庫本作"損"。

〔二〕"肋"，四庫本作"筋"，據文意似當爲"筋"字。

〔三〕"虛"，四庫本作"靈"。

墓誌銘

顯考累贈徵仕郎刑科右給事中雲津曹府君顯前妣贈孺人喬氏顯妣封太孺人張氏合葬墓誌銘

余祖之家安邑，厥初不可考。西郊有塚纍纍，約歷代甚遠，莫詳諱位。自勝國時，七世祖諱天祥，方有可稽。六世祖諱本道，高祖諱端，曾祖諱玘。祖諱司民，配祖妣孺人賀氏，外曾祖諱袖女，生三子一女。考居長，諱希舜，字伯孝，別號雲津，初配前妣孺人喬氏，外祖諱苹女，蚤卒。繼配妣太孺人張氏，外祖諱健甫女。考卒於萬曆之六年，敬庵張先生誌生歿行實於墓，慕岡馮先生記神道之碑。迨四十有二年十月六日戌時妣卒，距生嘉靖十有四年八月十日午時，壽八十歲。卜以次年十有一月十有二日啓考之壙，合二妣祔葬焉。謹再礱石，併藏諸幽。考之孝友瑰節、文章遂詣，有二先生臚列在，不敢復贅。

惟是憶不肖幼時，見余考爲諸門下士講授，案無帙册，亹亹如注。聞昔受學於祖考，每夜滅燭背誦，盡一册以爲常，所遺閱過經書，點擩之迹甚恭，評注纚纚，率出人意表。未冠，爲博士弟子，輒不爲干有司之事。或慫恿祖考，俾強之，祖考亦不強也。常見當路折節過廬舍，考野服出迓，清茗共談，浩如也。或托之文字，當路誤以爲訛，令更之，亦竟不更。然與人極冲藹，少年輩至，迂道以避，憚其謙敬内惡也。而至今紳珮中軫世懷昔之感，蓋又種種云。彼時不肖駭，未能窺測秘奧，然瀕屬纊時，爲不肖論生死之故，若論他人然。既不能語，猶迴首有所示，豈以死生搖念者？況貨賄豐嗇、勢位崇卑，何足掛吾考齒煩哉？

余姚出望族，相余考，矻矻壼內政，事上撫下，不毫毛自暇逸。不肖及見其事我祖姚，未嘗不適厥意，而外祖姚萬終九十七齡之壽，其安享何異于出丈夫子？考逝後，不肖輩屠然莫能自樹，四女俱在室，季子、季女且僅數歲而稚。姚殫力茹苦，門户體貌賴之不隕。喜施予，贍親戚，傾篋洗囊不靳。外祖姚性毅，諸女饋食，若以巾帕包裹，則不納。從母有適李者，外祖家憐其扃闃，乘墻餉之，輒擲還。姚凝重真有此風，固有所鍾孕，亦男子所難也。比不肖通仕籍，迎至淮陰者一，至京都者再，所教以愗飭內外，言言金石。甿歲處姻婭，以貧見睥睨，既貴，則報之極厚，每食與共，周旋其存殁曲盡。嗚呼！考姚之德若此，乃致不肖叨抵今日，天固借此豎子以博主榮耳。

初以不肖理官之滿徽恩，敕命贈考文林郎、直隸淮安府推官，封姚太孺人。繼以不肖給事吏垣，值冊立東朝，贈考徵仕郎、吏科給事中，贈前姚孺人，仍封姚太孺人。繼又以不肖右給事刑垣，值上聖母徽號，贈考徵仕郎、刑科右給事中，前姚仍贈孺人，姚仍封太孺人。嗚呼！不肖最庸暗，何能以寸長尺伐得之君、加之親？蒼蒼之意固不欲余考以績學砥行、余姚以秉淑勵貞僅終於饔舍夫婦，故曰借此豎子以博主榮而已。顧不肖子職多乖，慈恩罔報，覷眉宇於寰中，抱悆尤而莫遣。余考當年既未供一菽一水，余姚處嬬闥幾四十載，亦未能代憂代瘁，及當暮景，復多曠違。前歲補牘數十，乞謝吏科而歸，過蒙聖主晉少常卿，予歸省覯，實稱異遇。方圖侍聚，遽罹永捐。睠茲黃壤，掩我親形。噫！不肖之肉，寧堪充俎也耶？

前姚無出，姚生子三：長即于汴，娶封孺人侯氏。次于淮，邑庠生，繼叔考諱希禹之嗣，娶路氏。次于渭，儒士冠帶，娶馬氏。女四：長適周安止，次適庠生楊可畏，次適舉人劉定民，次適董正學。孫男三：汴出者曰良，聘楊氏。淮出者曰吉，運庠生，初娶喬氏，繼娶梁氏；曰泰，儒士，娶薛氏。孫女七：汴出者，長適庠生景永徽，次聘于李必元。淮出者，長適庠生張仕祿，次適庠生姚懿德。渭出者，長適張覲辰，次適庠生馬爾循，次尚幼。曾孫男三：吉出者惺，泰出者吶、慎。渭及長女及渭出適張之孫女、劉脩、景孫脩俱先母而卒。銘曰：

修林環互，余考妣之墓。皇命昭宣，地靈呵護。維静以幽，既安且固。竣封兮還步，裂心兮還顧。步復顧兮可奈何，淚流不到重泉路！

處士知一先生張公墓誌銘

知一先生姓張氏，諱九霞，字凌漢，知一其號，又號雲巔山人。世籍平陽之蒲坂，居首陽之東譚郭里。五世祖諱敬，以洪武初遷居大澗，乃號澗張氏，而籍仍譚郭。高祖諱寬，曾祖諱鄰，祖諱輅。父太公諱尚質，兩娶皆嚴氏，前嚴爲潮之女，生公，是爲太孺人。

公之長嗣輝，余與同辛卯鄉書。雅慕公高致，屢欲登見，未果而聞訃，矍然傷悼。既而年友梁用修以其所爲狀致長君之囑，俾余爲銘，置諸幽。因相與道公之素：初年好丹鼎鉛汞之術，比覽《太極圖》，讀其説，及讀《西銘》《正蒙》、二程、紫陽、文清各語録，憬然動于中，遂破竈，焚方書，散諸言黃白之士，日夜孳孳，潛心孔孟之學，有得則拈筆録焉，概見於《理言什一·山居雜記》。其句云"至有看他未有時"，又云"了塵須是要同塵"。嗟乎！大道之晦，不著不察久矣。或亦據席高談，意見紛起，崇有與耽無角立，同塵與遺世分馳。有者拘攣，無者枯滅；

同者淄染，遺者捐棄。孰能合"已發"於"未發"，即"經世"爲出世？實孔門之正印、巨儒所艱窺。而公以兩言道盡，可不謂邁人之學識哉？

蓋公少負穎質，沉重寡言笑，澹於世味。十三解聲詩，十五不爲末俗之談。是後值太公遭家難，拮据左右，遂停誦習，而太公竟弗寧宇，去適於蜀。公以煢煢屬弱，外捍里人之凌轢者，俾不得逞，內操作水薪，奉母以養祖母劉，至備書里冊以襄祖母葬事。諸艱備經，始能受室生子，不圮其門。然如太公無耗何？一日，太孺人泫然曰："汝父客蜀十有五載，冉冉桑榆之景矣，不則已枯之骨委於異土乎？扶掖而來，幸已！不則輿櫬歸丘隴，惟汝圖之。"公伏泣，不能仰視，曰："痛父良苦，鼂不敢奔呼遠覓者，非不念之，第以母之膝下僅此隻子之軀耳。今婦能事母，又延一綫之續，此身可置于長途。上問皇天，下窮后土，不得吾父，兒弗歸矣。"泣拜，徒步以西。挈貲不盈百錢，而往甚毅。道遇一士宋姓者，感其孝，贈之金，授之治生術。公乃陟秦嶺，穿子午道，直抵于瀘，不可得。越滇南，歷撒蒙、中慶、澂江、大理諸路，三易寒暑，跋涉五萬里，又不可得。遑急籲天，願瀕死一見，賀賀反瀘，復遇宋於道，爲占曰："會即見太公。"因就旅。次日將晡，一叟從外入，雪鬢丹顏，向客語生平，似蒲中人，熟聽，則太公也。持之而號，觀者嘆訝，遂迎以歸。夫形容變易，跬步誰何？茫茫大地，安所訊詰？而相繼入次，父吐生平，兒得聆之，何奇也！兩遇宋士，又何奇也！其懷親之念，直徹蒼旻，神鬼冥冥，驅排合湊；而父子一體，若逆若赴。譬之血奔而肝動，氣激而肺舉，理有固然，無足怪者。

公既聚太公、太孺人於一堂，乃令長君就外傅，以竟未就之業。日稽其所課，或月夕躬爲抄經，作其勤勵。太孺人及見其孫列學宮，而太公享《鹿鳴》之賀。公之振家而養志也，太公還里之後垂四十載，壽躋九旬，公以七十餘齡之人榮養哀葬，十八年暌違之日，父之所厄，兒之所愛，似有假之以酬焉者。而前是喪母成疾，喪繼母如母，孝不匱也。

公締交不遺貧賤富顯，所在恥爲磬折，即被徵請，亦罕往焉，而聲名益重。兢兢畏法，非矩矱不敢蹈，人或有微瑕，亦不敢令公知。一日遇解某，橫加詬詈，則笑而受之，不與計直曲，曰：“若喪心將自斃，吾方彼憐也。”明日解死。其量其明復如是。嘗面數一少年之非甚厲，迨暮而私爲慮衣食，輒至淚下，方其面折時，亦以用愛耳。其贖人已鬻之癡女，及聞鬻啞女者，覓市三日，多其直買而畜焉，恐他人苦之，不遂其生也。釋兔舍魚，犬馬之死，葬以藁焉，往而不愛。買啞女，俾仲嗣養之，勿厭薄，亦所以寓教也。

晚歲怡情山水，吟弄翩翩。無事閉戶焚香，正襟危坐，冥心古典。客至，摘蔬供具，共話桑麻。或散步青野，優游自適。忽搆劇疾，無兒女身家之語，整衣冠，且逝，猶爲長君辯“理先氣後”之説爲非是。嗚呼！是守正而終矣。夫目觸鼻吸皆氣也，無臭者安往？一點胎凝，形性併至，胡先胡後，固可察也。學舍相望，縫衣如雲，而校勘宗旨，乃當年束書之人，亦足明學之鵠矣。想其親親日久，精專神一，而又履囂用静，涉遄探遐，大慎細矝，鍊情見性。秋宇澄而月鑑皎，臘冱極而春風迴，所謂自得之也，非人之所能爲也。借令汩没于利欲之中，血氣憒憒，方在痿木，且不能通之親，安能通之道？通于道者，通于天矣。

公生嘉靖己丑冬十有一月二十有二日，卒萬曆癸卯秋九月七日，年七十有五。以壽膺官，非其所願者。潛處而行修，可謂曰士，故以處士題也。配孺人范氏，鄉耆景山女，生男二：長即輝，娶史氏，壽官燡女；繼韓氏，庠士廷佐女。次熿，娶王氏，處士楠女。女一，適洪業，先公卒。孫男四：昶初，聘孟進士希孔女。暹初，聘孟庠士一願女。旭初、晟初，俱幼。孫女六：一適王，鄉進士三欽子濬元；一適馬，儒士曉子騰驤；一字楊時薦子庠士昇；三幼。煇率諸子孫葬公于澗之東南太公墓之昭，其期爲萬曆三十三年夏四月十一日。銘曰：

人生原諸親也，生生道爲根也。不遺不畔，根原敦也。寧於茲丘而可焉者君也。

湖廣按察司僉事慕岡馮公墓誌銘

蓋余之得交于慕岡馮公也，在壬辰同第之後云。公端凝沉靜，言若擬，動若議，窺其意向，必爲聖人而後已。聞有闡揚聖學及志行端良者，竭蹷師友之。終歲講究如不及，然絕不爲口耳炫露之習。曾會學淮浦累月，其同事謂余曰："吾未嘗聞慕岡之有言也。"又會學京師累年，其同事謂余曰："吾未嘗聞慕岡之有言也。"余以間質公所學，公曰："吾日日有領略焉。"蓋心研躬體，期之乎自得，以故月異而歲不同。己亥年，謂余曰："吾其正月之冰乎？"固自覺將泮而大進。乃在幽獄時，曲暢旁通，未嘗有所窒礙。比出獄，將遊歷四方，盡交天下士，參驗取益，忽以病終，悲哉！其門下士戴子任跋涉來都下，以誌銘屬余。嗟乎！即無戴子至，余自不容已于言。

公諱應京，字可大，慕岡其號。先世自開封遷廣州，有永祥者，洪武間從戎南都，隸籍泗州衛，定居盱眙。凡三傳，曰方寶。寶生暠，暠生贈承德郎、兵部主事昆岡公世登，是爲公父，官順德訓導，祀名宦祠，盱眙以鄉賢祀者也。配贈安人陳氏，生公京邸。甫八歲而贈公卒于官，伶仃還里，逾年始就小學。路拾遺錢，持以告母曰："當詢其主還諸。"年十四，讀宋儒《程子遺書》，忻然有會，志聖道自此始。十五，充博士弟子。十八，升增廣生，繼乃廩于公。督學直指至，必旌其行。衆口食貧，竭力旨甘以娛母。嘗居泗，一夕，忽心動，曰：“母必有疾。”亟歸，果然，藥之，愈。六試省闈。辛卯，登賢書。壬辰，成二甲進士。觀吏部政，輒辭坊金，不以煩里閈。時哱寇方熾，守臣多求去，公上疏請降資爲邊方尹尉，練兵戡亂，未許。是秋，以老母假歸。次年，安人卒，哀毀幾絕，苫塊蔬食，不入內舍者三年。丙申，除戶部主事，督餉薊邊。窮險隘，究興替，諮方略，創《戶部職掌》及《經武考》諸編。丁酉，東倭不靖，轉兵部主事，虞患殫謀，倒囊延士，以資當事。大都公食衣不厭麤菲，而日夜皇皇，爲天下慮，非以接款豪傑，則考訂典籍。每自外歸，必呼筆，識其所得之人與所聞善言行以爲常。己亥秋，滿奉，敕授階，褒贈二尊人，馳書祭告。乃分田二區，業陳、劉二甥，贍其兩姊。夫世之貴人自貴耳，誰復念先人遺血如公者？且父事其師，而周其師之子與父執之子，俾皆有室有業焉。是年擢副職方，即庚子。擢僉憲湖廣，備兵武漢黃。既下車，亟行部，延見吏士，問利弊，一以厚民生、興教化爲務，首舉鄉約、保甲、社倉三事。其崇賢獎節，息訟弭盜，懲淫斥異，繕城葺祠，除道疏川，利農通商，諸德政概見于《蓄艾編》中。

先是，楚苦稅監陳奉之荼毒者二年，公入境，其焰頗戢，已復狂逞。辛丑春，公乃上疏劾其不法九大罪，而稅監誣讒之疏亦至。詔降公官，尋削籍，尋逮繫。公初聞降報，即解組登舟，士民哄然，哭聲震原野，輦舸攀追、夾岸號呼者信宿不絕，爭繪像尸祝之，建生祠若干所。及在途聞逮繫報，遣妻子東還，而單騎赴中都龍興寺候逮，冲襟愉色，談道不輟。黎明即起，誦高皇帝御製文集。或詢楚事，曰：“盡臣職耳，非有意爲之也。”械入金吾署中，稅監亦見撤，于是楚民不啻更生，而公且罹刑，鞫禁詔獄。薄海之內，咸謂公以一身易全楚之命，烈日爭光，而全楚世世感之刺骨。顧公于楚事偶然耳。儒者以無事爲本體，以有事爲應迹，而世人能觀人于有事，不能觀人于無事。假令以楚事概公，則謂公爲楚事撝亦可也。公在圜室，倡諸同繫儒紳，紬繹孔聖心宗，討論皇朝典故。或閉關靜存者幾三月餘，時有契悟，忘憂躍喜，而《經世實用》編成。大抵尊崇聖祖，備體用之全；歸信紫陽，析儒禪之異。平生精力，多見于此。

甲辰，奉詔釋還，杜門簡出，足不涉公府，率族衆舉祖先之祀田。夫舉鄉社之約，而祖祠義田創焉，邑之倉學壇壝興焉。蕭然蓬户之中，纂述不輟。暇則課少年歌詩，習禮習射。一日，忽謂門人曰：“吾夜夢，聞二語云：‘其流行者光輝，而其所以流行者散也。’我將去矣。”越旬日，腹疾作，謂親友曰：“百年，頃刻耳，宇宙即吾家，萬物吾同氣，所謂我身是私身也，生死公于天，吾何得私宰之？”病三日，劇，密存，不發一語。丙夜恭坐，漏下五更而逝，面色如生。天地晦冥者十許日，遠近悲悼。是爲萬曆三十四年丙午正月二十日，距生嘉靖三十四年乙卯五月二十一日，年僅五十有二。楚以名宦祀，而盱眙祀鄉賢祠。

夫世之仕者，非無可紀之績，然于道無窺，不隘則雜，其或從事學問，馳心曠遠，遺落世事，亦焉用此？若公者其學有用，其政有根，操履粹白，精神流益，學當如是也已。

配張氏，封安人，備有令德，人以此觀公之家政。子二：長霆，公以兄之子爲子者，娶陳氏，繼楊氏。次霈，側室李氏出，娶霍丘選貢周允升女。霈之生也，公曰：“吾有嗣，可致身于國矣。”及能讀書，公曰：“令讀五經，俟年十五，觀其志，果端人也，則授以舉子業，爲國用，不則否。”嗟乎！此之爲心事，豈尋常可埒哉？孫男四：堯徵、堯□、堯□，皆霆出；堯會，霈出。孫女一，霆出。堯徵娶庠生亢時雨女，餘皆幼。墓在邑西之靈山，葬以癸丑年十月廿有□日。銘曰：

衆視聖若驚，而思與之頏，思與之頏。衆談學若艷，而如饑之哺，如渴之啜。厥學有成，是謂正學，可宗爲轍。嗚呼！公固自信，吾亦信公，以傳信于來哲。

劉介達先生墓誌銘

余嘗誦電仲劉公《山房集·聽鶴十二偈》，知其深於道者，爲之序。其殁也，厥嗣余弟子塙偕其弟述公行實，告於京邸，余爲誌而銘之。

劉氏，漢長沙定王後，代有顯人。宋咸淳進士諱漢臣，子諱廷玉，以明經辟揚州別駕。孫諱文質，以才幹辟山陰幕，樂其山水，乃占籍。文質孫諱子華，徵爲大興同知。孫諱諤，登洪武丁丑進士第三人。三傳，諱某某，生龍涇公，諱根，醇厚，好濟人急難，數千金産盡傾焉。初配姚氏，太守諱世儒女。繼配韓氏，方伯諱陽女孫、諱某女，生公，諱焰，字電仲，別號玉笥。蚤慧，勤習于學，文成驚四座，顧無録入鄉校者。時以蕭索，故客遊四方，韓母勉之詩云："家貧無奈子分行，獨倚柴門計返程。勿戀洛陽些個富，越王橋畔暮雲生。"世有如是母，其子不雋偉乎？既而龍涇公累于族之户役，幾罹遣，則刺股攻苦，至嘔血，謂匪是無以免其父，竟首録于當路，而出龍涇公于阨。然不以貧故履當路之庭，況囁嚅富人前？竭力養二親，且贍二弟，教之婚之，寧令其子後。余聞古人云："兄弟，親之子也，孝弟一而已，二乎哉？"

癸酉秋闈，業爲分試鑒拔首薦之，與主者左，乃曰："留解下科，母小就。"遂七試不售，命也。左者留者，造物爲政。公從是畢精課子，題聯云："今古乾坤皆是友，父兄子弟自相師。"世有如是父，家學不光大乎？橋梓聚一竹屋，耳提口授，延朋論文，不問宵晝。王孺人典鏡典絮以佐之。著《視舌編》，集最三千餘篇，及《兒訓》上下卷，考天體、星曆、輿地之紀十，議郊廟、宗藩、史諫、兵律之條亦十，策河運、禦虜三，論禍福同異倫誼十二，辯《國風》刺惡、《春秋》書法七，題太極、皇極、律呂、《洪範》、十三經衍義、諸子、傳史二十二。又著《野史》十二卷，《理路縱橫》八卷，持忍、説貞、女戒，事核當世之務，理抉千古之秘，淵乎宏矣。

伯子入國學，次舉于鄉，季廩于庠，未央也。然涉世得一“忍”字，衛生得一“節”字，齊家得一“儉”字。由博反約，數字不啻足矣。故取予必謹，然諾不負，與人無纖芥之隙，而不隨俗左右，委婉果勇胥合焉。世有胸貯千卷，不得一字之用，奚益？其教子，以名節為藩，以噉名隕實為戒。季幼稍抗禮先達，輒督責荊請，匪僅僅誨以帖括云爾。晚年絶意仕進，督學使者優之冠帶，不受。遨遊諸名勝，登峻臨流，訪交弔古，栽花種樹，稱觴酬節。多出世之咏、出世之行，動云“假合”，蓋亦志于真也。方嘉尚有用道學，而謂無用者為假為偽，豈以“假合”遺落者乎？又欲創義塚，別賢愚，立義學，分親疏，甃里衢，置祭田。厥志未竟，然欲立欲達，欲仁得仁，念起足褒矣。其捐田葬姊之適王者，併葬其舅姑。而遺稿有《大宗譜》《母族韓譜》《祖母族徐譜》及《祭儀奠章》，亦證其志願非虛。歿日之晨，猶手書《宗約》，致之族長。既而款賓方罷，坐中堂，呼諸孫輩妝燈為樂，目上視，遂逝。族戚友人私謚“介達”，督齮直指扁以“理學精傳”。生前海內交知贈言讚頌，集《視與編》存笥。

公稟賦爽敏，有入道之基，而進機有二：閱歷艱苦，動忍備至，譬金百鍊，精光斯發，一也。好規不好頌，自題云：“年過知非，乞言自勵。必期洗瘢摘瑕，直刺吾骨而後快。”人以片語相及，終夜詰責，不能帖席。曰：“何因有是？”學人未入真空地，未必杖擊虛空。自恕者日墜，自責者日崇。二也。文成祠諸儒聚講，時赴探討奧趣，其會道亦有二：嘗謂“樵山遺世士，吾師其能用”“海門用世士，吾師其能暗”。是知道無偏也，李、周二先生無偏也，而公之學亦無偏也。所以超超塵俗之表，卓然爲高士也。

生嘉靖乙巳四月二十一日午時，殁萬曆庚戌正月十九日巳時，年六十有六。配王氏某女，子三：長國子生壙，更名在庭，娶庠生吳一麟女。次舉人垹，更名永基，丙辰進士，娶禮部儒士胡世傑女。次廩生垸，己酉貢士，娶散官何鎮女。孫男五：錫恩，垸出，聘樂安余尹倫女孫。錫齡、錫蕃，垹出，錫蕃嗣壙。錫朋、錫履，俱壙出。孫女四：錫順，壙出，字余尹倫孫某。錫淑，垹出，字王龍溪先生曾孫庠生僑。錫懿，字庠生王彰之子某；錫惠：俱垸出。葬之期爲某年月日，墓在某處，銘曰：

芰衣爲窮，彩衣爲通，世眼何矇？吾自有人，人自有真，至大至尊。碩儒襟期，妙道淵窺，得數不奇。勒石幽宮，敬藉芳蹤，百世以風。

張文學見義公墓誌銘

夫天不可以人移，而可以理度。以理度天，是以理度理，其機爲順。以人移天，其機逆而數不敵也，故天不受移焉。天心賦爲人心，人心所凝，天心所凝也。人心所運，天心所運也。天心不受欺，人心亦不受欺，不受欺故不可欺。以人欺人，隔以形體，且云不可，其神通也。況吾之神明朗朗內燭，詎能欺諸？蓋進士張子翼明以若翁見義公行狀觀余，俾爲誌，余誦之感焉。

公績學博雅，蜚聲藝苑，累試於鄉，不偶。分校者奇其卷，爲圖決售，於《中庸墨義》中增潤數句，力薦之直指。直指輒于增處塗之曰：“殊覺多此。”僅界乙榜。茲非天不可以人移耶？方其增句時，有揶揄于傍者耶？若曰：之人也數不應爾，何爲者乎？直指之塗有佐之者耶？若相弄，抑相醒耶？公嘗以次子啓明嗣其叔某之子大原，遵父命，爲叔仁義著其鄉族，不可令無後。既而或齮齕之，乃曰：“焉有仁義者而天斬其祀乎？”聞大原妾有娠，必産子，遂召啓明還。無何，大原歿，而遺腹果舉子，視所料不毫髮爽，非所謂天可理度者耶？公訓誨諸子，動云“心不可欺”。夫心烏乎可欺哉？不欺心者，不欺天也。不欺天乃通於天，而何不可度之？不欺心則萬事有本，亦烏乎不善？公固孝于親，對賓客侍立，終日無倦色。每旦問寢，問畢方赴館治業。父病，禱天祈代，因攻醫術而精之。居喪，哀毀骨立，竟以悲鬱，甫釋服而卒。友于諸弟，父語以析産，輒潸然垂泣，不獲已則寡取焉。睦于族于戚于鄉。叔珩産蕩盡，乃謀諸父，父曰：“與之粟。”對曰：“男有負郭田三百畝，可使霑足，且以贍其子孫。”出券與之，父喜。訓族之子，賑族之饑，姻媾之貧老者養之，如吳如華若而人。喪葬之窘乏者賻之，如曹如白若而人。婚娶之逾期者助之，如西如秦若而人。囊篋蕭索，而有入隨以周人急。誰謂貧窮濟人難？不啻易易耳。公偉貌美髯，磊磊流輩中。人有過，每面折之，而中實無他腸。遊覽山川，稱觴賦嘯，寄興淵遠，其視塵世榮華，浮漚流影之無異。鄉曲婦女亦知其人，可不謂人傑也乎？

公諱易世，爲中都宿州人。祖諱某，治田泡澮間。父諱某，稍加開廣，因籍永城，公遂爲永庠諸生。母某氏，以嘉靖辛亥六月生公，距卒萬曆癸卯八月，壽僅五十有三歲。以河患，故艱於得地。越七年庚戌，厥子成進士，卜地某處，以是年某月日移葬焉。天所以報公，固當在是。曩者之圖一第也，夐矣。配吳氏，子男四：長即進士翼明，任湖廣麻城縣尹，娶指揮閆純女；次咨明〔一〕，夐卒，娶貢士成大器女；次箴明，娶庠生高等女；次際明，亦夐卒。女二：長適指揮呂某之子戴渭，次適鄉進士郭某之子昌明。孫男四：京尹、京麟，翼明出；京封，啓明出；京元，箴明出。銘曰：

我通我塞天爲政，不醜不榮人爲政，人以符天心爲政。修士達此備媺行，余銘厥幽爲世鏡。

定陶縣尹大墅賈公墓誌銘

憶昔歲遇大墅賈公于都下，其人惇愨而夷鬯。邇有膾炙公之詩者，爲余誦之，輒又想見其人，不可得。尋聞公搆病，其長嗣方理真定，棄官奔省，僅一面，遂成永訣，悲哉！無何，長君以狀來，俾余爲誌，藏諸墓。余弗忍讀其狀，況忍爲誌邪？然不可辭。

公諱贈，字士言，別號大墅。世爲陽城福民里人。高大父諱旺，曾大父諱璘。大父諱志儒，以行義載縣志中。父諱緩，亦節烈好義。母潘孺人，生五男子，公其季。幼穎慧，讀書目過不忘。十五爲邑庠士，慷慨負遠志，益肆宏覽，好古文、詩歌，嘗戲筆爲《淇山午夢》諸小傳。太宰王公閱而驚異，俾其移精舉子藝，則博大深奧，奇氣溢出。每試，爲諸生冠。當路闢西席，髦士藉講授者不遑也。在古艷稱“三鳳”，更艷“白眉”，時則以當公伯仲，且以當公云。七舉不偶，迨辛卯貢士之期，首貢丁制，公以次貢應貢，然不能爲懷，欲以貢讓，不獲，則賻以貢金之半。督學者修吾李先生不輕許可天下士，顧抗手褒稱厚德，卜其嗣之昌茂，蓋時長君登鄉書矣。後果成進士，今進秩司空部，人謂公之食報，先生之言若左券。然公曩聞南宮之捷，則盈滿自敕，遇物益遜。及筮仕司理，手書政訓千餘言，迪以平恕清勤之道，或隔屏聽問，斷刑勿得稍苟。比聞擢部，復移書，戒勿過望，第恐人負官。則公固有佑啓後人，衍其福者乎！先是，丙申謁選，訓太原，徵文之檄踵至，一夕草十三啓，寅僚推其精敏。夫士操觚能爲麗語，鮮不沾沾氣得，瑣飾聲容，而公以真素洽士，士親之如父兄。先後邑令無不飲醇欽義，時就談咏。兩臺交薦於朝，遷郇縣宰。歸里，爲太翁壽，窺其稍衰，乃戀戀躊躕不忍行。居三月，太翁果長逝。假令聽從勸駕者，違親而往，此恨曷其有極哉？然猶三年悲慟，遇高年輒動于中，悽其推食，若弗獲復食其父然。吁，孝矣！

癸卯，服闋，補定陶，單車之任。陶故瘠邑，更水災爲涘，衆方艱食。防亂莫如弭盜，則重緝捕；止盜莫如緩征，則停催科。曠鍰關何急事，矧斯際耶，則令息訟；畚鍤繁興，勞費焉支，則議蠲河夫至二千。然匪賑而餒者終弗可蘇，則亟請之上。得請，則置里老諸人於異處，命各報貧而覆核無漏，仍匹馬躬飯之，全活萬有餘人。若是可以興教矣，則鄉有約，孝弟力田有諭，摛辭諄布，俗用丕變。任甫浹季，而厖施乃至此！竟以督賑時勞瘁衝寒，荏苒不起。等死耳，死于民事，不愈于死婦子之側者哉？

公澹約自奉，長君于治所爲製一羊裘而紬其緣，則怒，大寒在途，終不加諸體。顧纏有贏羨，即以助戚友婚喪不給者，弗靳也。與人交，藹藹披肺腑，或有邪動，復面嫉無隱。鄉閭有競，咸就質，輒據直爲之平解，長幼僉服而愛焉。堂室之壁揭所得格語、嘉事，固以示諸子，而寓其嚴訓，抑可覘其崇尚，匪徒頡華掇膄藻其筆者也。著《子史摘抄》《舜澤叢談》等書及文稿百餘首。

生嘉靖二十有一年十有一月二十有九日，卒萬曆三十有二年五月七日，年僅六十有三。初配樂氏，生女一，適楊元。繼張氏，以長嗣貴，封孺人。生男三：之鳳，即長嗣，工部主事，娶張氏儀賓鵠女；之龍，生員，娶徐氏省祭官朝寵女。之鵬，儒士，聘張贇女。女一，適生員陳炯。孫男二：益默、益廉，俱龍出。墓在祖塋北陽高泉之原，葬之期爲卒之年十有一月八日。

聞公赴定陶時，長君謂公坦懷不逆，而難末俗之多欺，踧而陳世態反覆狀，公曰：「逆詐是先自詐也，吾惟率吾素以誠結之而已。」究且士氓吏隸，靡不信其衷者。夫世之簪紳，或稱明智，大都以能逆爲覺耳。人之徑寸，如人之眸，毫芒入焉則暗，安所容逆機乎？機心一萌，色澤已異，彼且從而崎嶇我，我何説之辭？又安所平其情哉？公平生士行，五載人師，三月良尹，固本于此，非偶而已也。銘曰：

洞厥中，直厥躬。言何蔚，德何豐！奄以去，峩以封。百千祀，仰高風。

王龍田先生墓誌銘

先生穎異，磊落不可羈束。事有不當意，輒侃侃以大義裁之；或遇一可矜，又眷眷不勝情，殊不類其激昂。善詩辭，第要于洩其胸臆，不規規格律。雖事舉子業，顧亦未之求工，蓋寧瑟毋竽也。性不能較嬴縮，而喜施好賓，用是家計日蕭索，至饘粥弗繼。然倜儻不減于初，猶時時延知友傾罍相款，蘄一日之噱笑也。或者曰：「負其俊才而不以博青紫，耗其積而貧是甘，抑何謀之拙也！」余竊謂人生榮悴，造物者潛握其機，縱先生回其真性，而齷齪渳澀以逐時，尚亦未必遽享豐美。且方其負朝暄，飽藜藿，景物佳，天地闊，獲句而自賞，大叫而狂歌，即處甚豐美，亦烏能加此樂哉？今已矣，將與膏粱紈繒含珠玉而殂者同化爲飄風，而朽爲土壤，迺其旅寄之日，能翩翩自適，而不令此形骸心志縛縶蕩漾于名利之場，中夜而彷徨，晨興而四顧也，獨爲得勝算矣？噫嘻！此先生之高世，而余所以深痛其亡也。銘曰：

有行有歸，四野纍纍兮。月咏風哦，所獲既多兮。華表崇崇，作我群蒙兮。

孝義張仲子北溪暨配李氏合葬墓誌銘

仲子者，余之內弟張光射也，惟思其字，別號北溪。孝義若斯人，乃無忝于男子之稱，故諡以孝義而子之。

張氏爲安邑望族。國初，諱仲榮者，自猗氏移籍于此。再傳諱從。三傳諱斌，錦衣衛千户。四傳諱佑，贈南京太常寺卿。五傳諱璡，進士，御史。六傳諱莒，解元，二府。七傳諱健甫，是爲余外祖。初配王孺人，生子二，次子壽官，諱極，是爲余舅。繼配萬孺人，生子一、女五，先封母爲次女。舅配傅孺人，生子三、女一，次子爲光射。蓋余不惟戚之，而實賢之，時時與之遊。其歿也，殊傷慟，不啻連城璧碎，不可再得云。仲子孝于二親，余舅遊歷之處，預授金于主人，曰：“吾父到則具食飲。”舅摰友以至，如家焉。稍稍遠行，必具饍以從，慮所市弗潔。愛敬于昆弟，歡洽顧瞻，不私其有。值二親之喪，獨力董葬事。余外祖母之喪亦然。其伯母與其嫂之喪，代其兄及從兄棺殮禮窆，尤人所難也。鄉族戚友有所需，輒給之，亦或相負，終不校。偷兒攫其金，所司將窮治，恐波及無辜，止勿究。未嘗研博士家業，而挾策稽古，渙然有解。其謹飭恬雅，無競無忤之度，儒生且遜。家之人曰：“吾族一北溪。”邦之人曰：“吾鄉一北溪。”邑侯吳公旌其門，曰“孝友可風”。督學周公旌以“敦倫尚義”，直指劉公旌以“孝友端良”。或欲請給冠帶，則力謝辭。仲子良貴乃爾，奚賴峨冠爲？余方爲圖表揚，將覰自輦轂下檄以風世，而仲子已矣。悲哉！生無間言，歿有同悼，此亦傑然殊絶之人矣。

初配李氏，耆士璉女，先仲子卒。余曾述仲子之行，有曰：“其內子化之，每食與姒娌共。”蓋實錄焉。李氏得翁姑之悦，而雍和于壼內，仲子之成厥德，亦其克相之力也。繼配王氏，庠生廷寵女。仲子生嘉靖戊午九月五日酉時，卒萬曆壬子十有一月二十有九日亥時，年五十有五。李氏生嘉靖辛酉三月二十有四日未時，卒萬曆己酉六月六日亥時，年五十。子三：長君聘，蚤卒；次君選，娶郭氏；次君愛，娶馬氏。女二：長聘于馬爾從，次聘于王嗣真，俱李出。以乙卯十有一月十有八日，合葬于北郊之祖塋。余方襄先封母，大事草土，憒憒非搦筆時，而誼不能自已，輒爲叙其梗概。昔人謂誌銘爲諛墓中人，若仲子者，乃字字無愧，而余亦竊比于撰郭有道之碑之不愧矣。銘曰：

吁嗟仲子，洵孝洵義。聽輿人言，稱情而諡。比屋如鱗，鮮窺其二。泣勒兹銘，以告萬世。

劉孺人曹氏墓誌銘

孺人曹氏者，河南僉憲劉公諱得寬子、孝廉諱定民之配，余之三妹也。孝廉先卒，既葬，壙有誌矣。今歲天啓壬戌正月二十一日子時，孺人亦卒，孤子際皞將以是冬　月　日奉孺人樞併孝廉之初配李氏、繼配馬氏合祔于壙，而余爲之誌。

先贈君諱希舜，配先封母張，生男三、女四，二弟俱亡，妹之亡者二。余以長兄灑泣揮毫，誌弟誌妹，斯不亦乾坤慘怛事哉？憶贈君見背，余與諸弟妹煢煢孤苦，三妹方在稚弱。比余交于劉，共筆研之席，時劉猶爲茂才，來委禽焉，余遂主令歸之。劉君治家嚴明，妹年甫十四，蓋初猶易之，繼乃稱，終乃極隆重。妹于壼政有調度，扃鑰毖飭，罔所滲漏，絲頭韋屑必儲，校劉前時歲費減三之二。然饌飲精絶，饋遺豐腴。劉君好嘉客，坐上時時談咏，猝有賓至，未嘗無珍具，亦不知其如何撙節，所用器具恒若新，視之則數十年前物也。劉君諸弟之母之子，孝愛無斁，罔不忻洽以爲賢。既而劉君感恙，痾瘦不能屈伸，承事搊扶，漏初下，抵二鼓方得一轉身，如是者頻歲，未嘗有倦色。劉君閨闥間無不慊其意，藉之以頤養，更不關心家務，得不廢其學。迨稍稍能下榻移步，遂登庚子鄉書，計偕入都門，泣謂余曰：“君姝于我有再造之恩。”累科不第，奄然長往，往時遺句云：“相報再生圖。”重可知也。惜其未通仕籍，徼一尺之綸以報孺人耳。此後孺人居孀寡，課子撫孫，不墜其門閥。其體健厚無恙，忽報病腹滿，竟至不起。悲哉！

孺人聰慧識大體，孝于封母，左右維護，一葵必供，推及六親，無不周至，可謂女中丈夫矣。余因是知婦德之關于家者大也。無制之家一日之費，有制之家足供累日；有制之家一日之脁，無制之家累日未睹。費約而常若有餘，費奢而常若不足，則主內政者不同耳。若孺人者，可以式矣。世衰俗漓，女子不聞訓語，比爲人婦，驕侈惰敖，烏識理家？僅能安靜無華，膏沐整潔，輒嘖嘖稱良矣，敢望其他乎？吁嗟！此非細事也。

距生隆慶己巳十一月二日亥時，年僅五十有四。子男一，即際皥，運庠生，娶路氏二尹君常女。女一，適郡幕郭君民衛子庠生世埔，先卒。孫男一，重光，聘孝廉路君行義女。孫女四：一適司訓路君康孫、庠生應元子庠生連步。一聘于庠生喬國標子。某二尚幼。婚嫁俱名門云。銘曰：

歆歟妹氏，從爾夫子安女止。令聞不已。百千億祀，其永寧只。

茂才張子叔艮墓誌銘

嗚呼！此叔艮張子之墓，余年友郡丞煇、世稱渌汀先生者之子，從學于余而夭，且夭于奇禍，余安忍把筆爲之誌也乎？余竊嗜學道有年，每慨士人沾沾于帖括藻繢以徼名利，世風之滔滔也，思得志道之士，相與闡述先聖之統，苦難獲其人。幸而有叔艮及稷山陳子國賢，皆可維正學，而皆死。張子之年尤少，而死最慘，安能已於慟！憶昔歲遊蒲，訪余年友，則以叔艮見，時甫四歲耳。舉止若老成，應對如流，聞其告人曰：“聖人不難學。”余心奇之。年十二，充博士弟子，有聲庠序中。嫻文辭，工書翰，孝二尊人。值嫂誕辰，衣冠趨拜，有命免入，猶拱肅門外，他可推也。隨郡丞抵都下，乃師事余。比余還里，則時侍余于別墅。嘗問爲學之要，余語以四字，一曰任，二曰奮，三曰恒，四曰成，若有當于其心也者而甚喜。余曾因事斥呵之，次日拜謝曰：“感吾師之斥呵我也。”既別去，以書來曰：“無以報師，惟從事‘任’字。”余深慰，自忖曰：“吾今可以死。”嗚呼！豈期叔艮先死，且死于盜乎？距其舍數里許，偕同儕會文，暮歸遇盜，叔艮死于刃，郡丞驚怛成病。雖罪人有獲，然至今不知的因，不得大舒其憤，奚望病之蚤瘳？嗚呼，可恨哉！不但爲其死恨，爲學恨也，然亦無如之何也已！

叔艮諱旭初，生某年某月某日，卒之日爲某年某月某日，年僅若干。初聘楊氏，未婚而卒，今從葬。繼娶郭氏，以兄子某爲子，郭之節可終，叔艮亦可目瞑矣。葬之期某年某月某日。銘曰：

亘古才難，千里一士。士不長年，道將誰恃？昔在聖門，且慟未止。今日何日，晨星爾爾。吁嗟生乎！何遽罹此？漠漠荒丘，寒流泚泚。吁嗟生乎！何遽瘞此？

李母贈孺人羅氏累贈孺人曹氏合葬墓誌銘

蓋曠戎部聲和氏爲李侍御羅、曹二母狀，自述執筆時淚潸心裂，作而復輟。比侍御屬余以誌，而畀是狀，余一讀亦輒隕泣不可爲懷。置狀於案，越日取閱，復隕泣不能已，仍置狀。狀中載慈孝綣懇態，自是動盡人之子，而最愴人者，則舍女存前孤之事也。羅孺人遺二孤，次曰日新。曹母初舉一女，女與新同患疹，俱屬，醫者謂是不能兩全，僅可存一。問所欲，孺人云："烏能為己出捐前人之孤？"乃移女別簀，手抱新不置，盡解簪珥救免，得不死，而女竟殤。中夜相顧，懸淚在睫，不敢失聲，恐驚抱中兒。噫嘻！遐想此時，何啻萬刃攢心，而為前孤割所痛，此古人所鮮，何論今人？丈夫所難，何論婦人？余所以悲之深也。

按：唐西平忠武王之裔為江右吉水李氏，世有顯人。迨博士、贈君祀四學敬吾先生諱□，初配羅孺人諱□，里之泉溪人，文恭公族女。父諱溢，娶母劉氏而生。貞靜寡言笑，習姆訓，父鍾愛甚。聞敬吾先生秀穎，閑[二]文事，乃許字。及笄，歸焉。翁東皋公持家嚴重，然以得孺人，喜其子之得內助。病且革，以善事其子囑孺人，賞鑒乃爾。而孺人果於壼政靡不飭，居恒無疾言遽色，既慈且介，宜於長少，賢之者交口。佐先生事其尊人，養生喪死無憾。當罹喪初，或揶揄先生之牖，若謂將不振，先生與孺人對泣而矢，期於勵學，孺人操作隨之。屆督學試，遂首諸生，有"有道"之品題，遠近師迎自此始。羅翁客楚，劉媼遘篤疾，屬纊時，以橐中金付孺人，乃偕先生曰："外族封貯俟翁，翁歸還之。"女不染母之有，宇內豈有兩也？顧不永於年。

曹孺人繼之為政，諱□出廬陵唐東望族，武惠王五十二世孫。父東湖公諱本，母郭氏亦汾陽王裔也。孺人夙慧，莊毅不埒常女。稍長，勤女紅。東湖公每惜其不為男，男則亢宗矣，期遇快婿，甫許配，會先生失羅孺人，有富室婪以厚貲相唊，冀得侍巾櫛，先生據義不可。東湖公聞之曰："是真吾女匹也。"遂允伉儷。驟自溫膴為貧儒，婦不懟也。躬操饋紡，有提甕出汲風，先生得不輟其學，遠遊設絳帳，而孺人肩數口之家，撙什伍之入，弗致乏絕，不牽先生內盼，難矣！即異時先生屢厄於棘院，謝館穀，閴處岑寂有加，其子且束贄從師，結社締友，皆孺人拮据支撐，以機杼對吾伊，又難矣！堂有繼姑，有病叔，事養無間。迨繼姑捐世，值先生旅寓都門，而典衣襄大事，更難矣！死事羅孺人，每飯必炷香，供之曰："我爲其後，何敢忘？"亦難矣！遺孤有室，遺女有家，内之食指衆，外之應用繁。曾遇歉歲，糧秕粟野芝，婉飼諸孤，艱辛備嘗。然雖甚窘，不言貸，而人有急，則忘其□而周之，尤難矣！其嫁遺女之日，乃生侍御之三日，從草坐起，治奩不就枕，先生相勞苦，不斁也，曰："慮人以無母女易吾女也。"竟以頭岑、嗽喀終其齒德焉，不愈難哉！先生以明經謁選，訓臨汝，繼諭上高，蕭然蓿盤。孺人督僮僕藝蔬，茹淡如常時。先生故廉，稱之爲德友。士或具瓜果，輒云："我爲秀才婦，未嘗杯水薦官師，今得無愧？"蓋猶若泰焉者。世之食厚禄，忘其初，較是何如？侍御舉於鄉，則勸先生致政偕歸焉。歸而子婦森立，能於其家，蓋至此似甫肩息顔解云。素不喜榜笞人，亦不忍聞其聲，壹以内和藹可知也。既而强侍御再赴南宫，及歸，舟阻小孤，怔怔心動，彷徨望禱，有"乞一帆風，願捐數歲"語。薄暮，風果作，二日抵章門，則有病報，踉蹌奔險。又三日抵舍，猶得母子抱首。强起啜粥，曰："兒積念所致。"越一日而瞑。悲哉！

　　蓋嘗反覆考論二母懿行，後先券合，雖以閲世久近，不無詳簡，而足耀千秋無二。其曹母之與先生，則又多同符者。先生深於道，訓子以忠孝寡欲，以畏天認己，而母訓子六字，曰正、直、忠、厚、勤、儉。初之臨汝，手紡軸授諸婦，戒以勿忘。侍御登第，先生聞捷，高卧曰："莫卜所成。"而先是母聞鄉書之報，亦不色喜。先生之庭偶有踞虎，先生行吟而入，虎突逸而出，不爲害。土屋雨圮，傅於枕，不傷。而孺人中夜隨月獨紡，人謂其地多祟而無怖。室一梁蠹，似有呼而起者，而梁折適當坐處。其爲鬼神呵護亦同，斯亦奇矣。侍御滿中舍考，貤恩考妣，後遇覃恩，兩母俱贈，食報於天又同也。日者謂曹母不宜子，而先生於其舍女存前孤之日決其有子，果不爽，則天固有可必耳。

羅孺人生嘉靖某年月日，卒隆慶某年月日，年僅若干。曹孺人生嘉靖某年月日，卒萬曆某年月日，壽若干。子三：長曰升，娶周氏，繼娶亦周；次曰新，娶周氏。俱冠帶儒士，羅孺人出。次曰宣，即侍御，曹孺人出，娶周氏，封孺人、副龔氏、曹氏。女一，適郭生文華，羅孺人出。孫男五：長垓，次挺，俱某出；次坤，某出，次某，次某，曰宣出。孫女一，曰升出。兩母合葬之吉為某年月日，兆居某處某山某向。銘曰：

浩浩長江，淑氣龐厚。賢喆如林，纘前開後。西平武惠，文恭之家。厥男厥女，茂實芳華。或乾之健，或坤之貞。宜爾閨閫，蕭蕭雍雍。或先籌燈，志學成始。或繼鳴鷄，克終登仕。翻然義利，豈睍囊金？沾沾阿堵，愧彼怵心。慈愛所鍾，何分人我？屬毛可捐，天應淚墮。慶深且遂，大澤龍生。既承家學，亦贊國成。遡流知源，敬銘母氏。誰銘先生？俟子鄒子。我辭不斐，好德則同。億萬斯載，仰止高風。

湖廣鄖陽府同知淥汀張公墓誌銘

淥汀張公為諸生時，與余同硯席，復同登辛卯鄉書，曾同官於都下，即有暌違，亦互訪於廬，互問以郵筒，莫逆之交，至于沒齒。公以天啓三年十二月二十七日卒，其壻楊生手為狀，請誌銘于余。余豈忍搦筆耶？蓋久而勉成之。

公之先世為蒲州潭郭里人，國初諱敬者徙居大澗里，遂為澗張氏。曾祖諱某，祖九十翁諱某。父知一先生諱某，配母某氏，生子二，公其長。體貌偉厚而莊，窺覽宏博，嫻於文事。甫入郡庠，輒執牛耳。著《四書臆見》《讀書日記》《聞見隨錄》，衿子從之如雲。師道嚴重，視世之向弟子稱名、稱生及字號，弟子所絕無者，遝遝紳珮求詩文、書翰者踵相接。比登科，令聞益懋，然孳孳檢躬，有"改過""章〔三〕善"二語，實允蹈之。其教人以"居敬""窮理"爲要。性至孝，昕夕侍大父及父之室，歡笑雍雍，漏下二三鼓方就寢。大父捐館舍，號踊慟甚，大母亟諭慰，猶屏伏飲泣，州人稱張氏有孫。事大母如大父。父過其牖，拱立以俟，度父就坐，方就坐。父病，焚香籲天，有"增父壽十年，願減一紀"之禱。丁父艱，余赴吊時，且小祥，見其猶寢苫枕次，蓋茹素不入內者終三年。其事母，承顏聚順，不命之退不敢退，冬寒立侍不移，至於瘃。愛弟如手足，撫二侄如己子。父存日，曾以食指衆令析爨，垂涕不忍。從弟被誣於長安，星馳而往，必出獄而始慰。蒲俗侈，則著《四禮約》，約從儉，躬自倡之。有烈婦邵孝女熙亥，力爲揄揚，建祠樹坊，著《烈孝集》以風世。而劉氏敦子道婦道，亦爲闡之。或遊廟宇，非其鬼不拜，同行者拜之，挺不爲動。或值當拜，衆拜於上，獨趨而拜於下。家固無厚蓄，遇貧人求濟者，必曲周之。不居間當路，而里人薛罹大辟之枉，竟爲暴白。鄉人尋隙詬譟，不與較，且加禮焉。其人化而易行。

六上春官不售，念母年高，乃謁選華陰諭，板輿迎養，子侄從行，一時孝感，致學使存問餽遺。督通省士於正學書院，仍議建太華書院，著《四知會約》及《士戒》。與馮司空少墟先生講明聖學，著《語錄》。秦之士民尸祝頂禮。晋擢成均，升郾陽貳守，尋署府篆。署竹山縣篆，蘇德剔宄，興學明約，而行戶、官價等項俱革。有款十二，有辯十，如招撫流移、修舉廢墜、釐正風俗、緝獲叛亡、驅逐衙奸、革除常例、奉行保甲、辯理冤枉及貪肆之辯、酷暴之辯、狡偽之辯、惰慢之辯、耗蠹之辯、昏庸之辯、木瘣之辯，要皆鑿鑿經世訏謨也。以故還竹山日，軍民攀號之聲徹滿山谷。獨署府則有異焉，王百戶以軍餉百金寄府庫，當事者以爲未寄，百戶惶迫無之，將自裁，公代之補完。然竟不悅於當事，坐以老疾致政歸，蕭然懸磬，不能具饘粥。三院延主河中書院教事，而公亦病矣。貧與病合，其病且苦，不無挪揄者，而肖子茂才死於盜，愈病愈貧，諸艱備經，荏苒數載，終不起。竊嘗謂人情多岐，天道有定。公之在官在田，不諧於世，固宜其爾，顧福善如天，何為畀以苦病，復畀以奇禍？考其生平，無一足以致此，胡為乎來哉？天之有定安在？抑天本不可測，亦付之不可測而已矣。悲夫！

距生嘉靖三十六年十一月三日，壽六十有七。娶史氏某女，繼韓氏某女。子三：昶初，史出，娶孟氏，繼楊氏；旭初，州庠生，聘楊氏；晃初，未聘。俱韓出。女五：一適儒士王濬元，一適儒士馬騰驤，一適州庠生楊昇，俱史出；一適儒士賈允醇，一未字，俱韓出。孫男二：魯幟、鄒幟，俱某出，而某繼某嗣。葬之期天啓五年某月某日，其窆歲居大澗祖塋之次。銘曰：

銘公之學，既博且藻。初工文秋，繼研聖道。銘公之行，洵厚且醇。厥履無咎，厥衷綦真。銘公之政，所至成烈。造士士興，牧民民悅。嗚呼！素襟千古，黃壤一封。滔滔斯世，賴有流風。

明高密侯明軒甯公配孺人王氏合葬墓誌銘

明軒甯公，卒於萬曆三十有五年閏六月二十有三日，葬矣。迨四十有一年七月二十有三日，而配王孺人亦卒，厥嗣獻可輩以次年三月十有八日啓公之壙，而奉孺人合窆焉。先是，公之葬也，直指史公為之誌，貳府張公表其墓，業纏纏詳之，顧孺人之淑行，何可不聞於後？厥嗣手狀觀余，幾於一字一淚，余至不忍讀，何得辭以不文？

蓋昔宋莊敏公直指吾晉時，奇公之才，為之選婚，邑士大夫以王應，遂得孺人為配，至今閭里艷稱之。公下帷治舉子藝，家徒四壁立，孺人匪第無怨言，能節縮自將，斡旋補綴，諸可代其拮据，佐其勤苦，靡不竭殫，不煩公內顧，且當公指。公得以肆力於學，什九外遊，聯朋講貫。友至，有緇衣剪髮風，人人得歡。而公亦業日精，聲日茂，家計藉之漸饒，創起屋宇。而又能周人之急，不以無為解；報人之施，不以久而遺忘。公領鄉書之秋，孺人先嘗出粟如干石助耕，捷音至而鄉人喜可知也。公筮仕宰百里，風以子民言，每問所平反。公歿，而右目以泣喪明，其敦婦誼乃爾。

孺人慧穎而方，言色無疾遽。蚤有女德於嬰童時，比為新婦，壼內政立辦。事太夫人孝，雞鳴起盥沐，治具以養，病則不離於側，不假手左右。其養祖夫人亦然，無不能之賢之，以女若孫女歡視之。其母遘恙，晨興步候，忘其女之痘也。處妯娌，獨肩其勞，無齟齬語，能以遜忍待誶言者，得其和。割所有以周王氏之兄弟，生養死葬，且恤其子。遇婢僕以恩，戒家人勿得虐，無不感而力於役，亦無敢欺者。其自奉則縞衣蔬食為常，敦朴而服勤，不置私囊，即公間有所授，仍儲而還之，不則以給甥壻輩。遇子女縶慈，而教則嚴，口授以《詩》《書》。居恒曰天理，曰陰隲，曰平等，曰忠厚誠實，不絕於口。噫嘻！茲孺人禔躬之本也，亦所以佐夫子及訓子有成之本也。世無論男女，第於數言中得一二，誦而維之，足以無忝於生。而孺人通達若此，顧不可風哉！

甯之家世，詳於公誌。孺人之父諱孟達，鄉人推為長者。母高氏，以嘉靖三十年九月十有八日生孺人，壽僅六十有二。卒之日，族黨戚識無不揮泣也。子二，俱庠士，獻可娶杜，獻誠娶薛。女四，適高寯、張之翰、薛士最、聶蘭馨。孫男綿祚、維祚、紹祚，諸亦詳於公誌。惟是絃祚，誠出者，二孫女可、誠各出者，前誌未及，茲當併載云。銘曰：

有刑於家，有相於室，維德之儷兮。宜於而鄉，顯於而國，昌而之裔兮。生也齊芬，歿也聯玉，敬銘以鍥兮。

明義官小川吕公墓誌銘

吕氏世居安邑運城里仁坊，國初，因亂有徙蒲坂者，有徙臨晋者。萬曆間，臨晋族來認宗，以家乘未詳，尋寢，蒲竟未相聞。城之南郊有二大塋，一爲孝子塋，即邑誌所載孝子諱完者。迤西一塋，最上爲公曾祖，諱失傳。次右爲公祖諱德，配許氏，生子四。長即公父，諱萬里，配張氏，生子二：長諱國禎；次公，諱國祚，字云永，號小川，以捐助邊餉，兩臺給以義官。

生而質直無飾，言貌如其心。九歲被塾師醉夏楚傷股，遂廢讀。既壯，勤力南畝，厚糞其田，不以旱澇有間。商遊唐、鄧，群商多以貲托，曰："某善守而有信。"居家每有所寄。曾有人寄金，聞其人病，持金至，則不能言，但目座傍一親，公度其意在此親，隨以金予。每有舉動，輒證以《大明律》。念母蚤亡，年七旬，言及猶流涕。痛兄之卒，幾於自隕。訓兒讀書，夜闌及晨起必坐以督之，尤諄諄告以立身揚名爲孝。遣兒師事余，每歸，必令述所聞，改容静聽，謬謙以私淑徵志向矣。因長女守節，常誡以古道，躬劬勞以適其意。生平苦胥吏追呼，示兒曰："儻獲半職，其慎念此。"晚年絶迹商賈，甘意清儉，日遊娱田園，人羡其高致，其天真自得處，人猶罕能窺之。屬纊時，令婦女遠，執兒手言訣。蓋嘗迹公之素履，其足術〔四〕者有二：其一，脱去闤闠，怡志園林；其一，遣子學道，期之繼往。夫世人役役，鶩於名利，即號爲冠紳之士，未嘗不薄其見處之位，望望前途，有如不及。揚歷所至，每云苦海，致位公卿，猶謂荼〔五〕苦。曾有身居揆府，自謂"窮民無歸"，他可知也。嗜進貪榮，至於老死。雖有臺池，僅窺圖畫，不辱不殆，一丘一壑，脱然無累，亦良鮮焉。而况經商之侶，晝夜執牙籌，矻矻不足，安有捐去刀錐，徜徉泉石？豈非豪傑之見歟？

俗之教子，取科第而已。博得華膴，厚其囊橐，大我門庭，侈我車馬，雄於里閈，詎不大快？其有從事道學，不以爲冷寂，則以爲忤時，訕詈且加，誰肯從臾？然浮榮有盡，轉盼成虛，慷慨繫之，腐草埒之，此何異以掌上之珠置諸塗炭？孰與教以好修之流光遠哉？昔余爲淮吏，春秋仲月，循其舊典，致祭于孝子徐仲車先生，其父之墓相距數十武，相禮者導余至其前，致恭而後去，茲亦教子之報已，而況不但爲仲車者乎？呂子勉旃！

公生於嘉靖三十八年七月二十日酉時，卒於崇禎三年六月十九日午時，壽七十二歲。以五年十一月初二日葬於祖塋之右，元配郭氏，從禮配節婦周氏女。子男一，即崇烈，恩選天啓元年貢士，娶馬氏運庠生之傑女。女三，長適朱廷試，即守節者，直指有旌；次適廣文李英才，先卒；三係側室賀氏出，適李中明賀，後公一年卒，葬於祖塋之西。孫女六，長字湖廣岳州府同知南公拱極之孫、邑學生之彥子大亨，次字陝西鞏昌府同知李公圭之孫、舉人貞佽子翻，三未字，四蚤逝，五字巡撫延綏都察院右僉都御史胡公志夔之孫、舉人承裕子遂封，六字兩浙運使蘇公養蒙之孫、廣西慶遠府推官希轍子九埏。銘曰：

公之存，翩翩然適也。公之去，當亦翩翩然適也。而子學道，余度其有成，九原可慰，是以知其適也。

校勘記

〔一〕“咨明”，前後文皆云“啓明”，此當誤。

〔二〕“閑”，四庫本作“嫻”。

〔三〕“章”，四庫本作“彰”。

〔四〕“術”，四庫本作“述”。

〔五〕“荼”，當爲“茶”字之誤。

仰節堂集卷六

祭　文

祭王心齋先生文

　　於惟先生，崛起海濱。剛果真切，必爲聖人。竟纘斯文，卓哉先覺。不揣愚蒙，謬懷聖學。風靡習積，乍開乍昏。趨蹌祠下，仰止芳芬。虔具牲醴，再拜陳辭。於惟先生，牖之翼之。

祭慕岡年兄文

　　萬曆三十四年五月五日，慕岡先生馮兄既病故百餘日矣。安邑年弟曹于汴銜哀瀝臆，自京寄奠曰：

　　嗚呼！往歲余里居，猶相聞問，譚我出處。今春自家入都，私念當有詢請，每條畫于衷云。三月初，忽聞凶耗，其言詫異，至謂被戕。嘻！豈其妄耶？亟思訪其的，然囁嚅不欲啓口，業不可以奈何，遲一日入余之耳，余猶一日可遣也。間于坐次聞客談，則云謂戕者妄，其物故真。嘻！妄則俱可妄耳，亦置不聽。既而談者多，且其人自泗來，余心覺其真，然竟是傳語，庶幾其猶妄乎？無何，西太至，曰：“朱一鳳以書來訃。”嘻！豈不果真也哉！五內如搗，懸其像，伏而欷歔，尋且時坐其傍，以爲未死。

　　嗚呼！兄與余同年同門，余宦兄之鄰郡，間過兄之草廬，未嘗不質疑炙範，至移晷不能去。近離遠別，亦未嘗不緘言開我，其奧妙余未能臻，然砭余病痛，則沒齒不諼焉。兄之向道極蚤，求道極切，研道極沉，見道極真，體道極實。志躋聖域，慮周天下，月有得而歲有進。其仕于楚，以一身博萬人之命。恬處囹圄，殫思著述，精闡聖祖，晰剖儒禪，乃更大進。滿其造詣，何古之哲人不可雁行者？余得浴化承誨，或亦寡過而毫芒自效，何捐我而去乎？誰與抆我之靡，呼我之瞶，濯我之垢乎？此余所以哭也。嗚呼！生也衛道，豈死而遺？明也憂世，豈幽而忘？不遺不忘，猶有牖余之衷者矣。

明晦北來，相與咨嗟追悼。于其旋也，附以瓣香，哽咽陳辭，告諸柩下。兄其鑒饗！

祭劉朴庵兄文

惟表裏之河山，何崚嶒而澄澈！獨于公乎鍾粹，凛終身之介節。甫弱冠，已躋賢科，校繩樞之貧士而無別。迨五旬，登第于南宮，仍跨蹇西還，而終養高堂之華髮。繼典錢穀，曕不受涅。再入天曹，筐筐謝絕。不矯矯以自彰，而寒冰美玉，俱讓其潔。又喜施與，故恒匱竭。辭主爵之榮如脫遺，蕭然迴故里而秋毫無纖。布袍步隴畝之間，蔬爲餔而水爲啜。野老不識其爲貴人，天下望之如泰山巖崒。忽罹脾疾，荏苒期月。乃自製數金之棺，床頭陳列。及屬纊，猶莞爾微笑，遂成永訣。篋内惟敝衣數事，囊底無金銀之屑。且遺命勿焚楮鏹，蓋不惟清于人間，而亦將清于九天之闕。嗚呼！立懦廉頑之師既遠，誰踵其轍？若公者，豈非超然振世之豪傑？至孝天植，至友軼倫。包羅今古，揮灑辭林。兼精武事，可蕩夷氛。義有可往，奮不顧身。倘竟其用，當有赫奕建樹，而胡遽沉淪？余悲鄉邦之失良友，慨廟堂之殞賢臣，相與聚嘆，雪涕繽紛。若乃門户荒涼，二孤在抱，室幼女孀，而甑且生塵，則又念公之私，而不能不咨嗟愴神。

祭知一張先生年伯文

嗟大道之久暗，紛曲徑之多岐。或真性之不泯，亦日用而罔知。聖不講以爲憂，衆居之而不疑。于齊民乎焉異？愧抱策而吾伊。既成名而拋卷，程與朱其爲誰？文清之居伊邇，草封法座而疇依？惟先生之崛起，仰前修以爲師。或授余以格語，聞空谷之音而歔欷。匪若人之徒與，世道毀而誰持？矧有子以述繼，文烱烱而在兹。挹高風以一奠，神洋洋乎鑒斯。

祭宋正吾公祖文

維萬曆四十三年歲次乙卯，夏六月之十日，安邑曹于汴方伏苫塊，聞參藩正吾先生宋老公祖之訃，爲位而奠，揮泣陳辭曰：

昔歲公起自田間，憲我晋陽，余聞而深用慶焉。非謂金紫之榮足以榮公也，非謂世好之誼足依日月之光也。惟是以世乏真儒，乃無善治，學道一脉，關繫匪淺，而俗鮮志學，恬不爲念；則日覬問學君子易士人之耳目心志，挽之濂洛泗洙，其庶幾化行俗美，天地之心、生民之命可立，三五盛時可復睹也。昔宦淮陰，奉公謦欬，其嗜道甚篤，一別幾二十年，而公之孜孜不厭，有如一日。都門再晤，凝然端定，淵然沉毅，洵足以鵠士人而翼聖真，是以爲吾晋得公賀也。公巾車抵署，輒與同志、當路以興起斯文爲任，將一世利藉，豈直吾晋之一方爲幸哉？公廉于律躬，精于修政。癃然抱恙，則時以將休致示余，而余每股股請留。往歲以賫捧行，僉謂公將不來，而猶竊望其來也。邇時詢北來音耗，或謂行當還任，則甚慰。忽報使者及門，意公必有書到，匆匆啓函，則公子弟訃書也。嗚呼，悲哉！

夫闡揚聖學，作新人士，蒼蒼者天，豈有不願，而何爲奪公之速？殆不可解。常謂人之大不幸在不知學，而貧賤饑寒不與焉。公去而不復呼矒，不復發蒙，不幸者何衆，豈直余一人之不幸哉？居憂抱病，荏苒委頓，僅存喘息，慘慘乾坤，能復堪聞此變耶？公生平無愧，去亦何憾？遺孤雖幼，能世其學，天必有以報公矣。河山遙阻，憑棺未能。無次之辭，聊以寫哀，公其鑒之。

祭鮑中素先生文

嗚呼！弟之得交于公也二十餘年所，每窺公峻潔之操、勁挺之力、高明之識、淹博之學、溫藹之衷，竊依依歸向，暌違旬月，輒慮鄙吝之萌也。或寓邸促膝，或勝地話心，從無一字計官爵升沉、榮祿得失。及互有私囑，惟以維國是、培善類、修職業之兢兢相勖而已矣。

迨壬子冬，弟以無當于世而求去，公亦以人之不容之也而求去，猶于蕭寺送弟行，尋亦南矣。此後天各一方，鱗羽且稀，況望一對顏色乎？當是時，世網甚固，林園亦甚適，蓋皆若將終焉。公曾寄弟字云：“相思之極。”安知無相見時？比庚申，時局復更，弟叨備起數。次年，公亦起，私念固可如約，不則亦可通問。蓋弟猶次且里中，未果于行，乃移書洪桂渚先生，托致意于公，趣公之出。久而乏迴音，則桂渚長去矣。既聞公入朝，乃致書于公，述托洪轉致之意，亦久而乏迴音，則公亦長去矣。嗚呼，痛哉！相繼云亡，如我邦國何？如弟愚昧何？今歲四月十日，弟方入都門，聞公靈柩尚在旅舍，出于望表。自念十二日見朝畢，當赴几筵一哭。及朝罷，僕夫告余云：“靈柩于十一日行矣。”驚怛無措，豈死後隔棺一拜亦不可幾倖耶？嗚呼，痛哉！

公造詣精深，勛猷宏鉅，聲聞流播，恤贈優隆，所謂可死者耶？公昔與陳赤石先生同遺弟書，公去後不三月，赤石亦去，弟竟未獲一面，總令人悽楚。九原相聚，想如平生。眷今外虞內寇，景象如斯，豈以已成別世，遂漠然乎？抑亦念我不世出之聖主亦一慨乎？抑豈無所以啓弟之愚者乎？嗚呼，痛哉！弟從諸冠紳後致束芻矣，悲哀如縷，不能自遏。聊陳不文之誄，再效漬鷄之奠。若謂此遂足以寫哀，則猶未也，公其鑒焉。

祭鄒南皋先生文

天啓壬戌，晤總憲南皋先生於帝城。是年，余忝佐憲，未到任而先生奉旨歸。次年，余亦得告還里，問訊不絕。尋聞先生之訃，愴然驚惻，乃瀝誠爲誄，寄大江之西而奠之曰：

惟去聖之遼邈，嗟正學之荒蕪。不學者固甘厭廢，其學者或意見之斥斥。辟畫地以自隘，遜神妙而逡巡。誤天下亦每出於君子，誰知學術係理亂之根？如有會聖學者，斯萬類之洪鈞。以愚窺於先生，洵度越於等倫。秉聰明之夐絕，艱難歷而體驗真。直徹於未發之秘，日用悉德性之循。安排絀而任天以動，藩籬剖而肫肫其仁。愚曩僅誦其書，頃年乃幸炙之親。辱先生不我棄，若謂可與深論。顧酬應之鞅掌，尚有蓄而未遑盡詢。候南北之分袂，猶賴郵筒而問聞。俄長去之訃至，頓悽切而愴神。嗚呼，悲哉！先生之著述滿世，而高足者能繼其芬。文在茲而未喪，知浩然以還蒼旻。遙寄誄而一奠，擬微悃之藉申。安能揄揚乎高美？聊以見吾學之有遵。

祭張生旭初文

維年月日，師曹某致祭于賢年侄旭初茂才之靈曰：

痛哉，爾之去也！苦哉，余聞爾之去也！前月廿一日，聞爾大變，驚惻不知攸措，然猶不敢信。走使詢訪，瞠目而望其爲訛也。頃之，有的耗。痛哉！苦哉！爾生善人之家，何乃夭死？況死于盜乎？爾恂謹無可招怨，貧乏無可誨盜，何爲死于盜之刃乎？余不自揣，每懷得友，以明此學，蒿目而求者若而年。明穎沉靜如爾者，指不多屈。近者爾以書寄余，欲從事“任”之一字，私心慰藉，不可言喻。今已矣！夫是余之德薄福薄，匪特爾一身之厄也。夫求任道之人，于今世極難耳。未任誰任？既任而復畔者有之。昔余求友而或未得，曾有句云：“天意未終厭，會當愜所思。”或既得之，則云：“吾今可以死。”今日之禍，天厭余也，夫吾豈可以死乎哉？痛哉，爾之去也！苦哉，余遭爾之去也！豈氣運衰薄，不克毓賢俊，辟彼土力之瘠，不能成嘉穀也乎？爾父年高，爾祖母年又高，爾常切切在膺者，將如之何？吁嗟！此爾一家之厄，而厄豈止此乎？余哀爾而不知當何以哀也，余恨戕爾者而不知當何以恨也，余瀝余衷而不知當何以瀝也。痛哉苦哉！復何言哉！

仰節堂集卷七

議

防倭議

爲東封報竣，倭撤無期，乞嚴飭海防，以戒不虞事。

近蒙憲牌會議防倭事宜，職素淺暗，非其人也。雖然，沿海道里之險，夷兵卒船馬之多寡，業嘗畫圖貼説；各營將領之才品，投揭具呈矣。其將之可恃者冀任之，不然者調停之。將得其人，則扼險練兵，造船製器，戰守機宜，俱當聽之，豈不愈於操觚而空談哉？惟是兵寡當增，而增兵又艱於餉，則有司者宜有所處。然江北民力竭矣，增之閭閻，勢不可支；增之商税，商憊已極。近查得廟灣税銀，歲可得五七千，可養兵五百。及議留贓罰，歲可得萬金，可養兵一千。此外無有也。夫增兵千五，所增幾何？況倭訌境土，商旅絶，黎庶困，二項之銀，可隨取隨足乎？則選鄉兵，練壯勇，留班軍，清屯衛，誠計之得者也。而説者猶慮其擾民，未必可用矣，然則增兵亦誠難哉。且淮城之衆，計日而糴，無半月之積，城守不通，潰將自内，所憂乏餉，豈獨披堅荷戈者乎？今日之計，誠無完策矣。

職書生也，幼讀孔孟之書，謂聖賢之道必可行，古人之事必可法。七年蓄艾，未爲遲也；亡羊補牢，不爲晚也。夫古者兵民不分，有事隸伍，無事歸農，即此人也。後世民苦于征役，不能仍爲兵，則兵與民爲二，竭民財以養兵，故民困財盡，不勝其供，故兵亦困。乃今日又有異者。兵之中又分爲二，則衛所之軍與招募之兵是已，何今之爲民者三也？倭醜狂謀，邊陲告警，皇皇無可爲備，逮戎馬逼臨，勢必調客兵以禦之。倭一敵也，客兵又一敵也。幸而成功，死亡過半矣。幅員千里，比屋百萬，似不患無兵，而竟無兵；似不患無餉，而竟無餉。其失有三：官失其職也，民失其所也，政失其實也。

何謂官失其職？國家設官，亦甚備矣，姑不枚舉。辟如官以治農者，所當行阡陌，治溝洫，課耕穫，議牛種，墾荒蕪，教積貯，此外非其職也。官以巡捕者，所當日練兵壯，夜走通衢，重關擊柝，譏察奸宄，緝防盜賊，此外非其職也。尹縣者以縣爲家者也，守郡者以郡爲家者也。佐貳之職，皆其職也。職之内盡與不盡，賞罰行焉，職之外則否。今則農官不知農，捕官不知捕。或賢而賞之，不以其能農能捕也；或不肖而罰之，不以其不農不捕也。推之各職，莫不皆然。彼但役役于奔走簿書，溺其職矣。夫官不必同，無不職在安民者。官失其職，民將焉賴？奈之何不窮且困也？

何謂民失其所？夫今之民，亦大苦矣。積敝相沿，不但苦之者以爲當然，而被苦者亦以爲固然。有苦而知其苦者，有苦而不知其苦者。追徵敲扑，明顯易知者，不暇殫述。樵漁之微，無不隷名于上；糞穢之賤，無不抽税于官。有知一筆一墨之有倚墻以伺者乎？有知一紙一薪之有杜門以竄者乎？有知寸許箸匕之累及畫工乎？有知指許楮花之苦及花匠乎？環向而執役者，誠知其勞，而此人之衣若履若器具，亦知其累及數家乎？一署之内，一日之間，廢生業而愁苦者，不知其幾。況乎四境之遠、蔀屋之衆，亦有臨食而思其饑，舉衣而念其寒者乎？嗟乎！此其間難言矣。天下多急于獲上，而緩于恤下。天下清有司常多而窮鄉官不多，奈之何不窮且困也？

何謂政失其實？夫冉求之志止于足民，實能足民者也；季路之志在于足兵，實能足兵者也。今則不然，上之責有司與有司之自許，似乎無所不能，而究則由、求之賢不多見焉，則政務鋪張，而鮮實效也。辟如保民一册，豈非循良首務哉？今日曰開荒若干，明日曰招撫若干，今日曰修社學幾處，明日曰講鄉約幾次。果開耶招耶？修與講耶？則田野何以不闢？而教化何以不興？無乃飾目前之文具，費一番之公移耳。上以督責行，下以依准應。下不以虛飾爲愧，上不以相欺爲尤。推之年終，諸册大抵類是。上下相蒙，澤不下究，奈之何不窮且困也？夫民方救生不遑，疾視長上，安所徵餉？而又安得藉之爲兵？兵食不足，職是之故。

夫古者天子巡狩，亦于土地田野之間省耕省斂耳。台臺代天巡行，謂宜風勵各官，存恤億姓，斬削繁苛，一意休養。一事而益于民則舉，勿以善小而不爲；一事而損于民則革，勿以惡小而爲之。大約以孟子之田里樹畜，庠序孝弟爲主，而參以時宜，因乎土俗，修政以實，辨官以職，必令家給人足，上下相悦。乃以見行保甲寓以選兵，略倣四時講武，教之戎事，未有不勇且知方者，何慮兵不足哉？

夫居今而言古，涉于迂矣。惟以胞與之風微，故官民秦越；功名之習熾，故真意不流也。請乞台臺闡明聖人之學，以倡有位之士。道在人心，原自未泯，在有所鼓之耳。夫急則治標，緩則治本。今當事急之秋，而卑職爲此緩辭，惟以諸所條議，業皆臚列而陳，故敢以本之說進，否則因仍敝陋，日深一日，會睹此生靈之塗炭矣。

結民心薦奇才議

爲感時激衷，懇乞申飭有司，固結民心以防不虞，併薦奇才以備折衝事。

　　職方患瘧困臥，閱邸報，見朝殿火灾。爲臣子者，只得以天心仁愛爲言。顧一火再火，宮闕爲墟，若以不必然之兆揆之，良可深慮。雖甚不忍言，而亦安得晏然已乎？邇者礦役大興，名山深谷，發掘殆遍。占以《洪範》，主有旱乾之灾。旱則盜起，其禍固不但倭患而已。

　　夫淮陰，南北之咽喉；運道，京師之命脉。無論江南江北，有弄兵潢池者，必不能忘情兹土。且也潁、壽之積盜，通、泰之海賊，睥睨而思逞，豈不可危哉？夫于無事之時爲有事之備，則事舉；及其有事而後圖之，亦已晚矣。夫有司受君之榮，食民之奉，脱一旦有變，此身焉往？又豈容束手待斃，誤天下事，貽萬世笑乎？其途有二：提兵剿賊，反亂爲治，上也。堅城死守，張許争烈，次也。二者非民何賴焉？乃今之有司之于民何如也？只如近行鄉兵一節，豈不甚善？乃多廢閣不行，非不可行也，所以奉行不實耳。夫善變法者，法變而民不知；善得民者，令出而民不違。儻其捐損威重，躬歷閭閻，曉以禍福，約日刻期以示信，舍輿就馬以示勞，挈糗飲水以示不擾，民有不忻然從者乎？此其一端耳。治民者感化在平時，撫養在積久，投醪可以得士，挾纊可以動衆，問疾吊死可以興越滅吳，理勢固然有不爽者。今之有司，以文移簿書爲急務，以催徵搏擊爲風裁。秦越其民，民亦秦越之。家無蓋藏，饑勞不息，風教不行，情意乖忤，非旦夕矣。脱有緩急，此必不濟之數也。

　　伏願台臺特行申飭，俾其大破積習，加意撫字，解其繁苛，課其農桑，勸以蓄貯，作其忠義，倡以勇敢，練其武藝。四境之内，孰饑孰寒，何害何利，夜而思之，晝而圖之。若養赤子，若治家業。不必聲聞，惟求實益。夫父母愛子，豈諄諄然告之耶？而子未有不知者，其精通也。有司愛民如子，民焉有不附者？由是比屋皆兵，民財皆餉。守則有不拔之威，戰則有直前之勇。所謂常勝在我，計無出于此者。蓋百姓之轉移視有司，而有司之轉移又視台臺也。

然此責守令耳。用師之要，先于擇將，得一良將，愈于十萬師，顧非常之賢不可以資格拘。古有築壇拜將而驚三軍者，誠知其人可任重也。今有潁州武生李呈芬者，力能舉重，射能決拾，智能審機。然此猶武弁所易能者，乃其忠信節義，非禮不行，雅慕聖賢，竭赤軍國。聞江西有道學，裹糧求之，得李檞山而師之，篤行不息，此亦今時所僅見者也。夫使貪使詐，不獲已耳。若其不貪不詐而且勇，可不謂豪傑之士哉？伏願台臺召而試之，若其可用，委以一面，必當有所樹立，地方幸甚。

開荒議

前蒙委查州縣開荒事宜，繼閱邸報，則業蒙具題，設專官，增鹽引，以墾荒蕪，行見赤地盡成膏腴，灾黎盡成殷富，誠地方無窮之福也。惟當拱候經理，樂觀厥成。然職奉委行州縣，查報荒田，良久無報者。近有一二來報，殊無多田。問之，則上之人原欲查無主之田，招人開種，而收其穫以充公家之急，本處荒田皆有主，不便報也。此蓋有司不達本指，故此疑慮，然亦不可不申明也。

夫江北荒田為款不同，有人戶見在而荒者，有人戶逃移而荒者。其內又各不同。其見在之戶，或欲耕而不能，則貧農也；或能耕而不為，則惰農也。其逃移之戶，或久無蹤跡，或猶在近處。或里遞族鄰種其田而佃其糧銀，或佃其糧銀而未耕田，或無人可佃而其糧銀全逋。又或有昔沉于水而今出，今沉于水而可望復露；或與河灘湖岸相連而莫辨，或鞠為茂草而鬻薪以為營，或匯為池塘而取魚以自活。且不但民田有荒，而屯田、竈田亦然。諸如此類，其綿亘誠甚廣者。若夫無主之田，官可自耕而自穫者，則海濱所淤、湖波所退、高岡沙鹵等處，固當清丈，募開而收其入。然亦有數，不可拘于此也。

今既奏請皇恩，大行開闢，必當一概經畫，興起農事，賑助之，鼓舞之，招徠之，稽察之。掌印、治農等官，減去騶從，挈帶餱糧，巡行于阡陌之間，群其父老，相其地宜，給牛給種，爲塘爲堰，稻麥隨宜，糧差緩科，務令有利無害。使無業者有業，不耕者勤耕，居者豐足，逃者樂歸，歸者得所。因而建樹社倉，即倉以爲社學，即學以明鄉約，即約而寓講武。且其溝洫經界之中，不特可藉禦侮，而亦可兼治河一事，而數善備焉，豈非根本之上計乎？

若但求無主之田官耕官穫而已，則官與民隔矣。行之而善，倉廩可得豐盈，豈云無補？行之不善，則官戶侵陵，小民失業，皆基于此。宋之公田，豈非明鑑？夫足食以足兵，從古言之。然所謂足食者，豈僅僅令荷戈之士飽食而已乎？伏惟台臺爲久遠之計，造生民之命，必有成畫。伏乞于頒布章程之時，明示群寮以足民之意，將見間閭樂業，親止〔一〕急君，皇圖鞏固矣。

撫虜議

議得撫虜一節，當此尪弱之時，夷患方棘，無論我得虜以爲捍衛，即虜與奴不合，奴有所制而不越虜人犯我，亦爲得算矣，何不可也？第可慮則在撫後耳。誠乘此機會，亟飭内備，于凡選將、練兵、修險、製械、儲粟等項竭蹶圖之，不以虜之款爲倚，而以金繒之供爲恚，汲汲孜孜，曉夜綢繆，務令可以守，可以戰，可以進而規取。能戰守，則非全仗虜力；能進取，則關外之地不終憑虜。我以繩約繫虜，虜不得以揚去嚇我，以增賞尋釁挾我。奴虜交畏，豈不得哉？不然，狃旦夕之安，忽永久之計，戎狄異心，安知不陽在我而陰在奴？安知不擇利之厚者而轉面？抑且久客成主，居然勍敵，西虜、東虜何擇焉？一旦決裂，則今日之撫是自誤也。然窺今日之人情，觀今日之法紀，則撫事一成，其振作之分數少而玩愒之分數多。蓋陷没之後，且恬若安瀾，況有虜足恃，寧不快然逸豫？是必掃除習套，激發忠義，選用真才，嚴加考成。關塞之間，有枕戈洒泣之思；廟堂之上，有嘗膽腐心之意。安内攘外，終必藉之。不則弗見山西之虜款乎？當年王襄毅之議，原謂款後修備，後竟何如？此則後人不遵先議也。顧東事真安危所繫，非山西比，詎可忽諸？

校勘記

〔一〕"止"，四庫本作"上"，據文意，似當從。

尺　牘

與鄒南皋先生

今之學人何多岐也！分析門戶，迴避字樣。昔辯朱、陸，業既無謂；今別薛、王，亦似不必。提起"空""無"等字，不論是非，輒云"此禪此禪"。禪者曰："我不儒，安用禪爲？"儒者曰："我不禪，儒若斯已乎！"邇言至善，何必吹疵妙論？市童吾師，安可彈駁先賢？見門戶，見知解，亦必見我而不覺也。遂令同世同生有許多不欲見之人、不欲見之事、不欲見之書、不欲窮之理。未免狹而不廣，偏而不全，滯而不透，支而不根。是以畛域多，情懷淡，戈矛起。同室且爾，況能狄人吾人、禽命吾命、草生吾生乎哉？然不能狄人吾人、禽命吾命、草生吾生，必不能同室相愛。非不愛也，不能滿也。我塞乎中，其餘能幾？于今不攘夷狄乎？狄人吾人，而愛吾人者，無所不用其極矣。攘之安之，亦無所不用其極矣。辟彼流水，原頭之浚，支派之防必有分，四海之放必有由也。可僅曰"彼猖狂自恣，決去藩籬，吾但固我藩籬而已，安問藩籬外事"？然吾儒藩籬不與天同大哉？何可懲噎而廢食也？某於道無窺，私心竊疑，敢質之老先生，乞明顯開示，仍示進學入道之方。可勝冒昧引望之至。

答李贊宇

楊止庵之疏，厭士人之宗羅近溪，而深闢佛老以維吾儒，甚嘉意也。近溪之學亦有所得，而不無壙洋，其徒宗其所得足矣，而并譽其所失以爲是則誤矣。止庵摘其失而不録其得，則其徒將不服。大抵理一而已矣，而異者異之。老異於佛，佛異於老，佛老異于儒，而儒之中有蒼素、雲泥不同者。惟善學，則視市井小兒之言與孔子合符，何論二氏？第有詫異其行，泥滯其辭，談無相而反有其相，甚至削髮面壁合掌者，謂色即空，而又欲離一切色，甚至絶棄名教，離父母、親戚者，其流多弊，則彼固自異矣，亦安得不異之？夫反之心而然，推之千萬人之心而同然，不問其出於何氏，無不可爲訓者。反之心而不然，推之千萬人之心而不然，亦不問其出于何氏，無可爲訓者。若絶棄名教，無禮樂綱常，此則吾之心不然，人之心亦不然。空于渣滓邪穢，而不空于綱常倫理，此必人己之心皆然者，學者可知所從事矣。疏内"尚行""尚言"之分，及謂不當任情執見、賄賂干請、黨同伐異，則確然之論，世教所賴不淺。使者催報，卒卒答附以復。惟年兄高見邃詣，自有定論，幸乞指教。

又答李贊宇

夫道無之，非是無人弗足講學以明道也。士農工賈皆學道之人，漁牧耕讀皆學道之事。隆古無講學之名，其人皆學，故無名也。國家以文學取士，天下學校無慮千百，章縫之士無慮萬億，蓋令其日講所謂"時習"，所謂"孝弟"，所謂"性命""仁義"，而以淑其身，待天下之用也。乃人心不古，遂有口耳活套，掇拾粉飾，以爲出身之媒。師以是教，上以是取，恬不爲異，非其質矣，而于立身行政毫無干涉。于是君子厭薄其所爲，而聚徒講道，人遂以道學目之。若以爲另是一種，豈不惑哉？

然講學之中亦或有言然而行不然，而藉是以干貴人、捷仕徑者，而其名爲道學也，是有口耳活套之實而更美其名，人誰能甘之？則群起而相攻，而講者益寡，道益晦矣。大抵所學出於實，則必暗然自修，不論大節細行，一一不肯放過，雖力量不同，未必盡無疵，而不自文以誤人也。所學出於名，則有張大其門面，而于其生平未純處亦曲爲言説，而謂其爲道。夫夷之"隘"不害其清，惠之"不恭"不害其和，然亦何必曰"此隘"、"此不恭"，正道之所在，而陋孔子于下風乎？羅近溪逢人問道，透徹心體，豈不可尚？而闊略處亦誠其病，乃學者得其闊略以爲可便其私也。而或多不覊，誠有如止庵疏所謂"賄賂干請""任情執見"等説，是其坐女子于懷而亂之，而猶侈然薄魯男子不爲也而可乎？但今因止庵之疏而遂禁其講，是因噎廢食。夫此學乃乾坤所由不毀，何可一日廢也？似更當推廣，而俾千百學校、億萬章縫無不講，以及農工商賈無不講才是。而其機則自上鼓之，若得復辟召之典，羅致四方道學，做程子學校之議，布之天下，以主道教於一切鄉學、社學之眾，漸次開發，而申飭有位之士，以興學明道爲先圖，其學則以躬行實踐爲主，隨其人之根基，引之入道，或直與天通，或以人合天，或直臻悟境，或以修求悟。夫天人合一，修悟非二。舍天而言人，舍悟而言修，則淺矣。近時學者知皆及此，然言天矣，而人尚未盡；言悟矣，而修且未能。世豈有能致中而不能致和，能正心而不能修身者哉？則不可不戒也。大抵果能合天，則必益盡其人事；果能真悟，則必益盡其真修。堯、舜、文王、孔子何人也？而兢兢業業，望道未見，徙義改過，蓋没齒以之也。

弟淺陋，不能窺道毫毛，其於所謂人，所謂修，百孔千瘡，故謬陳如此，蓋就弟根基云爾，非所論大識見、大造詣者也。惟年兄辱教之，萬幸萬幸！

答盧生守恭

遠承手教，深感相念不忘也。細讀佳詩，更窺研究之力，恨不得會聚商之。生慮淺昧，無以相發明，乃以原札致諸馮慕岡年兄，蒙其往復訂正，今俱錄奉閱，幸與同志裁思，仍牖我之愚也。祝祝！

慕岡第一書并詩云："讀盧生三教詩，有感而賦：'曾向三家遍問津，一源分派若燕秦。到頭誰復論同異，發軔先須識主賓。好爲商王嗟故國，何妨周室數頑民。千花共樹憑君賞，李放桃枝豈是真？'盧生諸什具見雅志，但三家宗同教異，學者自孔門入則經世有用，自仙、釋入恐未得其精，先得其脫略，故當辨之。佛書云：'桃樹上不開李花。'安有混爲一之理？然誦帖括，學干祿，孔氏之異端也，又不若二氏近理矣。學孔惟'明明德於天下'，自有終身不能盡者。今俗學未見孔面，無惑乎雜二氏也。二氏好處，乃孔家明德半面耳。但識主賓，不妨博采。惟老公祖教之。"不類答書云："細玩'主賓'之説，足爲指南，不致眩他岐矣。但此當遠寄盧生，尚有可剖析者。桃樹不開李花，是矣。然由老之虛，由佛之無，不可經世乎？夫惟其爲桃，故不能李。吾不爲桃爲李，何花不開？孔子者，非桃非李者也。楊子'爲我'，故不'兼愛'；墨子'兼愛'，故不'爲我'。豈知能愛者方爲'爲我'，能'爲我'方爲真愛？彼其有所舉，有所廢耳。俗學未見孔面，信然信然！顧崇梵修以僥福利，藉清空以排俗情，侈高遠以便疏縱，此豈見佛面、老面者耶？破鏡非鏡，明德有半面乎？文成公曰：'三教所差，毫髮耳。'毫髮則千里也。其差安在？惟年兄指示。弟與盧生共賴發蒙不盡。"

慕岡第二書云："辱教甚深，殊用惕然。思省昨詩及啓，殊草草不暢，謹述近日意見，台臺細斧正之。或問：'老、佛虛無，與吾儒同異？'王龍溪曰：'文成公有言，老氏説到"虛"，聖人豈得於虛上加得一毫"實"？佛氏説到"無"，聖人豈能於無上加得一毫"有"？老氏從養生上來，佛氏從出離生死上來，却在本體上加了些子意思，便不是他"虛""無"的本色。吾人今日未用屑屑在二氏身分上辨別同異，先須理會吾儒本宗，明白二氏毫釐，始可得而辨耳。'京思從養生來者，乃老氏恐人不向道，始借長生引人即道。《家規》中《指南序》亦曰：示人迴光返照，一法耳。出離輪迴，亦佛引人向道之意。至虛、無本色，老、佛却得之深，原未嘗加了些子意思。此與孔子原自無別，即陽明此段議論，猶是救學者，非出本心秘語。語因人變化，各有當也。陽明所得，全自六祖來。彼看到源頭處，原無毫釐之差。然如此説者，爲學佛、老而念頭少差者言，非正指厥教主而言也。如此則京可無説於盧生矣。京所爭者，不在三家之心宗，而在三家之教門。呂東萊曰：'吾儒未嘗言空，而空行乎其中。'空行乎其中，乃心宗之同也；未嘗言空，乃教門之異也。孔子曰：'中人以上可以語上，以下則不可。'佛、老專語上者也，孔子不爲也。天下惟中人最多，中人之學，每每不得其精微，先得其形似。且就中人所得之形似較之，學佛、老者先謝事遠塵矣，學孔子者先謹九容、明五倫矣。謝事遠塵之人，君親不得其奔走之力；而九容謹，五倫明，即次賢拘格式。下士假名義，猶有勞於君親，有利於民物也。惟上智之士，或由一而貫萬，或自博而趨約，千溪萬徑皆可適國，不見孔教之爲獨優，二氏之爲獨偏。然上智世不一二，即王龍溪在陽明弟子中最稱利根，受圓通之教之益而不無圓通之害。向使束於孔教，致謹乎禮，所成就當不止此。而後學觀化，當不至侈高遠以便疏縱，如今日諸士所爲也。自佛入中國，有竹林諸賢以蕩晉室，有梁武、宋徽諸君以蕩列朝，五帝三王制禮作樂以範圍天下之法一切解脫，至於今禮壞樂崩，古禮不復，古樂不作，其害不可勝嘆。佛氏有三千威儀，八萬細行，豈其不才如此？惟彼西番原無中國文物，學者一入其教，不覺變而爲夷。假有童子於此，教之曰手容恭，足容重，目容端，頭容直，彼立乎吾前，儼然正人矣。教之曰冬溫夏清，昏定晨省，彼承事親側，藹然孝子矣。孔子之教，豈不萬萬賢於佛、老哉？京所爭者，入門之塗而已。且如今乾坤何等時哉？其下者瘠百姓以肥己，是三教之罪人矣。其賢者或拘孔子格式，則夙夜在公，履繩蹈矩，省察克治，此禪家不以爲上乘，而實社稷之柱石也。或入佛、老窠臼，則通晝夜而惺惺，齊人我而平等，非不光明廣大，然問之以朝廷之典章，多所未諳；問之以將吏之臧否，多所未究。隨波逐流，認爲無碍。愛國勤民，認爲有著。即千歲不化，於國何益哉？此皆從末流受敝之輕重，以較最初立教之優劣，寧爲孔不爲二氏也。莊子笑孔子，取'已陳芻狗'教天下，此正孔子苦心立教處，故曰'民可使由之，不可使知之'。不可者，非不能也，早使之知，恐彼猖狂自恣矣。子夏教人灑掃應對，正下學上達法門。種桃而桃，種李而李，不爲桃不爲李而無所不可爲，所謂有始有卒者，其惟聖人乎？聖人則忘言，匪直不言同異矣。望老公祖批駁數次，開京恍惚之見，示之至當之論，幸甚！"不類答書云："承教詳論三氏宗同教異，并二氏流弊及儒教之益，自是確論。但教生於宗者也，宗同矣，而教何以異？文成謂'毫髮之差'，固爲學者。然既謂之'差'，亦豈無説？夫孔子根枝全樹，而二氏據其根者也；孔子出世以經世，而二氏出世者也。枝不在根之外，經世不在出世之外，安得謂之'差'？然根也而無枝，出世也而無經世，安得無'差'？三教之説，不知起自何人。夫道語其異，不啻千萬，故孔子之門，自分四科，何止於三？語其同，亦一而已矣，故途人之言無異孔子，何得有'三'？教而至於三也，吾儒之罪也。譬彼文武，原非兩途。兩途之分也，文官之罪也。又譬之漢高御宇，一統中華；昭烈偏安，乃成鼎足。夫《論語》二十篇，言言仁、命，而記者曰'罕言'，此言出而根與枝、出世與經世始分矣。

夫道家長生，而吾儒豈愛速死？佛家出生死，而吾儒豈宜沾滯？避禪者，如主翁私財，自棄各房之物，不敢道一‘空’字。溺禪者，又若蕩子出逃，仇視故土，不肯道一‘實’字：俱執一之害也。子夏教門人‘灑掃應對’，本自不差，但‘下學上達’，孔子一口全道，而小子、聖人商費分別，子游能不疑乎？竊謂真老、真佛生於今日，果行其教，自當不外於吾儒。彼不可以‘可道’‘可名’自偏，以‘空’而‘不色’自偏也。真孔子生於今日，必謹容明倫，亦必一切解脫，所謂大莫載，小莫破，庸德庸行，無聲無臭，一以貫之也。以此爲宗，以此爲教，何如？夫宗二氏者，其心何心也？合三教者，其心亦何心也？不可不察也。夷之合墨、儒，而孟子亦不許，則三教可易言合哉？此尚望年兄細教，以裨益生與盧生也。”

慕岡第三書云：“來教云，真老、真佛生於今日，果行其教，自當不外於吾儒。真孔子生於今日，必謹容明倫，亦必一切解脫。教而至於三也，吾儒之罪也。斯至言矣，無容復贅。敬謝教，惟日體認之而已。”不類答書云：“昨侈口而談，覿年兄砭正之也，承諭甚愧。夫論上見上，容易墮落，人故實體之爲難。‘體認’二字，敬佩謝，并望督誨。不一。”

與譚生大禮等兩會

惟天下治亂，係之風俗；風俗美惡，係之教化。風俗不教不善，教化不講不行，故不佞每懷教士民而不能也。幸多賢之識明足以明此教，志定足以永此教，心仁足以廣此教，乃得興起雅會，一講先聖之學，而就中啓發不佞者實多且巨，能不感乎？仍望終相匡扶，俾不隕墜，則厚幸矣。

前時承同節手翰，謂致書梁盛陽，辯《共發編》語。呵呵！陽明之良知，甘泉之體認，大君子之言，世之辨[一]者尚未息喙。

我輩區區，曾不出先賢之唾棄，乃至相辯耶？令大方聞之，當絕倒矣。再勿乃爾。又致疑於"看喜怒哀樂未發氣象"，謂"看未發之氣象於已發"，此以事證心之意，所見亦是。然所謂"看未發"者，原非分爲兩截事，第令人考其原頭耳。得其原頭，豈與支流爲二乎？即如未發，本無喜，本無怒，而有所喜怒也何爲？故有所非和，即非中也。無心爲中，乃爲和也。心不可以有無言，則未發、已發自非兩氣象，但求之已發，不如求之於未發爲得其要領也。且其語氣原自明顯，曰"未發之謂中"，看未發作何氣象，欲人識得中而已矣。

近不佞對李松廳座師論靜書語頗類此，今錄商之。李座師來書云："學問落腳工夫，自止靜中得之。先儒所謂'看未發時氣象'與'靜中養出端倪'者，似落第二義。"不佞報書云："夫靜者萬化之根也。終日視而目常靜，終日言而口常靜，乾行不息而天常靜，酬酢萬變而心常靜，是即《中庸》所謂'中'。孔子所以無'意、必、固、我'，孟子所以'不動心'，率是物也。周子得之，故曰'聖人主靜'。'靜'之一語，豈啻落腳工夫？究竟當不越此。延平、白沙所謂'靜中則以時言'，非靜根之靜也。然所謂'觀未發氣象'者，亦謂中之體。靜本無喜怒，本無哀樂，故雖終日喜怒哀樂，而不以我。是謂'動不離靜，和不離中'，則未發、已發，豈二氣象哉？所謂'養出端倪'者，亦謂收攝精神，靜根萌見，乃可以披露全體，復還大始。顧端倪全體，自非兩截也。二儒之說，似因擾擾塵喧者心常紛亂，故令其靜中體認本真耳云云。"同節尚與諸賢裁思，當有以教我。會中近時人數及有無進益，俱寄字以慰懸望。諸友一一道意，并致秦州王子。不盡。

復賈泰巖

前承老年丈大教，俱近裹着己之談，年來僅聞此耳，謹拜謝。弟竊睹講學者研注腳之纖毫，辯門户之同異，高入無際，深入無極，語竟日不了，及對景實行，又大謬不然者，竊惑之，嗫不敢發聲。承老年丈教言，乃知道學自有在也。弟亦竊謂學不在高遠，即若《論語》中自頭一句起，但行得一句，生平之事畢矣。又不然，但任心以行，心所羞恥者不為，生平之事畢矣。老年丈以為然否？弟為有司，日貿貿風塵中，尚有可羞可恥之事，或忍心為之。假若查盤處，或據人虛文以了前件，又或奉上司命令，那移月日，實憧憧不寧。不知老年丈當此作何如處。將徑情直行，毫不假借耶？抑委曲遷就，以為此小節不足拘泥耶？夫"枉尺直尋"，亦委曲之流弊耳。一字不實，將不謂之枉其心乎？幸惟老年丈賜教。顧年兄過淮，命弟致書老年丈，附言請教，惟垂示。不一。

復馮慕岡

湖廣用武之地，西連蜀番，多土司；北連河陝，多游民；東並江西，有陳友諒之遺孽，有鄱陽湖之群盜。中原有事，此亦喫緊處也。年兄分巡，則當逐地巡行，考察官吏，上城操練，與按臺一體。江北惟帶溪曲公。如此，弟以為得體。然必獎率府州縣，實心為民，事事修舉，僅巡行以考其成而已，則學校、倉庾、阡陌、孤貧、鄉約，無不在所巡之中。然跟隨官吏，人食二雞子，百姓亦將椎骨，故省事之為急也。嘗謂古人省事，今人多事，古天子巡狩，今按臺不能徧巡，則亦民之苦繁苛也。弟愚不能裨益，遵原札登答於後，外具《興革録》二册奉覽。此有司事與風憲不同，然有司一切收放買辦、掛搭濫稅，殘害之弊，略載一二，亦所當知而類推也。諸容面悉。

事上。有依阿者，有徑情者。依阿者固不足論，其徑情亦無以濟事。必也正而和，直而敬，其庶乎。

接下。有崖岸者，情意不通；有扶同者，法紀不肅。有辭怨辭難而俾下官任之者，有炎涼其態而俾鄉貢奪氣者，有囁嚅含糊而俾人揣摩者：俱積習之害也。則正大光明，方嚴真懇而已矣。其吏快各役，則最難以息其奸。聞其良，則亦不假以權，不憑其言。文書經目，事干陵人賣法者，必罪己耳。

練兵。兵無實數，士無實藝，操無實益，非旦夕矣。必以漸整刷之，設法點查，間取比試。弟曾於操畢收營之際，人給一帖，遂查出空名數百。又嘗於過堂之時忽試數人，遂得其不能之實。又嘗欲令衆兵出城百十里，演埋伏及丘陵、水澤之陣。若常如此，庶可一變。然激勵將官，則其本也。隆其體貌，不折辱之；嚴其法令，不姑息之。

製器修城。製器價多則委官剋落，少則器不精。然雖少亦剋，修城亦然，俱委官大利益也。嘗見費銀萬千，毫不足藉，則亦不躬不親，不如其家事，可恨之甚。儻貶其威重，親臨省試，當不至此。至於收藏弓矢，堆積濕地；刀銃鐵蝕，不加揩磨；累沙泥以增濠，沙墜而濠復平；城垣小壞不修，久乃大估；十金買馬，忽稱老瘦，變價不及一二金。有實政者，自不如是。

弭盜。民饑寒乃爲盜，此不俟論。然使縣捕官巡其一縣，府捕官總巡之，盜何從生？今則捕官不出庭户，兵壯高卧其家，盜之縱橫，何怪其然？江北河下，弟曾具哨船，設兵巡邏，鼓炮相聞，惜乎其無實行也。保甲之法甚善，然非良有司行之，有機[二]增一番擾耳。至於囹圄，近亦弛玩，不可不謹也。

息訟。刁民之誣告也，明知其不能直，特欲牽害耳。若被告不至於害，彼何利而爲之？其被告之害，則追呼之擾也，婦女之出也，歲月之延也，貪污之取也。其良有司自不至此。弟常不問人罪，人亦少告狀。久則狀辭不文，問之，其訟師行矣。誣告必反坐，此正條也。然准狀既多，則不勝其反，故少准之爲優也。

大抵教行則訟夫愧，爲人上之責也。

賢否。賢否最不易知，勢必假於人，此人非賢者不肯言，其言亦不實，則識拔賢者，開誠以問之可也。大抵有司之才能一露於言動，再露於辭詳。吾再或背審告狀等人以探之，詢於有行之鄉紳，參諸各官之評揭，亦自有難揜者。然知之不若教之，其教之法，則善言勉諭，設法查考，使之不肯爲惡，不敢爲惡可也。褚愛老以辭詳觀有司，劉晋老雖小官必與言，俱可法也。

復蘇弼垣

承命開赴任太守事宜，謹據見聞，謬列上呈，惟年丈裁奪。

一、同僚差人下書迎接，發迴書，有禮則收之。

一、州縣差人迎接送禮，其禮發迴不收。或發一迴帖，加副啓；或以無大封筒，但發批。若有順人，發一票，免接免送禮，更便。其舊規應用夫馬，不在此論。

一、接到人夫，酌量留者留，先發者先發，命吏房開一切見上、接下、待士夫各儀注，仍須審問，慮其或不確也。

一、入境，即係屬縣亦不行香、講書，以未到任也。其縣官既見過，免其赴府參謁。

一、凡將見境內一切院道部將領等衙門，俱細問舊規。

一、到任畢，即命遠來州縣迴，免其伺候行香，仍分付勵精相成、省約相諒之意。或仍令候行香，亦可。

一、開示門牌，查取舊案，參以意見。及曉諭屬官吏書及下民等告示，斟酌行之，其馬票另刻。

一、一切賀禮不收，其同僚公下程收之，其贄禮酌換答之。

一、初政寧緩勿急，寧細勿疏。

一、遇左右以嚴肅爲主。

一、清查未完，以後時時留意，總置一簿。

一、投上司公文必過目，雖下程等項亦間一視。

一、待同僚屬吏，不論科貢，俱一律。

一、革弊以漸。

一、清免一切繁事，勿以事小而忽之，辟如投結狀之類，何益？

一、衙門令嚴靜，其倉庫、牢獄、養濟院等有關係者，俱一閱。

一、士夫投書囑托，勿曲徇，勿峻絕。

一、非甚緊急，不差人下州縣。

一、優禮過客。

一、一切以便民為主，初到必多勸化，懇惻言語，亦間行威嚴。

一、一切以速為貴，其勿忙旁午之中，留心防欺。

一、屬官，於言動得其近似，公移得其大概，密訪民情，當無逃者。

一、屬官賀節預免。

一、各縣政事不必一律，在合時宜。

一、上下之間，情法兼盡。

一、天平、法馬等秤、各門鎖鑰，間一看驗。

一、鄉里可見者方見，不則辭之。

一、但遇士夫有識者，及民間父老，即問民疾苦，求所以蘇之。

上劉晉川先生

前承台臺大教，歸而體究，惛惛無進，祇覺多過耳。今開款請教，惟乞垂示，可勝傾仰之至！

一、研究道理，費一番思索，或稍露端緒，而此夜夢寐反不安，果思索非乎？亦所露僅成見解，終非知體耳。如何而可？

一、是非毀譽到前，每凝定以處之，以冀不動。然兩腋傍、兩耳根津津氣上，則氣自動矣。此時欲收攝，已成强制矣。如何而可？

一、行取報到，不作張皇喜態，然思之非也。賢才向用，何分人己？因取我而作漠然之狀，是有我也。何不以人視我？則其態出於做作，非中節之情矣。如何而可？

一、嘗見途次搢紳以夾板運書籍，示人以非貨也。斯不流於好名乎？若徑以箱籠運之，連綿多扛，愚人謂是金是玉，恐隱微之間，亦不能勝也。如何而可？

簡劉朴庵

馬少軒兄天分敻絕，生平無誑言，無愁色，無機心，其五內坦坦外露。少有志伊傅、周召之業，復欲窮濂洛、關閩之學，其下者亦欲追韓、范、富、歐，藉令得聖人爲之依歸，所就當不可量。乃弟先其一科登榜，君易衣同其弟入宴，觀盛事，忘其我矣。既與諸弟析[三]爨，少所取，則筮仕廣文，爲祿仕計。弟子員遇汴於京邸，嘖嘖嘆服不容口，教化可知矣。既成進士，偶以假寐，候其座主獨遲，同事者教以托辭，則笑而謝之，竟[四]直述假寐狀，座主異之。居常慨然，思有所建樹於世。天不假年，何哉？至今縉紳有問汴之良友，必屈指少軒，不能以既死而忘之，誠重之也。憶數年前，談海內高士者，晋中少軒、朴庵，山東李惟青。今少軒、惟青乃俱去，傷哉！然則銘少軒之墓者，非朴庵，其誰焉？

復瞿慕川

于汴最庸陋，然聞海內高賢，則精神歸往，不能遏止。或不蒙棄斥，立之宇下，得承一二聲欬，則喜躍以爲不世之遭也。向者江右之役，李檥山先生顧我於棘院，繼謁張斗津先生、朱守約先生於其廬。已而陟匡廬，讀陽明先生遺咏；遊白鹿洞，想朱、陸二先生之高致。既過大江，肅謁先生，而閽者不我拒，而道駕復枉顧於寓邸，纏纏深談，細入無垠，博極無際。于汴數年傾仰，一旦躬逢，顧不快哉！別後，拜闕里廟墓，登泰岱，萬山撮土耳。觀日之出，奇狀難喻。昔人云死生猶晝夜，世人未知深信，儻於日觀峰頭指點，便自親切。以上俱兹役所獲，奉告以自慶云。

尊諭當大興教化，誠然誠然！世道非教化，何所不至哉？張方伯凤聞其人，陳令尹幸一晤接，史直指雅重先生，固當爾爾。敬義堂扁，向者鄒茂才相約渠至南都，徑求善書者書之，即列敝銜寄上，何渠猶未就也？《禮樂考序》，當托周郁野寄奉請教。尊體既違和，馮兄之吊可緩，勞困跋涉，亦非馮兄意也。陳君迴任，正值計客紛集，匆冗之際，草率報候，伏望垂鑒。

校勘記

〔一〕"辨"，四庫本作"辯"。

〔二〕"有機"，四庫本作"亦祇"，據文意，當從。

〔三〕"析"，原作"柝"，據四庫本改。

〔四〕"竟"，原作"競"，據四庫本改。

仰節堂集卷九

尺　牘

復馮慕岡

　　承手教，示以知人之方及州縣賢者，敬謝指示。河淮大工，人力已用什七八，淮口清〔一〕黃頓分，壽伍之間無水，亦明效也。乃貴鄉猶有遺議，至畫《積水圖》以動觀者，謂祖陵之水未消，高堰猶然爲梗也。此其見稍偏。淮揚之人折之曰：“彼援祖陵爲辭耳。”此其見亦偏。泗人不以祖陵爲言，誰問泗者？淮、揚之言不信於盱、泗，疑其偏也。盱、泗之言不信于淮、揚，亦疑其偏也。故君子大公無我，泗人、淮人何異焉？然則高堰可拆乎？曰拆則不利於淮、揚，亦不利於盱、泗；不拆則遺害於盱、泗，亦遺害於淮、揚。何也？巨浸茫茫，一旦決之，淮、揚且爲壑，淮水南行，失其故道，清口將爲陵，運道中隔，入海入江無途，則壅緩如故，豈有加於清口之宣洩哉？此所謂拆之兩不利也。堰障而水聚，泗、盱實受其禍；川壅而潰，淮禍更慘。此所謂不拆兩遺害也。爲今之計，則有料理黃壩新河，加堤防決，俾不壅淤，永成順流；歲鬮清口，盡此積沙而後已。去年鬮七十丈矣，多多益善，他日淮水將不及高堰之下，焉能爲有亡哉？大抵淮黃至此，俱稱尾閭，而顧此顧彼，關係重大，誠難爲力。當事者當無忘今之大工，不則無以勵人心而集群力。諸有司當不以爲勞，而益用劭勸，若治其家積水，然則事濟矣。其相機相地營度事宜，在主者爲之。又新河下流有數決口，聞所決籍家河，深闊可以成渠下海，不妨因而順之。但期於水之有歸，在此猶在彼耳。他如蕭豐之上，黃水出黃堌者十之六七，徐、呂之間淺且膠舟，儻一旦全徙，運道不通，且逼近祖陵肘腋，不可不慮，此亦一喫緊事也。弟今寓徐，老年丈何日可至？容一晤請益也。

復馮憲卿

泰州爲心齋先生之里，遺風未央。唐先生闡其教，王生繩其武，以門下之英穎遊其地，與諸賢相切劘，千古事業，端在此矣。近得同節書，舉門下所謂“無天無人自在”之說相質正。夫此實太虛本體，顧實際何如耳。得今翰，乃知有爲而發。門下固求實際者，非茫茫空蕩者比矣。“根心”之説亦是此意，誠得學問頭腦。孟子曰：“根於心，施於四體。”四體不喻，心於何有？故曰：“一正百正，百正一正。”一亦心也，百亦心也。門下與同節探討精進，其謂之何？承教。高、趙、葉、丁、梁、潘、王等及令弟諸友力學，可喜可羨，世教當終賴之。惟一一致意，并致意唐先生及王生。不佞孤陋荒廢，幸相扶持。不盡。

簡晉柏陽

春闈後，讀老年丈佳卷，謂當九萬圖南也。不意仍遲一科，天所以厚其詣、大其發也。然在兄在弟，亦何殊異哉？朝廷用士，將以勞之。辟如一大擔，長兄先荷之，弟且就逸，然終有一勞耳。聞年丈發憤益力，更卜遠到，但不知所學者博一進士而已耶？士爲秀才，則忘其爲童生，不知秀才之榮也。爲春元，則忘其爲秀才，不知春元之榮也。爲進士亦然，科名到手，便成見在，種種責任，方費料理。君王如天，兆民如嬰，國事如毛，小人如鬼，衆口如酷吏，青史如地獄，豐勛宏聲，言何容易！不爲之，奚取爾也？弟爲窮秀才，食粗醉濁殊無苦。一行作吏，卑卑無樹，居常點檢，汗顏欲淚，髪髭爲白，則不學無術，不預之過也。年丈燈窗多暇，早備爲妙。弟辱知愛，乃瑣談若是，然亦知年丈他日不至如弟之不預也。諸惟鑒炤。二兄、四兄致意，不一。

復潘生以忠

韓侯解入刻，足慰千古，乃不佞荒言亦附不朽，幸甚，愧甚！門下主張會事，條理精詳，更用羨藉。士君子達則行道濟時，處則明學善俗，莫非政也。《書》曰："敬敷五教，在寬。"寬則涵之以養，需之以漸，造之以器。無大無小，使其樂爲之，日遷善而不自知。然有身教，有言教。身教者，樹之以表，先之以勞，使其觀感而自化；言教者，呼其瞳，發其矇，警其怠，鼓其奮。彼方銳於善，不妨以直；彼若苦於教，不妨以婉。諱其過，使其可改；揚其善，使其更進。大要於事親、從兄、親戚、朋友、飲食、衣服、耕讀、交易、行坐、言笑之間，不背天理而止矣。語云"教亦多術"，又曰"成物以智"，孟子"好貨""好色"之對，最善成物者也。孔子以"無違"告樊遲，以"鳴鼓而攻"命小子，成物不倦者也。諸惟類推，不佞拭目以觀化成之美矣。會中不暇一一，惟遍致意爲望。

簡譚同節

元友到，得手札，欲卜諸夢寐。夢而不夢，及欲念念通人，以驗息息在道，俱高邃之思也。然不佞竊謂夢可卜也，可俟也，不可爲也，工夫自在夢前耳。念念通人，亦可卜也，可俟也，不可爲也。修道如決淤，淤盡而萬川匯一。不淤之決而欲通衆流，此海若之所笑也。故曰："剖破藩籬即大家。"工夫在爲大家之前耳。才覺通人，便屬爾我，此豈可措手哉？冒謬之談，無足采録，但不可虚遠問乃爾。不佞不學作詩，然或自病自呻，遂成小語，無足觀也。《洙泗考略》轉致一儒者，其言亦有異同，然人各有見，亦未爲碍，候全刻再與之議。惟鑒。

復鮑君傑

賢友以上乘相問，甚嘉意也。一向布施濟人，而上乘即在此中，不在此外。但自思量，其一切布施有望報之心否？要人知而稱譽之否？其或人不知，人不感，亦懊悔否？行此善事，亦頗自負否？及見人，有德色否？有一於此，雖罄産濟人，亦落最下。若無此等心，便是最上乘也。又施財亦須分辨，有厚薄，有緩急。其中當施不當施，當多當寡，俱有天然之則。若合於此，雖不施亦爲上乘；若不合於此，雖罄産與人亦落最下。惟君傑講求體認之"新堤建閘"，極妙。得會簿，見會會有人，不佞喜不自勝，此諸賢維持之力也。不盡。

復譚同節

遠辱佳詩，又相質疑，幸感幸感！不佞慮紕謬之見無以相發也，乃以來翰求馮年兄慕岡答之，今具於後。馮兄之意，大抵謂近時學問，非以舉業規名利，則習禪圖自在，二者俱非也。學者惟從事五經六藝，實體實用，乃爲聖學。惟同節共諸友留心體貼可也。《共發語》向承梁子晋及李明晦俱有批竄，待從容商量削正，前囑勿傳布者，正謂此耳。貴鄉少雨可慮，會中不皇一一，惟致意。

來問云："葉中興言：'性體常定，不因怒遷，不因過貳。'梁兆明言：'怒即是性，過即是性。'云云。"慕岡曰："怒能觀理，故不遷；過能復善，故不貳過。即性謬矣，不因過貳，亦無必復於無過之意。習禪説，談本體，與好學不相應。"

來問云："大禮兩會梁兆明於祠下，明曰：'昨會子似色喜，今似色愠，何也？'禮曰：'窺及當下即了，不覺喜；恐終身不了，不覺愠。'云云。"慕岡曰："終身無日無當下了，當下盡之矣。或喜或愠，乃所值不同。當下順應，應之得宜，乃謂之了。空蕩非了手。"

來問云："馮世明自泰回，謂予：'近月以來，只覺自在，無天無人。無有爲而爲，無無爲而爲。'大禮曰：'名利心不可有，爲國爲民心不可無。不可有，要做聖人之心，須做此不要聖人之心。'云云。"慕岡曰："喜自在便是禪病，常戒慎方是聖學。一日十二時中，宜動則動，宜止則止，宜語則語，宜默則默，皆出乎自然。如賊至則剿除之，賊不至相安無事。'有''無'兩字皆下不得，'要'、'不要'皆説不得。"

來問云："江準言：'性無生死，能生死一切。'大禮曰：'性何生何死？何是非成敗？而世有以此對待者，人爲之也。識神所蘊，而性體初無之也。'云云。"慕岡曰："性渾然自有條理，對待非人爲也。識神即性，不可看體、用爲兩。"

來問云："趙有年謂：'人之學，晝觀妻子，夜卜夢寐。'大禮曰：'夢乃識神，非性真也。本性真體，無夢也。禮每悚惕於此，旦必告天，冀上天之天開聰明之天。'云云。"慕岡曰："動靜云爲，只循天理，則妻子自化，夢寐自靈。必欲分別識與性，却是痴人説夢。扇搖則有風，扇大則風大，風非扇有乎？知扇則知性，何必苦苦求上天？要了生死，即是妄想。妄想，陋識也。"

來問云："鮑越謂：'我一生作功德事，聞此外有上乘工夫。'"大禮曰："'根在性命，則爲上乘。世人勦古人塵言，寶而含之，空有大言，反不如實布。'云云。"慕岡曰："有餘則推之，無人德我之望，此即上乘。惡古人塵言，恐爲餓夫，須因言得意，推以布施。"

來問云：“先生翰示曰：‘更得如張三光輩童生十數人，教以《五經正義》，以延道脉。’云云。”慕岡曰：“五經之學，破今世之弊習。本生前面爲禪説牽纏，縱説得天花亂墜，止做得一和尚。後條宗五經之教，厭科舉之習，乃透乎道矣。五經體認得透，則禪説不攻自破。”

馮兄諸説，俱係實地工夫，非空蕩者比。大抵古人近思，今人遠思；古人勉不足，今人盡有餘。中庸不可能所由忽躐步而騖千里也。孔、顏傳心在‘四勿’，惟諸友熟思之。

復趙乾所

承教以“一念不起爲安身立命”，自是至言，亦自是究竟。弟向爲鼓譟諸生而發，亦第謂其不知於道理着脚耳，但於名利營營耳，危其身、棄其命而已矣。然淺言之，則“多行不義”，固非安身立命；深言之，則“行一不義而得天下”，“遯世不見知而悔”，亦非安身立命也。身爲何物也？“七尺”云乎哉？命爲何物？“三寸氣在”云乎哉？知身則能安身，知命則能安命，故進學在致知。人何嘗無知？蔽之者暗；鏡何嘗不明？垢之者昏。致知者，復其知而已矣。有競十間門面者，夜不能瘖，晝不能食，忽而知有廣居天樣大也，粲然一笑，遺其所爭如糠秕。今世士子錮於習染，了不知有至大者在，而謂功名富貴可以置身其間，至榮至艷，豈非置夜光之珠於塵穢哉？何啻鏡之蒙垢，何得不昏？諸醜不覺，至於鼓譟，視若極得意事矣，可怪也。一念不起者，止也。常止則常知，常知則常止。止者默乎？知者識乎？默者直向內而已。謬談如斯，惟老年丈高明裁正焉，幸甚。

復婺源趙大尹青石

恭承翰教，叠叠[二]真切，仰窺深造。來諭：“真心不鑿，智故不設，便自反無愧。"誠哉是言！古聖人亦奚加此？但士人或以非心爲心，以不真爲真，故或以負心爲不負耳。夫果真心不鑿，以迹而晦何妨？亦不云以仁得過矣。非不得過，不見其以仁得過，而惟見我之未仁也。故視世路常坦，不見夫有羊腸也者，又安見有嶮巇之甚者乎？是以君子戒慎恐懼，俾真心之不鑿。真心在我，如安輿，如巨艦，渡山浮海，如履平地，奚嶮焉？夫不見世之嶮也，庶其仁乎？不佞與門下無半面之晤，輒敢喋喋如此，惟是莊誦教言，非尋常竿牘之語，不覺傾吐其愚。冀獲砭正，開我蓬塞。

復李肖溪

札談諄疊，良慰私懷；齒及荒序，更令人愧。雖然，所云"月異歲不同"，道無盡也。孔子十五固已頓異，豈俟十年一異哉？其曰"一日克復"，又甚直截如此。不佞迂暗之質，當此衰暮之年，於世無當，自忖未能有爲，謬叨起數，已走力賚疏，叩闔告休，尚未得報。辱獎借逾涯，非所能荷。又來翰謂："因論水之清濁，而或者謂水性不同，且謂人性不同。"竊謂水之性一而已，人之性亦一而已。水經鹵而鹹，經硫而溫。鹵、硫不同，水未嘗不同也。頗似人身，衣錦則暖，衣蘆則寒，豈原有寒暖之身乎？性非氣質不載，人人有氣質，人人有性，氣質雜揉於五行，不可勝算，而性無有異。以氣質之性、義理之性雙提並論，似有不必。執氣質而疑性，尤屬不可。如金在礦砂，砂有重輕，金有隱現，而金奚殊焉？又頗如夜光之珠函於紗縠之中，則氣質清者類是；函於布楮之中，則氣質濁者類是。而珠何不同之有？孔子曰："性相近。""相近"二字對"相遠"而言，亦聖人口氣之婉也，非謂有不同也。今只論有無而已。向行道之人語之曰："聖人有性，衆人無性。"定不以爲然。既已有矣，一粒即全丹也，一隙即全明也，一息即千古也，烏能以爲有不同乎？吁！性之不明，盡性者寡也。儻不之求盡乎，即喋喋於同異，吾輩亦漫談耳。鄙見未知是否。

讚

孔子手書讚

道洩先天，羲皇一畫。累牘連篇，靡軼於閩。尼山六籍，萬載章程。矧遺手筆，不寶如璜？士也操觚，欽其手法。士也希聖，遵其心法。心法伊何？罔越於正。昔賢有言，心正筆正。

孔子手植檜讚

尼聖植教，萬古常存。尼聖植檜，亦萬古常存。教之興替，世運攸繫。檜之榮枯，亦世運攸繫。教繫於世，是或可知也。檜繫於世，是不可知也。聖不可知之謂神，惟不可知，斯爲聖神。

陳楚英先生像讚

壁立修容，電翕雙瞳，寒鐵生風，望之心折，對之僂躬。是忠烈孫公乎？忠節許公乎？抑忠愍楊公乎？或告我曰："貌未必同。"貌不同而浩氣同，不畏强禦同，不怖死同，不死同，扶持國法如山同，憲百世而起萎薾同。嗚呼！三公其公，公其三公。古人云："死生大矣。"然則得失升沉，其小者也。先生執法忤權，之死不怵。不搖於大，何論其小？世人且勿搖於小耳。浮名細利輒憧憧，而曰"我可以死"，其然乎？余既讚先生，因三嘆附此。

慕岡先生像讚

形魄有往，丹青寫神。衆皆曰茲殊未肖，而余視之若真。憂時之色可掬，凝道之思猶存。倏栗栗以如秋，倏藹藹以如春。豈先生之精隨余之目以聚？余將見於羹墻，況其峩冠而垂紳。謂先生爲既歿，余之失此友也，則亦淺之乎其論斯人。

自題小像

畫成自顧，爲之莞爾。吾不期汝髯龐亦爾，將草木同腐耶？不當其爾？

四旬七又題小像

茲其爲爾也乎？其非爾也乎？爾若斯已乎？其不若斯已乎？爾不既皓然乎？爾不睹乎？

銘

素帳銘 長至前題

采帳過華，余厭其靡。青帳近暗，簡帙艱窺。乃素其帳，芸窗是宜。旭日相盪，洞若玻璃。端居草榻，黃卷任披。搜羅彙品，冥契軒羲。暗則爲陰，明爲陽相。陽德光明，君子所尚。表裏瑩然，無人我障。纖私匪匿，八荒同曠。似啓重門，千目憑望。有坦然心，無厭然狀。適茲在茲，余省余衷。儻有微翳，蕩以勁風。晶晶朗朗，如彼太空。乾元用九，是欽是崇。惟乾之九，肇於潛龍。浮情憍氣，敢不磨礱？乾乾惕若，明示要功。聖言如蔡，萬古開蒙。履長期届，一陽遄通。復兮防剝，維陽是洪。乃敬銘此，用借檢躬。

校勘記

〔一〕“清”，四庫本作“青”。

〔二〕“叠叠”，四庫本作“矗矗”，是。

仰節堂集卷十

表　策

擬史臣欽承上命重錄太祖高皇帝御製文集
進呈表萬曆三十四年江西程

　　嘉靖二十四年某月日，具官臣某等欽奉上命，重錄太祖高皇帝《御製文集》恭進者。

　　伏以貽謀鳳藻，揭道統於穹霄；繩武鴻編，印真傳於正脉。幸寓管中之目，竊窺言外之心。丕顯其文，大成之集。臣等誠歡誠忭，稽首頓首。竊惟道之大原出於天，聖以斯文立之極。天則涵於渾沌而耀之玄黃，聖則卦肇羲圖而中傳堯命。或道在而位亦在，四代揚其芬；或言行而道亦行，六經振其響。自絕續罕聞於宸扆，而微言僅守於儒紳。雖江河之逝如斯，然蹊逕之紛亦眩。大晦之後必有大明，聖統之垂自歸聖祖。方規恢於機務，輒揮灑之淋漓。頃刻烟雲片語，群工誰贊？縱橫球璧十行，萬里皆驚。不知者謂講藝投戈，猶嫻文墨；其知者謂乘時御籙，合奉章程。孰識其包乾元坤始於胸中，運月窟天根於筆下？三五代以前之作者，二千年未有之聖人。七曜森羅，固難於殫述；一毛絢彩，請舉其大都。如云以神役心，以心役神，而辨繭絲者非細；如云軀以神修，神以軀使，而戒狼疾者遂精。如云非心不道，道本無心，而世猥判之爲兩；如云以學爲本，以操爲輔，而眾胡漫爾無分？如云體之無上，守之無爲，而求道求覺，近在眉睫；如云相之非相，體之非體，而執有執無，遠隔丘山。彼叔季之君，豈乏耽文，鮮登津筏；故辭章之富，雖堪折軸，不類分毫。真萬派之昆侖，爲群言之溟渤。當年學士以周鼎喻古，喬嶽喻高，頌天者殆不可名；惟我文皇謂天地之心，帝王之度，知父者果莫如子。

恭惟皇帝陛下離照重華，賁文成化。聖作物睹，決諸河瀆之清；業繼統承，揆以庭幃之孝。敬與一挈其綱領，直擬商盤；箴有五剖厥精微，洞開孔室。曩者訓錄告成龜禁，而絲綸復下鸞坡。由列廟之典章，迄昔人之經史。鉛槧仍分乎秦穎，牙籤再貯之奎垣。蓋取鑑於前徽，亦式昭乎家法。臣等首誦高皇之製，足徵大道之彰；恍瞻初日之光，乍醒半生之夢。千年綠字，爛爛於今；萬古玄珠，的的在是。因思廟廊之上，奚羨酉巖汲冢，成憲遵而有餘；簪珮之中，何須堅白異同，聖學由來自炳。法其德則道凝，師其人乃政舉。如履冰以饗帝，則百神用歆；戴星而臨朝，則庶事靡胜。賞功官德，則尸素之風銷；赤子蒼生，則陳紅之積裕。三條興教，不殊雨化之育英；五事從戎，安用雲飛而思猛？仁以執法，則貫宿斂芒；制罔飾華，則夏宮並儉。信乎大事小事，由之而美存；不愆不忘，率之而過寡。謹用辨其魚豕，一宵頓映藜輝；襲以縹緗，五位儼陳蓍卜。詎但藏之中秘，周室永念儀刑？抑將見諸躬行，漢家自有制度。

伏願懋始終之典學，謹陟降以紹庭。旂厦經筵，爲韋爲弦，命朝朝進講；章縫學子，歸極會極，令在在闡揚。道坦坦而周行，寧誼祖德；統綿綿而世衍，永奠皇圖。臣等云云以聞。

薦舉策丙午江西程

夫創業之主，閱歷久而至理瑩，操慮深而廣智出，其意不可湮也，其制不可闕也。然或存其制，失其意，制存若外塗，意去若中蠱，天下乃病其制而其意晦。又或制有所偏存，有所偏廢，存者遜于衆志而未必可獨因，廢者逆於衆志而未必可獨革，天下乃不識其制而意更晦。願治者思其初意，還其初制，轉衰而盛之善物也。

緊我皇朝，制度宏備，學宮屋比，衿韋之士不可勝計。若曰三代之學以明倫也，君子之學以致道也，初意如是；官聯綦布，簪笏之臣亦不可勝計，若曰君之立官以爲民也，君子之仕以行義也，初意如是。第今之從學、從政者可惑焉。總角之子甫入鄉塾，授以《孝經》，似當講唯諾疾徐之節矣。然其家謂此子業儒，門户攸資，其父負戴於路，子可不問。其師誘之勤習，動稱華臚，蒙泉不亦濁乎？是入小學之日，即亂小學之日也。既進膠庠，對越尼父，所宜辨明新之工夫，別義利之輕重。躬學躬習，躬悦躬樂，試則敷其所得於文，仕則達其所文於政耳。顧廣求帖括，日工雕繪，袒裼而玩“齊明”之句，離親而誦“遠遊”之章，書自書，人自人，曾不思國家何賴於我，而窮年作養且薪樵之録也。是入大學之日，即亂大學之日也。及其致身科名，邑里交慶，而或乃謂棟楹宜拓，食奉宜華，址併鄉鄰，利吞都市，狰獰僕從，囁嚅公庭。賀者在闡，詛者盈衢，渠方誇詡，謂兀兀積學，竟抵於成。夫學之成也，謂道明德立，豈以温飽豪侈謂之成乎？是學成之日，即學敗之日也。昔人學古，將以入官，學如敝帚，仕將焉藉乎？自非抱明穎之資，保渾樸之禀，操刀而輒善割，居今而思企古，用能巍樹匡時之勛，光映名臣之録。稍不檢飭，風靡波蕩，蓋亦不鮮矣。

每見初通仕籍，問土地之肥瘠，訪彌縫之世套，罕有感主恩之難報，懼民隱之難瘳者。而又吏胥逢以故習，家人憎其獨潔，則謂汶汶之榮享也，桓桓之逞臆也，容容之固位也，炫炫之博稱也，閃閃之趁時也。詎以四境爲家，而不廣其百年難保之家，以萬姓爲子，而不私其滿籯不守之子？醜莫醜於厚獲，悔莫悔於負時，其乖謬遠矣。有良牧焉，聽斷明，訟讞息，催科善，逋負

充，酬應周，遠邇悦，賢聲勃起，何於家給人足、禮備樂和、仁
漸義摩遜之爲未遑，闖焉若異任？豈簿書期會，遽爲盡職？是似
近而猶遠也。其或阨於下僚，沈於冷署，長日咄咄，罔可事事。
第抱關亦有常業，乘田要在茁長。果可僅擁虛器，鎖局養時，則
居卑而暗其體也。卑者以一身爲廉，而尊者以衆廉爲廉；卑者以
一署爲理，而尊者以衆理爲理。若不問其職細職巨，職綱職紀，
職近職遠，自廉自理而已，則居尊而暗其體也。諸如此類，治胡
以興？豈皇祖之初意哉？

　　蓋建學者制也，而意不在春華之飾；任官者制也，而意不在
虛文之蒙。然采春華者掇科，而責秋實於素日，必不得之數也。
拔虛文以登雋，而試實政於他年，亦必不得之數也。我皇祖立法
創制，殫竭睿思，豈其慮之不及此？嗟乎！皇祖籌之審矣。誠知制
科掄文，非可專恃，而薦舉辟召，章章可鏡也。龍興草昧之初，
宏張羅網；豹隱蒿萊之彦，俱荷玄黃。則有孝弟力田、賢良方
正、聰明正直、才識兼人諸科，其所重者，薦而徵之，不欲其試
而媒之也。旁求之使四出，勸駕之章日至。禮賢之館，濟濟髦
儒；金馬之門，彬彬耆碩。繼雖制科頒式，而乍行乍輟；雖三途
並進，而薦舉居先。由癸丑以及癸酉，猶綸音之屢播焉。大抵鄭
重端良之英，菲薄辭章之士。故大儒接踵，名世比肩，淳龐熙皞
之治，盛於洪武之間。

　　迨後科舉漸重，既明示以右文，科獨重甲，更右文之大過，
薦舉乃止，衆乃不尚德。而深計之臣不忘建白，或曠時一舉，則
海內以爲美談，士林以爲芳韵。四方無論，試論江右；遠歲無
論，試論近年。則薦徵之典，吳臨川而後猶及於新城之鄧、安福
之劉、南昌之章。四君子者，學足明先王之道，才可裕應世之
猷。或詣深爲粹品，或調高多偉行。雖雌黃之口善善不長，不免
厚責副於盛名，窮索瘢於洗垢，獨計其志存於道乎，亦庶幾得學

之所在，而不僅以獵榮爲學矣。向使顯用其身，展抒其抱，隨其根器，不必於建樹之皆同，宜將有所自效，裨補於天下，非聊且於充位，徒以逐世而已矣。但世方竿之好，誰復瑟之問？故令其鴻冥之遠，飄然鷺序之外耳。儻申明典制，俾内外當事之人博詢推薦，或馳使徵聘，或有司敦遣，與制科之士相兼並任，有數善焉。上之所好，靡不象指。上好以文，乃極風雲之變態；上好以行，寧無澡滌之深功？響應必捷，善良必衆。其善一。鑒悅之工，原不益成敗之數，故朝登仕版，暮可弁髦，業以行收，烏容捐棄？棄則立露其短。其善二。與其糊名易書，以下求上，孰若懷瑾握瑜，以上求下？既無枉己之風，可致正人之效。其善三。先資在藻麗，則拾人之瀋，燦於筆楮間足矣。月旦在真修，而可竊人之行爲己之行乎？縱令其行，然而心不然，猶愈於無其行者。其善四。父母無不愛子者，操觚足以梯榮，故驅之攻苦，以冀通顯。修身可以儋爵，誰肯不教之孝義於家，甘令惰窳？尤足基化也。其善五。吾伊業舉者方組其言，道德禔躬者則繕其性，一實一浮，如蓬在麻，孰無本心，不趨於實？其善六。文士逢時，多恣睢之狀；端人在列，必矩矱之遵。準則植焉，清議明焉，黜陟行焉，可以丕變。其善七。其藝校之司衡，其政計之銓吏，不相蒙也。雖有不肖主者借口薦其行，而行不副，何説之辭？嚴行連坐之條，誰敢不慎其舉？其善八。士非科目不進，而樸茂不華者，終成淪落。薦舉既行，杞梓、皮革之良，廣搜並畜，野無遺賢。其善九。行之既久，人有君子之行，户有可封之俗，可以一復成周"三物"之舊。其善十。

此非肇爲之説也，祖制所垂也，祖意所重也。百年之錮習一新，四海之人心俱挽。居學校則明經修行，何但文爲？服官僚則濟世安民，原有實詣。一舉而三舉，一媺而三媺者也。不然，望士學之正，日考校焉，祇精其技耳；求吏治之興，日督過焉，祇理其末耳。雖家置一鐸，歲一大計，胡可得哉？

仁體策丙午江西程

仁人之用仁，舉諸我以加諸彼乎？曰非然也。有彼我則有封域，有封域則有急緩，有急緩則有校量。其卑者易入於納交聲譽之僞，其高者亦回而不直，滓而不粹，暫而不恒，虧而不滿。夫湛然而仁具，油然而仁興，奚暇校量哉？昔先哲之談仁也，曰：“仁，心之德也。”而泥之者乃於心之內更求德焉。非德不足以見仁也者，不知心矣。不知心，焉知仁？故曰：“仁，人心也。”言心而不言德，而泥之者乃於人之內更求心焉。非心不足以見仁也者，不知人矣。不知人，焉知仁？故曰“仁者，人也”，言人而不言心，嘻！至矣。

若理若氣，若形若性，若身若心，貫通矣，渾合矣。吾以七尺之軀，四體五官，成其爲人。而仁固即此而在，烏能使不仁加之？顧所謂人者，七尺而已耶？四體而已耶？五官而已耶？一膜之外，何與我哉？非孔子之所謂人也。故曰中國一人，率土而居，皆人也，皆一人也。辟如毛髮繽繽紛紛，聯爲一身，然則圓首象天者，方趾象地者，同七尺者，同四體者，同五官者，固一人也。莫高莫深，有知無知，奇形異狀，曾可謂一人哉？亦非孔子之所謂人也。故曰仁者以天地萬物爲一體，嘻！詳矣。

天若彼其穹窿不可極也，吾之體亦穹窿不可極；地若彼其遼杳不可竟也，吾之體亦遼杳不可竟；萬物若彼其纖巨不可紀也，吾之體亦纖巨不可紀。天不二於地，地不二於天，天地不二於萬物，天地萬物不二於我。試喻之：惟兄與弟，共胞而生，誰不謂一體乎？天之生亦有自，地之生亦有自，萬物之生亦有自。生天者誰？生地者誰？生萬物者誰？豈其有生天者，有生地者，有生萬有不齊之物者？若是乎尸之者之衆，必不然矣。天也，地也，萬有不齊之物也，我也，其生之所自一也。鴻濛未闢之始，有合而無分；形象既判之後，似分而實合。不睹夫一氣氤氳亘於六宇？天運於是，地處於是，物生於是。萬相呼也，萬相吸也，萬相屈也，萬相伸也，萬相卷也，萬相舒也。有其吸也，必有來也，來於何所？有其呼也，必有往也，往於何所？謂我之一呼一吸不與天地萬物之氣相來往，而與穹窿遼杳纖巨、不可紀之處有毫芒之間，可乎哉？故靈明各具，天不獨豐，人不獨嗇，人不獨得，物不獨闕，其中通也。一陰乍動，一陽來復，倏忽瀰漫，周於天地，貫於萬物，亦其中通也。疾痾痛癢，相連相關，不但父母兄弟，推之一切，莫不皆然，亦以其中通也。而或者乃曰母嚙子痛，則常聞之，焉有物痛而亦痛？嗟乎！母嚙子痛，世未必皆其人也。然則父母非一體耶？此其體之木也，木則無不木也，不木則無所木也。入其室，父母兄弟環向而處，不知其曉也；出而遊闤闠之中，遇其父母兄弟則曉之；之郡城焉，遇其邑之人則曉之；之會城焉，遇其郡之人則曉之；之都城焉，遇其省之人則曉之；之海外異邦焉，遇中國之人則曉之；之壙洋之野，木石鹿豕之為叢，遇似人者而曉之矣。方其未曉也，木也；及其既曉也，不木也。且光風霽月，何與於我而忻？狂颸陰霾，何與於我而慘？水光山色，何與於我而喜？荒原頹壁，何與於我而悽？花芳卉榮，何與於我而賞？紅瘁綠凋，何與於我而惜？鳥鳴魚泳，何與於我而樂？鴻斷鵑啼，何與於我而嘆？則風月水石，花卉禽魚，固有通於我者，我乃忻之慘之、喜之悽之、賞之惜之、樂之嘆之耳，奈何日日周遊，時時茂對，人忻亦忻，人慘亦慘，以目為賞，以目為惜？

語云："我乃行之，不得我心。"不自察耳。察則不木，不察則木。故窺以道眼，則他山之圮可通於鐘，烏得遠視之？無情之草，可飛為螢，烏得頑視之？而何況同類，欲不灑罪人之泣而潸然不寧，欲不恥溝中之納而恫然悼念，欲不憫一民之饑溺而愴然剝膚？障以塵情，則父子可異庚藏，兄弟可分甘苦，而何況疏逖號呼之聲、鼓吹之供也，血髓之竭、囊篋之充也，水陸之搜、朵頤之快也？顧華夷之界限，人物之差等，仁人未嘗無別，此以別之者，體之也。華得其所，夷亦得其所也；盡人之理，亦盡物之理也。分殊者，脉絡之分；理一者，公溥之量。故蛇龍歸菹，聖王之愛物，而庸衆不解，但謂袪民之害；仕元明學，魯齋之大用，而世儒過貶，則以疾夷之甚。然征伐可廢乎？刑誅可弛乎？仁人未嘗不嚴此以嚴之者，體之也。仁與不仁，辨之以心，不辨之以迹。除莠剔蠹，以殺機爲生；織花鍛鶴，以生機爲殺。故砭灼不廢於肌膚，夏楚不斬於愛子。虞庭四罪，魯國肆眚；周王一怒，宋公不阨。孰一體，孰非一體？必有分矣。

夫以天地萬物爲體，則體大；以四體爲體，則體小。以天地萬物之體爲人則人大，以四體之體爲人則人小。大體者能卷爲放，流衍於衆小體之中，而衆小體不能隔也。四體之木，則知療之，天地萬物之體之木，則不知療，弗思故也。夫千萬世之上，此天地也，有萬物焉；千萬世之下，此天地也，有萬物焉。天道無窮，地道無窮，物生無窮，吾心亦無窮。往聖之絶學未輟於念，而萬世之太平輒營於中。仲尼之生，千古不夜，堯舜之心，至今猶存，即其體存也。故曰會人物於一身，通古今於一息，區區補葺於百年之間，君子以爲猶木也。顧所謂天地萬物者，蒼然已乎？隤然已乎？磧然已乎？精與之注也，神與之浹也，可見者、不可見者，可聞者、不可聞者，瑩徹無礙，六通四闢，契於至微，合於無朕。握造化之機緘，達鬼神之情狀，體物之至仁也。故曰："建諸天地而不悖，質諸鬼神而不疑。"區區補葺於耳目之及，君子以爲猶木也。

天地之參，猶三之也；萬物之靈，猶二之也。合之爲一，大何以加焉？天地未位，萬物未育，吾體之木未療耳。自木自療，自位自育。我爲誰？彼爲誰？胡可遏哉？有所委焉，而仁之弗居，自棄其身者也；有所損焉，而自私以利，割左股而益右股者也；有所隘焉，而愛之未廣，養其一肢，而忘其衆肢者也。盍法諸天地？無遺覆也，無遺載也。不以天地爲一體者，必不以萬物爲一體；不以萬物爲一體者，必不以一物爲一體。故不憐窗草，便可興戎；生理隔髮，乾坤可毀。何也？體一而已，人一而已。故仁以爲己任，古之成仁者如此。

約　言

明學會約

世之不治，道之不明也。道之不明，學之不明也。謂學止于誦讀者非，謂學外于誦讀者非，謂峩冠博袖便是學人非，學何可不明哉？學明則道明，人之所以爲人，世之所以爲世也。曾之于德，思之于善，俱先于明，可繹也。余不敏，藉諸友興會明學，冀匡不逮而爲之儀注。每月初四、十九辰刻，赴會所候齊，至先師像前，四拜一躬，分班對揖，端坐澄心，隨意質論。或道域若何登進，或習疚若何懲艾；或聖賢某語，覺體驗未能符合；或日用某事，覺處置未能停當。諸如此類，互問互剖，總不越于自身。若所講未投，氣平意藹，且待熟思，需以異日。或沉默半晌，或雅歌鳴琴，涵養靈明，漸收長益。會畢，仍向先師一揖一躬，揖讓而別。爰列數條，用期共守。

一、尚實。天道人道，不逾一誠。徒侈講學之名，不務躬行之實，欺人乎？欺己乎？欺天乎？焉用群居，枉勞唇吻？其必實踐暗修，徙義改過，期言行之相顧，勿假僞之遺羞。

一、立本。士君子有弗學，學則直透根宗，了徹心性。若水之由源而沛流，若木之由本而達枝。不爲補湊之計，而爲樞軸之運。悠然順適，詎不輕快？唐虞執中，孔致中，當是斯意，其亟圖之。

一、廣量。爲天所生，便當肖天；爲聖之徒，便當法聖。小成小就，大人弗爲。故孟氏不由夷惠，直承洙泗。辟之于射，必有正鵠，射不望鵠，藝何由精？是在立志何如耳。然聖實非高，勿同俗眼，學久自知。

一、謹庸。道不在遠，家常茶飯皆是也。依庸爲聖，盡倫爲至，胡可忽諸？尚于子臣弟友、冠婚喪祭、取予約樂、語默進退，範之規矩。若尋常倫物漫不毖飭，而談高説妙，如腹無盂餐，口誦珍錯，何關饑飽？

一、虚受。虚爲本體，一物不着，奚所不茹？文望未見，孔云何有。何況承學，成心成見，掃盪勿留，衆善因而外來，天光亦且内啓。若堅持邊辭，分別門户，躲避字樣，總之障蔽，是謂自封，非進機也。

一、主静。静非静地静時之謂，静地静時易于求，静固所須也。然必應時習存，動中習定，終日紛紜酬接，而凝然者不動，則我常御物，物不撓我，焉往不宜？

一、適用。孔門弟子頻頻問政，故論士則不辱君命，而不達于政者無取誦《詩》。近世名賢亦曰：“做秀才時，以天下爲己任。”今時制科亦有策論。經世之具，胡可不講？稽古籌今，豫圖于知爾之前，斯體用合一之學也。

一、有成。農夫耕作，覬于收穫，耕而無穫，何取胼胝？業既有初，猛力精進，綿密不斷，期學之成。倘或進鋭退速，或間作間輟，遷于異物，廢于半塗，校諸未學之人，更是可惜。彼原未有所獲，此則幾獲重寶而失之也，其慎旃哉！

志道書院約言

不佞司理淮陰，叨署府篆，請于督撫褚公愛所先生，建書院一所于府學之東，以居諸士而肄之業。公批允，且發百金爲工助。比成，擬二名以請，曰“學孔”，曰“志道”。公命用“志道”，遂題以“志道書院”，而顏其堂曰“學孔堂”，後堂曰“慎獨”。號舍十區，爲“明”、“新”、“格”、“致”、“誠”、“正”、“修”、“齊”、“治”、“平”。右有方池，池中有亭，曰“日新”。左爲射圃，右坊曰“興文”，由亭以達者；左坊曰“觀德”，以達射圃者。夫志道者，志大學之道也。大學之道，明德、新民、格致、誠正、修齊、治平之道也。斯道也，孔子之道也。士何可無此志？志斯學矣，其要只在“慎獨”。夫志道、據德、依仁、游藝，一時俱在。道、藝匪二，何況德、仁？當下即是，没齒無容斁。孔子十五志學，七十不厭，故曰發憤不知老，故君子持其志，終身焉弗畔于道。乃述命名之意以爲記，即以與諸士約，科條具是矣。

叙安定祠會約

不佞既爲祠祀安定胡先生，因商諸譚生大禮、馮生世明，集諸生於其中，歸依大儒，以講聖人之學。命大禮爲《會約》，而不佞申言於首。夫諸生講學之會，立自今日。然則未會之先，諸生果不在聖學中，而不佞反黑爲白，變石爲玉，前後頓異乎？曰：非然也。諸生日日行聖學，日日習聖學，會之有講，特欲其著且察耳。諸生當清明之時，無心應事，其和平公正，與孔子分量不減分毫；第其暫吐萌芽，隨被摧折，遂不能參天合抱矣。然謂參天合抱爲木而萌芽非木，則非也。今日之會，所以養萌芽而參天，完其爲木而已矣。顧培壅灌溉，種木者可以用力，乃其中盎然生意，雖甚工巧者，安能益之？故學問之道，唯諸生深造以自得之，非人之所能爲也。嗟乎！風流波蕩，人懷我心，貪名嗜利之習膠固而不可解，有能割難舍之欲，任聖道之大，使民命永存，乾坤不毁，非天下之大勇，將誰望焉？諸生勉之。

節孝祠會約序

徐仲車先生以孝子顯於宋，迨今數百餘年，其風不泯，淮之人士多以孝子稱者。不佞建先生祠於其里，諸孝子徘徊祠下，益蒸蒸思奮焉。惟其有之，是以親切若此也。乃命盧生守恭、鮑生越輩立會定約，聚諸人士講孝，而爲之序曰：

人子之身生於父母，如草木之枝葉生於根本。愛其枝葉，而傷其根本，則枝葉枯矣，尚得爲愛乎？故人苟愛其身，則必愛其親矣。然自頂至踵，皆父母精血所遺也。故子身即親身，而愛其親者，則必愛其身矣。昔之言孝者曰：“身體髮膚受之父母，不敢毀傷。”曾子有疾，啓手啓足，以免於毀傷爲幸。然所謂毀傷者，非止於殘壞之謂。一舉手而悖於理，傷其所受之手矣；一舉足而悖於理，傷其所受之足矣。由斯以推，目視非禮之色，傷所受之目矣；耳聽非禮之聲，傷所受之耳矣；口出非禮之言，傷所受之口矣；心懷非禮之念，傷所受之心矣。故曰：“戰戰兢兢，如臨深淵，如履薄冰。”言守身若斯之難也。故曰：“不失其身而能事其親者有矣，未有失其身而能事其親者也。”故曰：“舜其大孝也與？德爲聖人。”然則無聖人之德者，其爲孝也小矣。故三皇以孝皇，五帝以孝帝，三王以孝王，伊尹、周公以孝相，孔子以孝師，中國以孝別於夷狄，人類以孝別於禽獸，可漫視乎哉？

或曰：“論孝及於聖人，孝之至矣。會中多市廛之民，豈易能乎？”是不然，聖人之孝特赤子之孝耳。赤子孕於母腹，母呼亦呼，母吸亦吸，愛之始也。出胎未有不啼者，其愛違也。得母未有不安者，其愛得也。是故匪愛以言，匪愛以知，精所注也，氣所貫也，神所凝也，不可得而名也，是造化之靈機也。冲融而無參雜，圓滿而無滲漏，故曰仁也。仁者，草木之子種也。子種有仁，則千花萬葉，千荄萬株，生生不窮。人心有仁，則盡人盡物，盡天盡地，亦生生不窮。故曰：「大人者，不失其赤子之心者也。」大舜五十而慕，不失其赤子之慕而已矣。爾諸士民會講之時，潛心默思，誰不嘗爲赤子？誰不原有愛父母之真心？昔何以愛，今何以不愛？昔何以愛之真，今何以不真？無乃知識開，血氣動，應接繁，視聽亂，妻情子念膠其中，流俗滔朋薰其外，遂至失其故態耳？由是憬然悟，躍然興，銷其邪心，還其真心，守其身以愛其親，如赤子之初而止，斯爲至孝矣，斯善學聖人者矣。

文昌閣會約序

舉業之制，初場試以經書義，二場、三場試以論策等篇，令士子研究經書，體驗於身心。誦「明德」則自明，誦「時習」則自習，誦仁義則自仁自義，誦《易》則「乾乾」，誦《詩》則「無邪」，誦《書》則「執中」，誦《春秋》則「正心」，誦《禮記》則「毋不敬」。由是發之於文，以聖賢之肺肝效聖賢之口吻，必親切而有味。而又觀其後場，論事論理，條答判斷，可以窺學識之優深、世務之練習。即如策守令，則必如何清、如何慎、如何勤、如何生養、如何教化，考古證今，確有成算，授之以政，舉而措之耳。一切款項，莫不皆然，茲顧不可得士哉？無奈假舉業之多也，口嘵而心踦，記套以干時；科名滿世界，善治不多睹。而理學之士遂厭舉業，則以假者之取厭，非舉業之尤也。嗟乎！鄉學、太學，尚非理學之所乎？講孔講孟，尚非講學之事乎？業舉而不知理學，是秉末畎畝，而謂農家別有一流也，惑之甚矣！夫野逸不知學，僅遺議於鄉里；衿士不知學，將流禍於邦家。何也？典制既不可廢，薦徵又難常得，他日析圭從政，終在渠輩，若不迴心嚮道，世事何所底止？生靈何所依賴？故君子於此尤殷殷屬望焉。

董生偕其諸友會文於文昌閣，有約有序，大概明舉業、理學之一貫，余爲申之若此。語不云乎："以文會友，以友輔仁。"仁者仁其身以仁天下也。誠知輔仁，會文何碍？不知輔仁，會文何用？文與仁有二乎哉？

講書約言

余不佞，佔畢垂老，于道罔窺。諸賢不以爲暗昧，而相與闡孔孟諸聖賢之旨，若將代諸聖賢洩其胸臆者，心口擬議之間，或庶一睹其藩。藉書藉講，自開自印，眷三益之在列，覬大業之堪臻。古人"久要不忘"，今可覿面無語？聊著數條于左，卑之無甚高論，亦不多及，貴在實行耳。一遇會日，各宜早赴，揖讓序長幼而坐，或討論前次所講，或隨便商確德誼。肅候人齊開講，相剖相長，以求至當。講完，仍揖讓序長幼而散。莊敬雍藹，即此是學校之聽講，更爲得力。

一、記誦剿襲，非不燃燈午夜，汲汲窮年，然身心無所享用，精力徒成耗憊，何如實研理趣，直探本根？開我靈明，劃然透悟，發爲文藝，真切痛快，自是出人頭地。至于時務、邊防、河道、農桑、學校之類，或稽簡籍，或詢前輩，確有成算，可裨寔用。異日經世，舉而措之，力省益宏，豈不得哉？舉業初制，原是如此。乃或謂舉業與理學爲二，其說悞矣。但舉業自有真耳。真者逸，假者勞；真者樂，假者苦；真者大，假者小；真者樹立偉，假者樹立卑。真者百發百中，縱不得中，亦不湮沒；假者有中有不中，若不中，便將泯泯。

一、燕居獨處，斂氣歸寂，凝神學止，務令寧一，不致浮游。此存養入門第一義。上下古今，步趨賢聖。摹古人之氣象，以範我之氣象；想古人之心事，以檢我心事。聖性人人具足，雲開天遠；妙道不離目前，至淺至奧。志堅氣鼓，一日千秋，塵世榮枯不足當其一瞬，奈之何終此身而可不一嘗味也？

一、聖賢垂訓，如路之有程，率而行之，方能遠到。束身入道，大端有四：一曰孝。孝爲百行之首，愛木者誰不培根？愛身者豈可忘本？劬勞恩重，捐軀難酬。急圖順事，勿貽後悔。二曰義。義爲提躬之矩，取與行止，節操凛然，勿逐營營，致有點污。三曰儉。服食用度，寧朴勿華。華則童心，朴則高雅。保德保福，胥由之是。四曰讓。人世百年，電光石火。小忿小利，讓彼何妨？君子不爭，所就者大。

以上數款，倘不佞有所違悖，願諸賢不吝直言，俾得省改。仍望互相規勸，一道同風。良會難逢，惟無辜負。

鷹揚會約

竊睹倭警漸棘，戎事方殷，必將得其人而後兵可精，而將品寥寥，識者憂之。淮城指揮、千百戶、武舉武生應襲不下百人，其中多矯健而有力者，聰穎而有才智者，端良而有行者，特以積習相沿，或役於奔走，或甘于紈袴，其不讀韜略，不諳弓馬者蓋亦多矣。乃請于督撫褚公，興起武會，備幣張筵，請在籍都閫周君尺爲會主，以見任坐營都司及內中軍等爲會賓。仍設會紀、會贊、會掌，群官生于韓淮陰祠爲會所，訂期習武，量行資給，稽核獎薦，冀人人賈勇，干城有賴。爰議科條如左：

一、定志。語云：“心堅石亦穿。”故志之所至，氣必至焉。古之名將豈有種乎？亦爲之而已矣。方今邊海多事，廟堂之上拊髀思賢，機不可失。願諸官生立定志向，有始有終，勿爲虛應，勿事委靡。但稍稍自謂不能，是自棄也。

一、虛心。語云：“謙受益。”故海納百川，斯成其大。凡一人有一人智識，若合十百人之智識于一己，豈不大智乎？願諸官生恭以事師，和以處友，勿諱己短，勿忌人長。凡所論議，默存勿忘，智慧自生，臨事無窒矣。

一、砥行。夫文武二途，原自不遠，而今將權似落，事多掣肘，或亦有所致之也。願諸官生敦尚端廉，愛惜名節，勿泥積習，勿貪小利，務令青天白日，上下相信。夫上信我，則可以展布無牽制矣；下信我，則號令行無違抗矣。功業不成者，未之有也。

一、勤業。夫業精于勤，故曰："惟勤有功。"夫博奕可度時光，而騎射亦可度時光。閒談亦談，而談兵亦談。究其成就，不啻天淵。願諸官生鼓動精神，從事本業。不但功成名立，爲奇男子，且匡輔國家，是忠也；光及祖宗，是孝也。何憚而不爲乎？

一、省心。嘗觀南塘論將，先于心術，蓋凡人之邪謬敗度，由于情欲溺之，習俗染之，失其本心也。若于清夜之際常加點檢，必有悚然不自安者。乘是一念，因而奮發，便知此身爲頂天履地之身，必不甘于荒淫頹廢。事事合于道義，乃爲豪傑之士矣。

一、相成。夫兩澤相依，其水不涸。故良友相資，不至于敗。今大衆同集，此豈偶然？所賴規勸切磋，共致遠大，良非眇小。願諸官生同心同德，若有怠玩不法，婉辭以導之；有負氣不協，盡心以解之；有小嫌則容之：庶此會其永永乎！夫大將者，聯千萬人爲一人，方可以制勝。若一會之中而不相成就，何取于會乎？

仰節堂集卷十二

五言古詩

題徐翼所年伯《素履圖説》十二首

人以官拓産，伊産以官落。何能卑小官，而不清獻若。世情難與偕，所貴在空橐。貽謀亦有良，一經不爲薄。

右《庭闈受業》

曩未采芹日，芸窗現鬼魅。移居免覆壓，人謀詎及斯？毋乃人四傍，有鬼相依隨。慎旃滌厥衷，誰云可射思？

右《泮宮發軔》

昔人羨一鶚，況乃雙桂芳。賀者交於閭，若爲共榮光。或亦怙其貴，鄰里轉彷徨。徐翁仍往役，吾以酬吾鄉。

右《兄弟聯登》

天遠不咫尺，宮闕高嶙峋。徘徊聳瞻視，兹地致吾身。致身未爲報，丁寧啓後人。而勿忘此日，應更念吾君。

右《率子瞻天》

曾聞談蠻夷，情與北虜異。吾不虐其人，渠亦不爲祟。貪將故生釁，鹹殺自網利。一札平番書，千里免兵燹。

右《持節平番》

千章出萬壑，躬先不畏苦。神爲畫良籌，夢裏頻開剖。人恐遺之累，輸金不啻土。神人不可格，何不於斯睹。

右《奉詔掄材》

從昔論事主，以人爲上臣。一人曾無幾，安得百千人？若得人千百，便是百千身。守蜀蜀人化，兹意良獨真。

右《持衡校士》

余聞古聖人，出入劍爲珮。奈何懸蓬矢，惛志黄雲塞。揮毫睨武夫，武夫殲巨憝。揚戈滄海中，不比齟齬態。

右《靖海揚戈》

從昔有事使，從昔有君臣。不聞君負臣，惟聞臣負君。試睹龍章錫，皇恩被兩親。負曝還自暄，何以報王春？

右《奕世承恩》

余誦聞臚説，林泉見一人。有子朝通籍，若翁暮乞身。不緣寄寸赤，豈釋負千鈞？侃侃囑報國，吾亦怵吾神。

右《待漏聞臚》

昆弟俱白首，蘭桂何翩翩。讀罷七訓語，霞觴欣流傳。親親共長長，風世以家先。莫道賦歸去，經綸更燦然。

右《歸田課孫》

輿人皆曰賢，躋諸鹿鳴席。先生曰予眊，檢身轉惕惕。惟其檢厥身，兹筵得上客。知非不爲非，伯玉映今昔。

右《賓筵介壽》

和馮慕岡年兄五詩

臣工壅主澤，萬姓苦如焚。怨氣干天怒，重罰奪良臣。譬如家有譴，賢子應遭迍。有士頸如雪，一朝繫黑組。一組活萬人，巨璫亦去楚。木械更不惡，木械真有靈。能令三湘衆，滂沱涕泗橫。能令夏畦子，忸怩顏可憎。能令忠烈士，芳名齊岱恒。亦或唁其忠，亦或賀其禍。烈士意如何，脉脉不可揣。引袂時撝飾，吾君那械我？

右《械繫吟》

昔聞頭象天，無乃非骨肉。我生髮未燥，鄭重忻修沐。鄭重固鄭重，小帽如冠玉。烏紗貴且榮，乃至忘初服。我首生於天，可黝亦可華。我冠制於君，可帽可烏紗。皇恩自浩闊，髡鉗不漢家。易冠以小帽，不殊純易麻。帽下頭顱直，一舉戴旻蒼。上士薄斯語，不冠憂惶惶。中士契斯語，不冠樂洋洋。下士嗤斯語，不冠胡涼涼。相契不相薄，毋寧幸相嗤。賢人解其冠，天下無寧時。

右《易帽吟》

縲絏南來若有得，語音充朗貌顏和。蕭寺候逮四十日，御製披觀三兩過。方窺大道萃皇祖，果覺殷憂增慧多。百步衡門亦可入，爲彰法紀答恩波。

右《龍興寺候逮》

十椽草屋破生塵，戶外時聞索債人。有妾抱子俱稚齒，阿兄賴嫂絕微羶。千里緎衣不墮淚，九秋披葛已忘身。珍重針縷莫輕視，病妻憑我且懸鶉。

右《寄衣》

昔聞堯堦指佞草，想是今時珥筆人。慢道草多佞全歇，當應佞夥草不神。果如讞獄繫皋士，何獨悲囚痛夏君？安得無佞亦無草，堯皇皋佐樂長春。

右《祭皋陶》

題首善書院

維皇建有極，日月麗霄漢。借問極云何，至善誰容畔。此善來自天，大寶逾瓊瓘。主之爲師模，闡之爲性案。爲之聖者徒，積之慶可斷。帝京天下首，千方支體貫。坦坦王路遵，蒸蒸登于岸。明善善以明，洵其樂且衎。先覺覺斯民，構館敦學半。將期實行修，寧啻縟文烜。登其門崔嵬，升其堂輪奐。入其室深幽，敬止何敢玩？不學善乃湮，不善世乃亂。誰兮匪天民，勿作如是觀。

感　懷

喜夷怒則蹠，人蹠我則夷。肉糜吾胡飽？羹藜爾豈飢？甘可使爲苦，妍可使爲媸。味不主於口，色非目所司。有物盤其間，強橫逾窮奇。變化若牛鬼，播弄如兒嬉。突起千尋障，何論目如離。能幻舌如馬，食蜜胡甘之。吾生患此物，敬奏主君知。明燈照奧窔，峭壁捍邊陲。剛刀晃似雪，誅剪靡孑遺。口目賀且泣，從前何太癡。夷蹠自有真，飢飽莫相岐。

雜詩二十二首

周道榛莽交，憑誰詢濟渡。勞勞古人心，蔬水澹啜餔。赤日揭中霄，六宇撤其錮。我行不可求，殷勤悲日暮。二豎勿相凌，會當振其步。

其　二

昊天制厥命，萬類共相俟。命之貴縚組，命之賤秉耞。命之厭膏粱，命之乏糠秕。命之健超乘，命之儱牀笫。命之爲彭叟，命之爲殤子。命之彝鼎垂，命之秋草萎。智人達其竅，素位坦如砥。愚蒙罔有窺，營營良苦耳。

其　三

柏幹何挺挺，藤枝一何柔。傲霜秋賞菊，傾陽夏譽榴。有賞應有咎，毀譽總堪休。誰能代之喜？誰能代之愁？曠懷觀物理，觸景聊優游。

其　四

桃花殊綽約，舉俗艷其芳。彌空連錦幄，落地紛紅妝。譽口若市沸，戀賞奔如狂。孤竹生澗畔，掉臂一何涼。爲語澗畔竹，韶麗堪相將。飛霜千仞壁，聊此共嵐光。

其　五

好鳥鳴高枝，聲如管弦流。池水尺有咫，魚躍何悠悠。人生欲無涯，忽忽起蜃樓。不見青春子，兩鬢倏成秋。呼酒酬今日，勿爲明朝憂。

其　六

少年種多疢，中歲相侵尋。病久更惜日，觀時感慨深。感慨千里外，杳杳懷同心。奮袂欲策蹇，乘風凌高岑。望望不可即，潸然涕霑襟。

其 七

草根共木皮，藉以延歲年。疢疾應由我，修短固在天。便欲御風去，其如至情牽。留往總不易，寒風淒枕邊。韋編苦難讀，平生愧衆惢。且乘尚健日，問膳高堂前。

其 八

缾罌罕儲粟，謬懷揮千金。蓬門有貧客，原田乏澍霖。帶鉤固無幾，解以酬知音。秋氣正蕭瑟，勿厭杯中斟。

其 九

秋日猶溽暑，秋風亦已涼。披襟南軒下，無語嘆流光。暑餘豈遽謝，涼至時則當。時乎天弗違，人生胡徬徨？螗蟬當此日，深樹噪夕陽。

其 十

中宵忘在病，披衣睇月輝。錚錚匣中鐵，寒光交青幃。鯨鯢百丈強，盍往奮一揮？否否且寧臥，意廣百年微。

其十一

昨晨一齒落，今晨目茫茫。兩體似共期，衰歲行相將。胡不當壯盛，勉學如不遑？此君否大嚼，落齒應未妨。目茫阻誦讀，何以睹虞唐？世態多變幻，崎嶇繁眦睚。便可昏昏然，且免窺雌黃。

其十二

有斐誰氏子，楚楚青春姿。藐藐予云聖，施施我既知。日入坐嘆息，支言良自嗤。世季匪旦暮，皇皇乎何爲？三秋月中桂，一芥塵上枝。生民天未厭，會當愜所思。

其十三

追日斃於渴，説難亦已淪。事有不可爲，三閭悴江濱。善哉陶靖節，漉酒以葛巾。茅檐坐捫虱，澄懷賴昔人。達士臨川上，流坎良循循。

其十四

黃金辭暮夜，關西畏四知。清節勵嚴霜，芳名千古垂。家人共冰糵，歡訶今莫知。亦聞薛夫子，出都杖其兒。二家秉峻德，遐風念在兹。

其十五

蘇卿處漠北，胡虜爲比鄰。腥羶恣食飲，攫殺無人倫。晨起整衣冠，仁禮向具陳。初陳嬉以訝，再陳怒以嗔。侏儸生相習，華言褒不聞。吁爾焉用道，物生固難均。

其十六

骨骸植丘山，對面燕楚異。赤心赤逾日，誰剖誰以視？縱令枯其舌，如簧應不翅。所以抱心人，幽懷付掬淚。吾師固有言，當是誠未至。

其十七

孔方何醜類，昔人譽爲兄。或亦名之奴，差似稱厥情。仍爲奴中賊，殘狡恣縱橫。渠能離至戚，因之失良朋。渠去凋人顏，渠來躁人膺。內險藏巖谷，外獰聳刀兵。幻忽安可詰，舉世墮其坑。便移絕交檄，勿致擾吾庭。

其十八

平生不了事，憑此數行書。抱病逾一載，方寸成荒墟。蘗短未能親，藥餌時則茹。解組歸田里，所懷寧此如。厥慮匪朝暮，那不惜居諸？

其十九

大事如小事，有事如無事。神閒氣自融，華嶽土坯崎。萬類穹窿間，太空只如是。因物付以物，天下本無事。

其二十

向若官爲家，生計了不植。歸來無所棲，南鄰聊以即。半間晝延賓，半間夜燕息。祖先無祠宇，言念傷胸臆。置主室之隅，一過一惻惻。幾欲謀構樹，踟躕烏能亟？謀身拙似鳩，勿謂將謀國。

其二十一

烏用嘆寂寂，呼童訪所思。跨蹇擬行邁，河柳綠烟絲。且盡此日歡，勿問食無糜。女嬰真大癡，奚事呫呫爲？宮袍況可典，詎至餓爾肌？

其二十二

浩歌復浩歌，人世奈心何。心心山海隔，心心籌算多。相隔生睚怨，多算少安和。我生靈萬類，寸心更靡它。胡爲翻自苦，憧憧起干戈？吾將驅此心，委諸東流波。不分秦與楚，不知唯與阿。可使眉無促，可使鬢無皤。百年能幾日，浩歌復浩歌。

有感二首

有口翕如箕，同室戈矛起。痛哉髮星星，失人亦失己。日日顧金人，吁嗟胡爲矣？刺舌聞古人，刻骨戒相擬。訟言伊何時，除夕歲庚子。

古人重知幾，知乃微之謹。或罹發諸聲，胡不窺諸隱？下石伊何尤，落井良自隕。世方崇背憎，何爲相沓嘈？來者如可追，刻膚時自扷。

上李大蘭先生四首

夫子起南國，開蒙厤轍環。翩翩西山陲，鳴珮雙玉珊。一爲仁道言，插架徒矜繁。攫靈自銀漢，大河無飛瀾。相看誰可擬，朱鳳矯翩翩。

蝸蠻逐白日，世味塵懷鎖。世氛非故吾，吾生自有我。么麼小厥躬，吾道得無墮。勛華躅匪遥，媲芳詎云叵？問予何爾知，摳衣趨皋坐。

疇昔珍燕石，秋螢詡相映。法堂啓秘藤，靈珠驚照乘。人道匪遠人，千蹊總幻徑。賢人人之賢，聖人人之聖。三嘆嘉斯言，泠然破初瞢。

鬱鬱壇中杏，依依河畔柳。柳絲千萬條，不縮杏壇綬。悠悠感中懷，心蓬將無茂。何以寫我思，訓言當共守。吾道誠在邇，象罔祇豐蔀。

感事一首萬曆辛丑四月八日

外吏五十三，內吏二十一。一朝下徵書，趨蹌依紅日。朝紳爲結綬，勖哉勉爲臣。年餘綜核審，試罷官僚分。浹歲忽喧動，部曹奉俞綸。皇恩自浩蕩，忘久祗成忻。余猶在寥廓，應非終沉淪。羈棲二三載，胡不事明君？胡不環膝下，以奉暮年親？親年日以邁，臣力日以迤。力爲君王惜，年爲老親珍。年力如可駐，疾徐何足論？

春　日

春日上簾櫳，芳樹禽聲暖。南檐餘皓雪，北阰露苔蘚。晨興獨徘徊，鄉思愁繾綣。離親動數年，途路阻且遠。振羽乘天風，迴翔悲在罥。控告聲爲枯，誰能開其鍵。鄉語空谷音，家書金璧羨。夢魂何憒憒，撫枕惟輾轉。室人訝不吐，將占舌復捲。道傍車轔轔，有來亦有遣。睎瞻可若何，吟罷淚欲泫。

得家音

馬上逢來使，急問庭幃事。先聽報平安，纔看平安字。四體憉然舒，歡極仍涕泗。淮安送母迴，經今歲五易。雖知豐碩顏，其如年若駛。思歸爲阿母，不然忍遺世。不歸爲阿母，不然胡所嗜？虛名誤徽纆，浪迹成泥澱。年年春明外，距家千里二。天門更萬里，曉日光易被。去留幾躊躇，究將跨蹇逝。

買　竹

搜囊忽莞爾，猶存買竹錢。是日雪似掌，交映疏窗前。一睹嘆強項，崛峭籠寒烟。再睹殊瀟灑，勁氣鬱軒軒。戞擊流清響，動中自靜專。冽泉度幽壑，喬峰倚遠天。坐對肩爲聳，晨夕相留

連。骨亦爲之挺，腸亦爲之湔。趙繭漢長孺，前身何疑焉？感此
延新益，漫賦高軒篇。

謝任竹東詩扇

望望稷王山，熠熠嵐光紫。中有好修人，九十武公似。提躬
絶氛埃，羅胸富經史。世德紹先徽，尚友薛夫子。我欲從之遊，
室邇人則邇。雙鯉愧木桃，瑤篇突而視。下以軫時艱，上而憂國
是。予爲貧生干，不以我爲訾。從兹懷袖間，馥郁逾蘭芷。清風
時披拂，泠然盥予滓。高誼耆云銘，壽公式多士。

輓趙公子并何烈婦有引

余同年趙乾所丈之子邑學生任賢，蚤負美質，學道於少
墟馮先生。其爲制藝，每冠多士，未第而夭，副室何氏自經
以殉。嗟乎！烈婦乃得從夫去，公子乃得烈婦同去，復何
憾？顧余不能無悼爾。

皓雪曉山寒，稜稜趙氏子。抱琴入長安，一鼓清塵耳。馮門
稱高足，擬暢六經指[一]。剛腸有父風，萎蕤不音恥。以是範厥
躬，刑室亦以是。忽忽去修文，何媛繼而死。覓死再且三，竟死
芳逾芷。死此百年身，不死者萬祀。我讀烈婦傳，涕淚不能止。
世態頹波流，賴兹爲柱砥。

挽董烈婦

何烈婦，三水人。三水又有董氏，適趙公之孫諸生一
鳳，一鳳卒，董氏投千尺澗以死。死在六月，而何烈婦之死
以七月。一時雙烈，奇哉！併輓之。

世人畏世險，談險而指咋。死生貴得所，豈在坦與阨。烈婦
覷深澗，不異處華簀。肌骸願如粉，真成屑瓊璧。瓦全居繡幃，

何殊叢刃鏑。想當飛身時，天帝爲之格。天帝爲之格，人誰不痛蠹？

贈别絳庠蘇小泉廣文還秦

天下無真儒，因之無善治。昔人軫此憂，興學以爲亟。聖遠言既微，士風亦歲異。終身學校中，不問學校字。泰運轉河汾，小泉振鐸至。衛道如保躬，造士如呼寐。一朝西其轅，皇皇起衆喟。西方有美人，法堂樹赤幟。行矣共闡揚，斯文應日熾。遺訓芹泮間，有士揭而示。大道終在兹，誰兮甘自棄。

遊祥宇李公園

勝地堪遊覽，素心况主人。崇臺祛障礙，清澗滌氛塵。面面長林簇，葉葉窺吾真。本爲耽幽寂，轉與人世親。不知各意適，但見飛觥頻。

歸德沈孝女

孝女堅孀節，蓋棺骨似銀。未聞再醮婦，能爲不死人。淡濃盼轉合，燕越趾移分。或共嚴霜烈，或隨腐草湮。男兒負剛氣，莫愧女郎身。

贈曠聲和

悠悠嘆世路，崎嶇日侵尋。官常有墜舉，民情無古今。不見循良尹，雲陽愛戴深。猶憶分符日，漢吏盇盟心。三年報上最，楓陛貺綸音。誰云有盤錯，良堪證士林。

都下見西山

忽忽見西山，千峰螺黛簇。宛若對中條，當年景可掬。臨眺重徘徊，屏營撼衷曲。不見故山雲，何況雲下屋。寸腸折大刀，擬上陳情牘。

贈別胡生敬明守戎

世非道不世，人非道不人。武非道不武，文非道不文。斯道入無間，斯道廣無垠。誰能甘蝸縮，但飽七尺身。殷勤囑明眼，認取此身真。到得眼明日，萬彙備於君。主人不自主，大患在逡巡。真形誰信取，磅礡貫乾坤。

送別戴肩吾

七月涼風來，雨罷蔬苗廣。戴子訪吾廬，隴畔談今曩。不道生計微，但詢學問長。手持李翁言，作聖示吾往。珠玉揮四壁，坐玩襟期爽。送子遠行遊，歸視吾禾穰。子行懷自佳，天宇秋正敞。

癸丑村居雜詩六首

秋雨送新涼，一朝遍四隩。既入貴人堂，亦來寒士谷。亦滋荒陬草，亦實良疇穀。世眼過分析，造物笑拘攣。雲霞布長空，山川羅禹服。錦繡滿乾坤，不禁萬人目。隔籬羨他人，枉自隘其腹。如愛袖中藏，不容珍在櫝。達人自大觀，恢恢剖邊幅。我生從何來，請君且三復。

其　二

浩浩復浩浩，天地有至寶。此寶人人具，人何不自保。先賢閔世愚，持鉢效丐討。堪嘆悠悠子，竭日甘就稿。枕璞以為石，長饑羨一飽。一朝悟其真，應悔悟不早。誰云藐七尺，巍峨陵蒼昊。舜年真未央，顏淵同壽考。黃金北斗齊，校如一芥草。此寶匪難尋，昭昭在大道。

其　三

林扃静無事，萱幃壽且康。阿男得師表，薰陶望善良。秋序
且將半，黍穀漸登場。鄰人挈酒至，共邀明月光。醉眠不掩户，
花影紛藜牀。撫此欲一笑，野子何徜徉。試問道傍人，孰與聲
利場？

其　四

山居何所有，林泉款長日。籬圃雜蔬香，梨棗垂垂實。笑言
對古人，案頭聯卷帙。比壤有清士，過從挹其芭。舍此欲何之，
世口過於蜜。

其　五

好雨連朝足，墀前寸寸青。禽魚若忭躍，草樹亦崢嶸。向來
憂旱者，亦已動歌聲。相將坐桑下，杯酒話生平。縱無穀盈廩，
菜根固可烹。天公不棄物，安用煩胸膺？

其　六

土臺峻若丘，伐木構爲榭。俯窺千樹杪，颼颼風在下。縈迴
觀四山，蒼翠窅如畫。吾道足至樂，景光不需價。蘭亭別彭殤，
右軍久已化。何事電光中，區區爭譖罵？吾欲洗吾耳，紅塵已
盡謝。

送別劉年兄豫吾

陌上楊柳枝，烟氛淒且楚。何能折贈君，贈君行以語。不願
相游揚，但願相期許。迅鶚方徘徊，未可戢其羽。一鶚終逾百，

暫折未爲沮。隱顯總君恩，事業無來去。古人亦有言，當爲豈此舉？大鵬息滇池，一奮排天宇。若過少墟氏，停驂試問取。

有　懷

美人在何處，乃在恒山峰。盪胸羅曉日，釣海垂長虹。蒼松十萬丈，萬里搖天風。我欲從之遊，藤蘿礙行踪。晝望月爲白，夜望日爲紅。殷殷不成寐，珍重夢魂通。

張無翼茂才索詩

南山有薇蕨，北山有薜蘿。胡不餐且衣，念茲寒餒多。衣冠紛嘆惋，關市聯網羅。是以賢達士，孳孳如拯痾。元方施未竟，季方更礱磨。研精羲氏畫，夢寐尼山阿。所志潤埏垓，澄源洪其波。

葦棚詩

癸卯得告還里，賃住室淺，苦暑，乃買箔數卷，縛棚以廣屋檐。甫及半，已覺灑然。既成，則密不蔽風，疏不漏日，鬱同邃廈，燦若花陰，度夏無慮。即使歲一新之，不過歲用百餘錢，終吾之世，費不數千，微祿足辦，無難也，不亦快乎！

結葦爲高棚，清幽障暑酷。袒背臥藜牀，稚子供脫粟。有時爇檀蘭，古編可朗讀。托身六合中，風光到處足。還期招所知，茲樂誰能獨。

青　苔

堦除經積雨，匝地鋪苺苔。隱隱青痕薄，茸茸黛色堆。舉足忍相踏？移榻爲頻來。化工裁製巧，藻繢漫追陪。相對境幽寂，悠爾好懷開。

懷公周廷諸友

美人隔滄海，何當駕葦舸？所隔在山嶽，吾將攀藤蘿。高居雲冥冥，瞻望可奈何？夢接以爲期，庶幾滌煩痾。

擬卜居樸庵諸君附近寓懷二首

晨興跨款段，徘徊欲何之。所之綠樹外，納履話幽思。涼風生懷袖，麥飯甘如飴。暮還約復往，將子當吾徯。

其　二

野曠襟期爽，入望惟青林。時伴耘瓜侶，踞地談昔今。情投言俱質，禮簡坦吾心。悠爾酌村釀，醺然互清吟。城市勿見招，於斯膠漆深。

吊趙烈婦

言遡河之滸，聊以鑑清漪。有美趙氏婦，殉義委郊圻。赴死亦良難，厥志恥中移。銖視千金體，華臕寧啻嬹。初心豈弗皦，一飽成脫遺。孤墳何鬱鬱，逝波亦瀰瀰。徘徊正秋暮，悵望涕漣洏。

陶村送別友人

相逢何造次，一夕成分歧。但念相逢喜，不念行當離。河梁携手處，別恨摧肝脾。悵余臥孤館，寒風襲人肌。雞鳴天未曉，君馬已南馳。古道木葉脫，不似送來時。嘉言永不忘，于以沃吾思。

贈梁思軒年丈

在昔稱賢母，賓至剪其髮。孰與携其兒，迢遞山河越。迢遞
伊何爲，維以交賢哲。蒲坂萃俊髦，張孟聲華勃。朝鼓虞弦風，
夕采雷山蕨。不聞三遷者，笈囊出里閭。梁郎感此意，天池會
迅發。

招子榮

春氣正和煦，徑草綠參差。暖日融懷抱，相對何熙熙。天心
固如是，達人觀化時。觀化憑誰語，子榮共襟期。不賴[二]良士
言，大道懼多岐。

關　王

心如天上日，此義罕人知。共誦將軍語，更鮮窺其陲。能心
將軍心，八極蕩藩籬。王心炯萬世，心心映不移。赫赫中天日，
光被永如兹。

與胡上舍

佩蘭亦良馥，何必青雲枝。大鵬幾千里，網罟安所施。圓方
中天地，赤手援四維。尊爵一仁備，良貴千載垂。乘田職不卑，
匹夫百世師。請看徵賢詔，西下錦江陲。

示　戒

我愛孟子書，論孝萬年鵠。鬥狠父母危，縱欲父母傯。所以
處鄉黨，勉效恂恂蠋。出入氣常下，惟恐與人觸。博奕歌舞地，
不以入我矚。獨有士人行，難成而易蹙。我願諸子孫，尊生如執
玉。吾能秉謙恭，誰不愛敬篤。駡人人亦駡，辱人取人辱。娼門

譬火坑，陷人逾鴆毒。妖態厲殺鋒，癡蠅逐臭肉。保身須養心，珍惜凌霄足。百行孝爲原，芳名千古蠹。

沈頤貞年伯祀鄉賢

傑士垂榮名，身後紛尸祝。或拜九原人，或拜三尺木。懿哉沈太翁，孝義生死篤。急難匪求知，千金不入矚。道高祀乃崇，聲徽起人肅。伊其未祀時，固與諸賢族。

輓張年伯母

張郎壽其父，念不忘其母。壽父既承歡，念母轉悽苦。宮袍豈不華，不及北堂舞。空有紫泥章，灰飛一抔土。人生值親存，晨昏可莽鹵。

曲江李年伯

先賢維大道，群蒙賴以啓。白沙宗自然，甘泉認天理。李翁闡其學，傳心在克己。克己乃無外，吾身豈稊米？誰云仕不達，懦夫色欲起。丹綍下天衢，皇言爛於綺。吾方處塵網，茫茫目有眯。斯人如可作，從之若脫屣。

懷思庸先生

思翁秉先覺，逢人指大道。教者何殷殷，聽者亦草草。茲道匪易窺，塵情錮難掃。吁嗟年復年，不殊秋卉稿。先生悲群蒙，憂心應如擣。誰能究斯業，九天慰此老。

讀斛山遺稿

忠臣瀕百死，貞心不少移。幽室絕曙色，斷食甘長飢。逢辰曝囚板，暢懷哦新詩。真成骨似鐵，寧愁命如絲。聖恩今浩蕩，掖垣何委蛇。雖然靳圜轉，霆威固重施。愧無感格術，停閣亦焉悲？

咏喬丹山先生

丹翁敦信義，恤孤矢不負。三品歸來日，弗忍私其有。歷揚二十年，共道畜豐厚。甫及垂老時，脆甘嗇於口。身去肉未寒，莫能瞻厥後。清風拂鄉閭，謗言真枉咎。寄語月旦人，評隲胡可苟？

送劉友南還

名實分先後，窮通若白皁。或簪纓於朝，或以巖穴老。巖穴厭紛埃，簪纓薄枯稿。達人自大觀，時行匪二道。時行何寥廓，劉子眼相青。公卿虛左席，皎皎玉壺冰。揮塵闡秘奧，心胸羅繁星。一朝辭燕市，南去渡滄江。劍光寒夜月，烟雨迷瀟湘。乾行如走丸，氤氳何南北。把臂竟無言，勿忘相開迪。

遊北園

爲耽遠寂地，留連十日此。高臺屬望遥，幽禽清人耳。雨過千林青，日落萬山紫。草生堪悟仁，木秩可窺禮。傳觴抒裏言，策蹇訪高士。野老罕機心，群兒無侈靡。田頭禾黍稠，縞綦足妻子。陰晴趁民時，天行允在是。何當鼓此風，淳朴移城市。相將還太古，于于胡不美？

吊丁文堂先生

余誦文園集，獨嗜菉茵辭。幽居抱至趣，情深自華滋。譬之天成卉，盤礴空良師。因知貴得我，得我發乃奇。玩言思若人，徘徊爲悽其。若人有孝子，已矣勿復悲。

徐鳴卿得告南還賦贈

古道冰猶合，出門色轉舒。誰種棘爲林，畏此刺人裾。倚鞍令繾綣，中夜幾躊躇。有懷不可吐，願言愛居諸。

題史武麟年兄怡怡堂

史氏今名閥，祥光何炎炎。伯子友于弟，相將樂以恬。友于極百愛，拊畜顧復兼。仲子亦珪玉，克恭如所嚴。怡怡闢堂構，飛白高朱檐。惟以爲箴銘，出入相顧瞻。百年期繾綣，誰能中道嫌。豈其躬町畦，内子靡私奩。緊予亦有弟，予弟亦有兄。感此史氏義，請陳兄弟情。十指聯於手，兩手聯胸膺。烏得强分別，而云若炭冰。世人重意氣，斗酒呼同盟。一同不復忘，世講逾蘭蘅。孰與産同腹，親切亦焉增。急難懷兄弟，胡不讀鶺鴒。父母遺杯棬，睨盻肺肝折。那知兄弟身，父精母之血。父愛愛何疑，父敬敢弗敬。犬馬猶且然，矧其所毓孕。弟愚嗓厥兄，父耳慘堪聽。兄怒目其弟，母懷痛欲涕。兄飽弟腹餓，八珍成淚墮。弟暖兄身寒，披錦心如剸。吁嗟世人懵，利重親乃輕。利不殊糞穢，焉將骨肉衡？伊其癖金貲，矻矻後人遺。胡厚我之子，獨薄親之兒。或以小怨始，惄惄竟没齒。何如怒不藏，予喜象亦喜？大都夫之心，灰於婦之口。朱陳秦晋人，渠於我何有。我思古風醇，壎箎擬季昆。讓産不自殖，讓金不自珍。或尊爲天子，樓閣美芳芬。或貴躋台鼎，參問勤朝昏。矢衆良難折，健兒解崇倫。鬥兄憎不武，形迷性自真。盗亦欽友愛，弗忍相遭迆。草木折何知，紫荆條枯存。於戲後視今，誠猶今視昔。千年萬年後，史氏輝簡籍。

熊念塘年丈終養畢謁選任婺源

君親恩則同，忠孝固一理。吾君之臣萬，吾親之子幾？所以一日養，三公不可擬。人子處褓襁，父母步一顧。兒有一宵別，親應終夜寤。漸長漸相離，如葉之辭樹。大離乃爲仕，長年動以數。熊子天下賢，孝愛切肝脾。成名年不少，尺組莫相縻。歸去環膝下，菽水亦依隨。雖然五載歡，百年無憾遺。孝道有終始，事君當在茲。作令文公里，瞻對無忸怩。其友爲曹生，三年離其母。匪以捐七尺，匪以干五斗。親年一何速！客夜一何久！褰裳盼修途，徘徊未能剖。重感熊子義，涕淚交於胸。雲中亦有鶴，陌上亦有蓬。人生懷其親，爲熊勿爲儂。

晋松陽乃翁年伯中丞公七帙

予友晋伯氏，叔子予同科。共季對春闈，伯也先鳴珂。時予栖燕市，朝暮相劘切。伯翁寄書來，倖予亦窺閱。首舉婁公戒，唾面宜自乾。無心與有心，侵我只歡然。定當勿侵人，有往必有還。衣寧用其故，屋寧居其小。馬寧跨其弱，趨事寧凌曉。吾當坎軻日，國事必殫心。吾當隆盛時，罔敢驕於人。好友須締結，締結勿以財。時事戒輕議，囑事口莫開。權門不可慢，權門不可近。遊士亦屏絕，一刺良重慎。爲吾具壽言，須入不仕語。爾第吾起官，似爾爲營取。守静聽自然，遠到卜於汝。一讀一三嘆，黃髮之言芳。喜不倦於教，是宜閥閱昌。伯翁懋勛業，天署達龍荒。贈言遍京國，不乏錦雲章。組之用爲壽，維以發潛光。抑將告仕籍，式遵永靡忘。

寄別張警庵

平生不解泣，今日淚頻揮。一泣趙郎去，二泣吳郎歸。三泣張倅罷，顏色遠相違。張倅才激昂，彎弓兩石强。清操不纖翳，直性無迴腸。爾行自慷慨，我懷自皇皇。徘徊乏雙翼，隨爾共飛翔。

汪中臺年伯祀名宦鄉賢

從昔辨仕學，朝野迴然分。朝野亦寄迹，根宰一天君。汪公祀上谷，還祀汝水濱。縉綏何燁燁，入里何恂恂。抑或雄於鄉，何談樹功勛？吾將質夫子，聊取鑑人倫。

贈王金暘計部回南壽其兄復姓孔氏

仲尼躬大道，天下一家也。豈不有同宗，一家之親者。天下闡其學，譬如共塾冶。同宗繩厥武，親若在膝下。伯魚何異聞，詩禮之言雅。金暘出孔氏，傳神異土苴。贈翁垂令德，昆弟如韶夏。食指紛同鼎，末俗睇茲寡。季也念伯氏，萬里壽玉斝。復姓追本支，先聖自歆嘏。繄予欽其芬，翰墨爲之灑。謂疏非所親，胡爲思如瀉？大道在金暘，吾言當不假。

懷昔吟八首

《懷昔吟》，懷同里之先賢也。賢不盡於吟，吟未盡其美，聊據所知以竊仰止云爾。甲辰四月廿有一日夜。

李尚文先生諱素，通政使

李公建嫩猷，袚垣振遌軌。彌天知瑣郎，到今黃髮李。千載有餘芬，煌煌徵國史。愚忝踵故署，三嘆不能已。

張九雲先生諱岫，都御史

清白信清白，日遠揚輝光。片札世人珍，乞米帖同芳。堂堂八座尊，候俸製母裳。鄰翁售以宅，昕夕爲徬徨。流傳聊彷彿，峙嶽懸春暘。所嘆文昭後，高丘柏已戕。天道不可問，人生惟允臧。孤鳳搴雲漢，誰與之頡頏。

張訥庵先生謹芮，大學士

張翁秉操古，朴懷而直躬。逆瑠熾虐焰，勁柯迴靡風。學士
一長揖，拜跪羞群公。左去豈不得，黿禁留高踪。史官謂未識，
他人何弗懵。升沉俱往迹，忻瞻芳譽叢。

胡東渠先生謹諧，參議

胡公凝粹德，趙璧楚白珩。守道抗宰輔，宦貧感同升。拂袖
耕北野，高標映日晶。等閒欽令聞，盜亦爲心傾。杳杳青天閬，
何緣請執經。

謝朝制先生謹誥，員外郎

謝公當孝廉，驄馬憲臺扣。五日百雉興，寇退萬家救。筮仕
秉清法，供億省帝狩。歸來遺世氛，貴宦罕能覯。村墟契胡公，
城居翟叟厚。訪胡芒履趨，訪翟坐圭竇。寥寥將百年，此風不
可又。

劉思庸先生謹弼寬，府同知

言念思庸翁，未老遽焉之。執謙魯恭士，邃語匡衡詩。當年
聆一二，服膺猶在茲。懊予匪善問，未窮珠藪奇。頗解理瘻木，
墓楊空瀟澌。悽切向誰語，殘燈照淚垂。

杜勿塢兄謹可久，舉人

予昔在髫齡，及窺勿塢子。蚤歲步青雲，磊磊終貧士。六月
被大布，放歌悲世否。奮毫落瓊珠，孤鶴雞群恥。狂飲不懼疾，
厭病輒祈死。齷齪市上兒，豈直上下第。英風不可追，心熱爲
背沘。

馬少軒兄 諱邦瑞，行人

人亦誰無心，心各隔胸膚。少軒心外露，坦坦渾邊隅。忘機漢陰叟，歡笑步春雩。孔門肇毋欺，若人之徒歟？忍見璠璵質，委置蓁莽區。

贈別戴生

秋日長安來，春日江淮去。爾身有去來，爾心無行住。識得爾心時，八荒寸地具。識得爾心時，萬行一模鑄。識得爾心時，乃見違心處。吾心那可違，談心淚如注。

感懷六首

夜光紛滄海，網罟亦良難。夜光無擇照，海底如人間。人間自多夜，夜乃光之求。含光數問夜，抑足用爲羞。太公無耆壽，渭濱一老漁。披裘翁爲誰，悵然嘆區區。

其 二

或居昆山麓，觸目盡珍奇。炊玉以爲食，紉貝以爲衣。或居荒裔區，觸目盡魑魅。俛面叫以嘯，陰風凄以悲。所居乃不同，相憎徒成癡。由〔三〕鬼亦趑跳，聊以解我頤。

其 三

伯奇父不憐，顏路子不壽。牛也憂兄弟，顓兮空良友。買臣未終賤，室人謝絲蘿。版築不入夢，高宗如説何？相遇良偶然，不爾偶不遇。天且莫之爲，委心復奚慮？

其　四

晋史寇諸葛，賓王武曌賊。漢高不滅楚，耳餘爲比翼。漢高自萬乘，勿勞幸不耳。孔明胡所尤，天命如斯矣。臨危悲黃狗，拜相感微時。豈知死與貴，石光忽滅漸。

其　五

天亦有晝夜，天亦有生死。有開必有闔，有成必有圮。東海有時涸，西嶽有時平。日有時不暄，月有時不明。榮名鑴金石，彼時阿誰知？相逢且相樂，勿爲空嗟咨。

其　六

貧家斗有餘，而常嗇於升。富貴千不足，萬億何時盈？馳驅百歲間，憧憧撼心膺。臨去猶長嘆，亦或目不瞑。愁魔一何强，以此竟死生。誰能殄此魔，浩氣排青雲？吾道自至富，吾道自不貧。不緣知足樂，不足復何論。榮公樂三事，假物以自歆。至樂無所假，至樂無可尋。

會友有談歸賦寄

弧矢懷四方，安能事一室？萬廈庇士寒，凍死亦不恤。有弟貧且耕，予咎弟何失？有妻病且憤，月老繫之匹。我憂年逾强，大道猶暗室。我憂民未蘇，烽烟方急疾。吁嗟憂何爲，采菊酬秋日。不見鬢邊絲，那能再如漆。

寄壽徐封君

徐翁玉南先生長嗣戎部君鳴卿自北南行，奉寄以詩爲壽。

淮水之南北，時與鳴卿晤。一晤一傾懷，瓊樹凝清露。世艷
揚州鶴，而乃類寒素。云是嚴若翁，積金當見怒。翁才大崒嵂，
六籍蚤能富。迴首謝青雲，惟以盟鷗鷺。名理佩前哲，孝道永孺
慕。昆弟樂且耽，千年愧尺布。九族惇以睦，不殊奏大護。瑋行
嗜如炙，鴻名亦若赴。鄰里薰之良，種德已成圃。誼高戒吉甫，
中藏不再婦。課子爲通儒，探搜破訓詁。理郡露奇穎，芳猷罕能
步。寰宇珍明珠，靈淵應可遡。爛爛紫泥書，曰以報是父。家慶
流德光，國威藉戎務。當是趨庭日，干櫓燦武庫。皇華飛絳節，
五月長江渡。過里拜慈闈，和氣生門户。久予棲京邸，寸腸感烏
哺。夜誦春暉吟，朝上乞身疏。辛楚歸未得，供張慚道祖。去去
乎鳴卿，華堂褭香霧。爲翁舉霞觴，爲予歌此賦。黑髮擁諸孫，
如川綿壽祚。

寄報沈湛源博士

虎丘山上月，碣嶺亦輝光。人生能不別，所懷遥相望。未拜
寄來書，先拜賓鴻翔。容顏不盈尺，一語一琳瑯。丈夫重掀揭，
枕流亦已涼。長劍爛星斗，誰忍匣中藏？把劍相憐惜，無言但
涕滂。

寄報何霽懷京兆

客從吳江來，遺我尺素書。長跽讀君書，問君何爲歟。韜煇
官若棄，食貧田無餘。門前環碧水，座上集瓊琚。顏倡孟閔諾，
《易》始書之初。鳴琴對樽酒，一笑意淵如。何當置其間，孰與
夢華胥。

送曾公祖南巡廣西

送君河之浦，不折垂楊枝。楊枝幾尺强，千丈繫離思。別離

復何道，光輝日在茲。顧慚漆室伏，喜君驄馬馳。春明萬里隔，況乃南溟陲。六飛匪代狩，誰與聽民咨？

讀朝制先生詩語

新凉整冠服，簡編事校讎。端誦謝公語，言言在清修。潛心窺顏孔，普樂爲民謀。誰與膏其橐，擊鮮雜歌謳。九原可以作，執杖相邀遊。何如醫藥石，吾病行將瘳。

咏耿敬亭年伯

昔行大河涯，徘徊砥柱下。砥柱高百尋，黃流任奔瀉。崚嶒不嫵媚，不乏嫵媚者。群籟亦交發，如奏鄭與雅。眾喙匪可緘，嗟咨誰能舍。巍巍寒嵯峨，而今安在也？

王紳字朝用千户

王紳跨羸馬，揮鞭驅萬人。萬人豈不武，伏竄喪其神。亦聞高軒者，咋舌爲逡巡。人豪何矯矯，可以擁三軍。怪哉抱誰語，滴酒詎能申？

世界吟

世界多缺陷，斯言未爲確。家家日月明，處處川原擴。崇高貴者榮，清閒賤之樂。多財多受享，少貨少計較。《周易》憑羑里，蘇節賴沙漠。長壽賀歷年，化去如解縛。坦途誇砥平，峭石賞巖壑。譖毀聲焉住，誰短長鳬鶴。見在總充盈，一榻亦廓落。豈不聞芥子，不異須彌博。

莫相憎吟

鳳麟天之產，蛇蝎亦天生。誰不秉至情，雜紛緣五行。世衰鮮教化，遂致終懵懵。抑以天道遠，難測者冥冥。不有不肖子，積慝家無傾。怙惡儻知悛，奚至貫滿盈？利名或濫被，只因乾澤宏。辟彼甘澍降，荆棘亦敷榮。一瞬總歸盡，忽忽電光明。相逢幸相憐，切願莫相憎。

咏寓邸四槐

所居燕市裏，茂樹緑陰濃。當年曾手植，重到已凌空。鬱鬱幕夏日，颼颼撼天風。好鳥來棲止，交語如商宫。公餘時一憩，不異故山中。故山共農叟，木榻坐林叢。愛兹若彷彿，亦可盪吾胸。都城多華屋，歡情偏爾鍾。歡樂詎敢極，側耳長樂鐘。

癸亥冬得告西還途次漫賦

昨歲長安來，今歲西山去。道傍相睥睨，來往一何遽！修途旅枕寒，暴客郊原聚。豈不感君恩，綣綣不可住。君臣誼自高，行藏別有據。憑將遲遲行，聊以答吾遇。

又

憶得一紀前，新年寓井陘。今日逢元日，依然舊館亭。君恩頻予告，授餐煩居停。山川似有緣，一笑酌春舫。健兒挾弧矢，飛騎堪怡情。却懷漢猛士，赤幟拔堅城。誰當靖遼海，泰運轉邊庭。

又

壽陽暫稅駕，昌黎詩在墻。讀罷行十里，狂風塵沙揚。咫尺不可辨，僕夫凍且僵。踉蹡投旅舍，草榻卧殘缸。兼之我疾作，中夜起徬徨。行路昔稱難，況乃鬢如霜。方知倦飛鳥，原來各忖量。

又

林皋餘十載，鷗鷺久締盟。晝營與夜夢，不離讀與耕。天子思遺履，起我貳常卿。俾之贊風紀，俾之佐銓衡。有懷埒芻蕘，擬將披腹呈。忽忽仍歸去，秋毫報未曾。官忝真成竊，慚深欲涕零。所願二三子，聖學共闡明。貨利不可嗜，寵榮勿去爭。樹人將在此，慎莫藐予聽。

贈別李本晦侍御

吾身若虛空，氣形疑未聚。浮榮與浮名，奚所憑而住。所以達觀人，不以縈其慮。虛空何邊涯，茫無析別處。所以大心人，似千花共樹。離亭我送君，杯酒莫躊躇。君固河東留，我已江西去。搥碎匡廬山，面面兩相覷。但會虛空身，肯令沾飛絮。

又

我昔弱冠時，不揆慕往聖。誰其示我學，吾與渠共命。浮沉數十年，簡帙窺先正。元公及純公，金溪有子靜。江門果自然，姚江揭大柄。泰州簡而要，二溪之言瑩。垂老逢吉水，一睹真率性。率性匪等閒，須理融欲淨。豈乏爲義人，戕性滋世病。不思勉而始，不思勉以竟。歸去告先生，當不我爲佞。

平房成

窄屋苦炎熱，新構屋四楹。屋頭不用瓦，甃磚坦以平。直西丈有五，向南三丈橫。前時宅基狹，於今不啻弘。夏喜新涼入，冬應暖日融。屋裏常居處，屋頭時一登。吟餘抱膝坐，飯後遶欄行。采雲疑相邇，皓月若增明。吾此堪頤老，欲擬菟裘營。

歸田園

田園二載別，重到理蒿萊。雖然吾年老，尚堪歷隴崖。比舍舊農侶，斗酒來追陪。及時播嘉穀，引水灌新栽。乘涼就茂樹，踞地席青苔。晝永眠深洞，朗吟瀉胸懷。童子爲治食，搴蔬向籬隈。兩盂腹已果，千鍾安用哉？最喜延三益，妙道相取裁。善言逾瓊璧，良士杞梓才。不藉好修士，誰與奠埏垓？

七言古詩

久旱禱雨有應

利璫鑿地脉，名山不能雲。關市紛豺虎，戾氣徹蒼旻。去年六月書不雨，迨今河漢飛紅塵。昔聞土養人，今見人食土。饑來去何之，凄涼空敗堵。父子忍仳離，白骨暴如莽。餓夫十八萬，枵然聚畿輔。路逢榷利人，不言而敢怒。我皇惻惻躬禱桑，以實不以文煌煌。釐弊無異除新法，剔奸何啻烹弘羊。頌聲成轟雷，喜氣成靈澍。雖然草始青，鼓腹若大餔。家家機杼鳴，處處禾黍布。公家固不貧，萬里盡外庫。君不見從來大亂興，每自荒年起。民饑則流流則聚，一夫揭竿大事圮。邇來景象亦如此，不有甘霖胡恃矣？

漫歌行

白浪如山海若怒，萬石之舟一粟淪。幾人方競渡，幾人方問津。亦聞炎荒成白骨，徘徊銅柱顏爲忻。白骨枯不靈，辛苦誰爲陳？中心有所驅，四體不相仁。周道有華堂，桂棟柏爲梁。瓊玖爲茵席，椒蘭何芬芳。苦樂一以殊，歸去疇踟躕。爲謝行役子，勿勞相招呼。

從征行

十載從征戰，白刃如飴面銜鏃。天寒日暮沙場宿，飲血枕髑髏，雲黑陰鬼哭。百殆適不危，千慮繁心目。跫然喜客至，踉蹌相徵逐。首問功高官爵榮，次問黃金富千斛。吁嗟乎，利錮人，乃若此，今人重利重於死。

賈玉行

賈人賈玉交琳琅，栖栖客楚何彷徨。祇知三獻終當售，誰知兩足刖堪傷。蘇秦賈舌以舌死，丈夫未遇盍括囊。蘇秦死，齊不存，懷璧爲罪胡璧珍？尼父遊遨七十二，價不可求但可俟。

濯德歌

一緯錯，一疋惡。纖塵能障玉壺冰，尺霧猶堪翳太清。宣尼濯德精彌精，盍以江漢之硠磅。滌髓瀝腸中外瑩，毛可以吹疵何生？疇爲濯之時，衾影我獨知，急遽共流離。疇爲濯之具，上帝時汝顧，翼翼恐以懼。

慎防歌

寸心有刀鋒，刀鋒森如麻。亦有水與火，焚溺復無涯。抑亦工變幻，朝人暮爲蛇。忽以陰，忽以晴。忽以鳳舞，忽以鴉鳴。忽以虎嘯，忽以鼠驚。當其未變時，羊腸望路岐。及其變已成，千尋瀉建瓴。本來面貌果如何，憑君認取莫蹉跎。刀鋒水火原無有，慎防勿令微成多！

近觀歌

近以觀遠，人以觀天。我以觀物，後以觀前。小以觀巨，偏以觀全，麄以觀細，顯以觀玄。枝頭一珠露，萬古包鴻濛。鴻濛不緣腐草隔，仍向秋螢見化工。一呼天地始，一吸天地終。所以聖王不下榻，康民阜物成豐功。

大同歌

農人農，賈人賈。文人文，武人武。左賈右農，誰與通功？軒文輕武，誰與禦侮？瞽師典樂，刖夫司閽，智愚迭役，孰去孰存？乾坤何磅礴，爲蠶爲蚩蚩。周主昌君義，殷士揭臣忠。山青雲靄白，草緑花舒紅。東家聖，老於行；西家愚，没於市。無用費平章，亦各畢其事。

哀丁生賓

茂才丁公子卒，余往弔，或曰："是年少者，可長揖。"夫丁子，孝悌人也。余雖老，敢不拜乎？謹再拜，詩以哀之。

丁郎皎皎玉爲姿，靈輀忍睹赴郊圻。斯人厭世一何夆，斯世可無寧馨兒。克孝兩親悌厥長，肯忘根本傷同枝。若兄先去悲無歇，鎔金爲主相奉持。錦襲真容時左右，千里間關不暫遺。嗟余平生罕窺此，何不住世挽風靡？誰不孝悌本至性？誰將此道不陵夷？爾可贖兮我身百，傷懷爲爾泣漣洏。

良良歌

吾族老僕曹寧，其子良良，垂髫時，以搖箕爲生，每得毫釐，則爲父母具美味。稍長，傭工，其父母不乏酒肉。嗟乎！茲非孝子乎哉？未可忽也。

曹寧夫婦病且老，有子良良行孝道。苦筋竭力得毫釐，奉養雙親常溫飽。我雖峨冠爲朝臣，睹此美行感懷抱。世上豈乏峨冠人，上天下地能論討。妻羅子綺愁不足，不爲父母添布襖。嗟爾良良是我師，願爾多壽多財寶。

壽何年伯有引

年兄何旭如氏，叙年伯父母行實，命爲詩，慶上壽。謂年伯洞經世、出世二通，玩《易》睦族，種樹灌園。伯母禮奉觀音，宜於尊卑，教子三事，一米一菜不忘君親，各善不可殫述。聊就諸語，稍加錯綜，以寓請質之意，冀得畫一之歸。

世人出世誰爲可，經世以世不以我。九族既惇百畝耕，以斯出世以斯經。三語課兒清慎勤，一米一蔬君父恩。里閈旄倪生忮心，何妨俯首誦觀音。封君孺人德何閎，仲子言之感我膺。仲子鳴珂朝珥筆，世胡以經胡以出？亦有欽崇大士者，一米何有空天下。大道難窺請以扣，抑以扣言爲之壽。

沈孟威年兄乃堂伯母節壽歌

孟威索句壽其母，子孝母貞兩俱睹。孝將寸草報三春，貞如勁柏凌千古。孝道從來重顯親，不虧厥體顯爲真。體分大小誰與辨，不虧其大幾何人。貞母德壽天與齊，筆匪如椽將焉題。孟威孟威以忠孝，南極北堂絢紫泥。

輓熊太孺人

人羨孺人誕貴子，扶搖九萬紆青紫。我羨孺人誕子賢，玉峰千丈倚中天。有子不肯置王家，百年不訣亦焉嗟。賢郎幾上思親書，正是萱幬無恙初。腸枯舌爛歸不去，西風灑淚可何如？奚童反命慟欲死，東村母子方治粗。長號奔去天冥冥，相看誰不泣橫膺？噫噫乎，翟冠鼎養今已矣，永終慈譽惟賢耳。

揭曉前一日有友索歌歌此

春風曉入曲江曲，西山客子但呼醻。座上有高士，相看驚側玉。爲君發長歌，有口不食彈鋏粟。御鑪携馥度玉堂，故園烟柳競新黃。誰能軒輊此，乾坤萬里足徜徉。渭濱一絲繫九鼎，當年未遇垂孤艇。手持鹽梅上丹轂，夢懷不入岩前築。生不願扣角嗚嗚嗚，懸車前弩亦區區。人生容膝俱長物，勿用擾擾逐隙駒。爲君歌，君浮白。君才崒崒追謀君，仰視長天流浩碧。

咏知一張年伯似綠汀年丈

知一先生胸如日，直從造化窺靈根。加纊不憂身且去，方憂吾道蓁其門。校勘理氣授家嗣，雙暝浩浩歸九原。兹念固已達渾沌，下通萬億剖籬藩。匪修匪證匪克悟，紛紛離析愧支言。家嗣孝廉真大孝，號天踊地晝爲昏。先生有神應注矚，綿綿道脉繩繩孫。張君孝親孝以道，理氣不裂孔顏存。我學憒憒賴發覺，他年寸地夜可暾。

贈別劉冲倩

劉生索賦詩，欲賦無可賦。吾喜劉生來，悟言如袪霧。聊於歲月間，迴頭試一顧。不行何用言，不行不爲悟。忽忽將百年，抑以將求副。歲月不副猶可圖，百年不副真堪怖。眼前自有相副時，轉盼休成千里路。

校勘記

〔一〕“指”，四庫本作“旨”。

〔二〕“賴”，四庫本作“負”。

〔三〕“由”，四庫本作“山”，當從。

五言律詩

會胡慕東掌科於泓芝驛

匹馬綿山道，相逢似夢柯。光儀昔若此，世事今如何。不盡班荊意，聊占補袞歌。郵亭倘予憶，今夜宿烟坡。

清　明

歲歲清明日，家家哭壟頭。昔人一旦去，存者千年憂。野暗浮雲色，田分澗水流。九原如可作，應更爲予謀。

與北溪表弟

十載還鄉曲，青山竹樹饒。且評新得客，花老舊分條。未許嗔濃麗，剛成慣寂寥。珪璋張仲弟，酬對肯連宵。

壽陳丈五十

今是知天日，天心果若何。麒麟雲裏下，貔虎座中多。珮解青萍諾，杯殘白雪歌。燈前窺俠骨，好去靖戎倭。

訪劉友不遇和其除夕韵

歲歲除將去，乃成千萬年。渾淪不歲改，機竅幾人研。世謂迎春後，情殊守夜前。子寅丑異建，況味豈應遷？

和米山人除夕詩

最是陰陽巧，更翻作歲華。癡心剛被弄，皺面爲相加。旅旅思鄉夢，城城檢曆家。林園猶濯濯，誰看此中花。

夢遊河津遇蘇石水醒識其狀 甲辰四月十七

夢裏逢知友，憐予髭白生。草茵相枕藉，村釀若生平。惜去馬鞍解，傷時襟淚橫。龍門岡阜上，乍醒使人驚。

乙巳七月再遊西園二首

四野青猶昨，重來病若加。報君空諫草，爲母惜年華。皓月邀臨榻，紅塵懶過家。休休還自適，到處足烟霞。

其　二

遭逢亦已足，胡不笑顏酡。傑士時連袂，逸情入放歌。三生由命鑄，四壁奈吾何。強起加餐飯，萱堂雙髩皤。

劉定余先生園亭植杏以肖杏壇招飲花前眂詩扇賦謝四首

何處園無杏？何園杏不花？一時成聖迹，千古艷奇葩。爛漫尼山宅，芬芳制府家。行行來西郭，如涉泗洙涯。

其　二

八九東蒙士，傳燈衹一仁。有懷窺孔室，著意認王春。生趣年年盛，天心的的真。此時無一酌，那不負東君？

其 三

誰把春容鑄，紅妝向曉開。爾憐寧待語，吾與勿須猜。解佐犧樽興，知經羯鼓催。朱欄厪愛護，不遣雨風摧。

其 四

宴罷七人起，籃輿徧插枝。頓令齂海塢，恍步上林時。一色色無間，衆香香更奇。願憑風九萬，布散滿天涯。

七言律詩

和馮少墟先生勉學詩

尋春莫待賞春時，春色何緣過綠枝。世路由來曾未險，人情祇是自生癡。合天爲我方成我，順帝不知乃是知。大道見前憑認取，相將良友叩明師。

平藩太宇宗侯遺詩步韵以謝二首

百丈鯨鯢未戢鱗，家家鼾睡大河濱。關心獨有天潢客，借箸能迴沙磧春。四野燐交遼海卒，千年淚落楚江臣。孝陵王氣忻如昨，且向月明理釣綸。

風動雲流鎮日閒，非非寄向蠹魚間。從無奇字煩揮麈，覓得玄珠欲破顏。臘盡便知水是冰，巖居莫愛畫中山。汾陰高士多精語，何日青牛曉度關？

懷淮陰士民二首

士庶雍雍佐郡時，七年一調不嫌遲。瘝官難補惟心折，落日相催盡淚垂。萬萬千千遮道左，三三兩兩別京師。於今赤子天涯外，目斷長淮無限思。

兩考一官疾似梭，成功爲問竟如何。從教去後心猶赤，臏柱今番鬢已皤。未報主知顏汗赧，難瞞我處淚滂沱。攝行大治何人也，到此令人感慨多。

步韵報盧茂才橋梓併致諸友二首

斷梗飄飄倚日邊，每逢貂使夜爲年。空勞青眼窺親舍，幾向紅塵覓性天。到底袖藏辭綬草，也知囊乏買山錢。丹心一片從來熱，忍過西山酌泠〔一〕泉。

濟濟冠紳集講堂，言成鏗韵步成芳。主張潘氏教無類，孝義盧家斐有章。歲若虛浮空髮短，學無實地祇心長。譚馮諸子吾知否，夜夜心旌自北翔。

謁韓侯廟

辟穀仙人蹤迹杳，就烹國士血痕斑。翔同孤鳳真奇絶，淚灑千秋豈等閒。誰向浮生能繫日，未隨腐草便開顏。徘徊相羨爾能死，不死淮陰市井間。

志　感_{有引}

海雲曰：“不求人知而求天知，不求天知而求自知，不求自知而求無知。”一峰曰：“保身所以盡忠也，保身所以盡孝也。"善哉二君之言！服之於膺，詩以感之。

良朋終日鎮相隨，何幸蓬心獲善辭。纔道君親雙淚隕，難將冷暖倩人知。塵藩霧鎖單身出，月窟春融一笑窺。到得個中全掃却，這番認取太初時。

村　居

薄薄村醪常滿罁，采來野菜亦盈筐。因耽月色眠高嶺，爲逐花陰移小牀。每以避寒扃户牖，未曾觸暑汗衣裳。嵐光竟日相留戀，不識人間有短長。

贈馮少墟先生西還得扉字壬戌仲冬

名賢旬日再言歸，我貴由來知自希。楓陛黃麻需後召，函關紫氣繞初衣。斯文終古無加損，國史千年有是非。計到家山春咫尺，繽紛囊笈滿程扉。

步韻謝別太宇賢藩二首

三月河汾臏物華，行行行到獻王家。清江雲護龍眠穩，碧漢風高雁陣斜。崎路忘勞因旰食，塵襟乍净有春茶。光儀未許溪橋隔，柳颱青枝梅放花。

牛耳詞壇孰與京，留連端爲遲行程。幾年相憶雙魚赤，一日躬逢四眼明。錯落奚囊剛喜極，咨嗟犛緯却愁生。全憑一醉澆離緒，到向東人呼酒舡。

龍逢塚

下馬高墳淚欲零，忍聞忠藎被嚴刑。秋風慘慘天爲老，夏曆茫茫骨尚馨。一死猶期成主悟，九州豈意共身傾。英魂彷彿來相囑，莫道吾王不聖明。

魏豹城

野老溪邊說魏侯，荒原曾此樹瓊樓。秦王殿上珠光照，薄后宮中貴氣收。故壘惟聞殘鏃出，遺溝猶自淡烟浮。興亡千古堪憑吊，何事蜂衙喧未休？

贈別徐明衡天部以請贈薛西原先生得謫

南州高士出皇都，陰雨三旬匯若湖。一旦銓郎辭墨綬，滿朝臺諫伏青蒲。爾懷聖主恩猶渥，眾羨西原德不孤。再弼盛明他日事，眼前吾道在匡廬。

和呂豫石天部做學詩十首

睿思講罷講何思，請更參詳率性時。膝下瞻依寧俟慮，井邊怵惕那容遲。也知研究堪窮髓，絕勝疏浮但撩皮。祇是不思原聖脈，入門爭可讓些兒。

等閒莫把意爲心，纔說尋心無可尋。固在一腔難問際，雖然萬備不容針。匪憑軸在空輪飾，覓得丹來徧地金。千古齋心顏氏子，聰明黜盡只潛沉。

古德相傳只此明，十分明是十分行。憒昏決事終成暝，想像爲知僅是名。明照應須莫浪指，躬行切忌不完成。醒來幻夢一齊歇，若個爲明若個誠。

身外遊絲總贅疣，營營何事不如休。可憐暇日翻成擾，却把直腸硬作鈎。甘飲自捐着屨血，錦衣人笑頂冠猴。原來至足屬吾道，塵網牽人可盡勾。

勿用區區嘆德孤，茫茫寧匪盡人夫。試詢乾父皆男也，可道街氓不聖乎。有我一堂分肺腑，同人千聖點頭顱。陽和未到冰難解，願挈良朋共勉圖。

世上何人號最貧，裹裝七尺小爲人。旁聯六合斯真體，貫徹千秋是大身。纔割禽魚便是瘻，不疼戎虜豈名仁。只休封閉如蝸縮，縱有高談未許真。

眼前突兀聳尼山，終日徘徊盍去攀？起念便分生死介，是誰能立獸人間？殷殷防錯常詢路，戰戰臨深爲過關。老我流光增鄭重，中宵耿耿未能閒。

吾性原從未有孩，五常百行甫成才。太初太始須參也，一欲一爲可漫哉？身濯江流纔是潔，眼迷跬步未云開。曾觀鄉黨十篇否，檢點衣裳飲饌來。

莫訝崇高聖與神，爲神爲聖甫爲人。希天即在希賢日，由義難於行義循。灑掃曾聞神所入，心精即是聖之真。果然此道一而已，子輿當年既示津。

每詫儒紳見有邊，得詩深喜已窺全。明幽合貫方成世，費隱都融可論天。進學還須獨有得，殢人每以故相傳。元公試向詢無極，不語只消抹去圈。

校勘記

〔一〕“泠”，四庫本作“冷”。

五言絕句

省躬詩一百三十首

燕子語梁間，天籟各自發。家童勿垂簾，出入任飛越。

又

風從水上過，文成風不知。水亦不自文，觀者乃文之。

又

人信勿自信，人疑還自疑。不疑不成信，暗然爲襟期。

又

人不幸不及，相看成自驚。莫訝醉人醉，未飲不爲醒。

又

蒿萊誰不厭，剷盡又還生。田不茂黍稷，未許不青青。

又

聖人時而言，一發千鈞弩。終朝審其機，含章緘不吐。

又

小鑑鑑以面，巨鑑鑑以身。不比明月光，豈識乾與坤？

又

或計在一時，或計在一世。或計在萬年，經營應自異。

又

我全而人毀，毀者當自怒。而我乃怒之，芸人忘其故。

又

利根千萬丈，漆堅細若絲。誰知絕利日，剛是利生時？

又

鑑空水之止，纖塵不揜光。人心塵無許，頓爾成昏茫。

又

血氣相驅役，真成傀儡身。不知伏火處，那知已成焚。

又

宿愛不能斷，宿嗔不能斷。營營堦序間，何時登彼岸？

又

請益居其虛，受益居其愚。請益而益至，真能不怒無？

又

畫史先盤礴，一擇敵化工。萬事未當前，胡不虛其中？

又

孟子善養氣，此氣即此理。稟氣人人知，理則遠言取。

又

萬人各一生，萬生各一遂。聖人遂萬生，於己取不匱。

又

遇蘭馥我衣，遇棘刺我裳。人生隨所遇，何必苦相傷。

又

御人與御事，難易迥然分。人心不我洽，吾事亦遭迍。

又

世變人崇鬪，几筵列戰鋒。雞肋誰我弱，箝口莫相衝。

又

昨夕塵情濁，忩忩結不舒。夢中馮伯子，命我勿區區。

又

良賈以虛殖，殖多更邃藏。祇緣寸銖兩，囊篋日周章。

又

不百鍊不勁，大任阿誰舉？大道大如許，衆生衆如許。

又

舉世俱予聖，千年顏孟無。向明争似暗，明便輟功夫。

又

何不學幼子，笑罷忘其喜。不風猶作波，人稱爲禍水。

又

天大不漏細，羅三垣列宿。不難大如天，抑恐多疏漏。

又

喋喋以益人，疑於炫所有。人方陳其益，雖逆且順受。

又

過不可不悔，一悔便消釋。藥過病還生，撼搖苦此鬲。

又

恩過翻成怨，非關怨者尤。陽和陰不節，炎夏竟何流？

又

休因得意處，忘却懊懷時。自吐寧堪食，剛腸莫再移。

又

偶睹醜人醜，歸來淚暗彈。醜予無處着，爲爾何成寬？

又

行不離堦前，言乃萬里去。負擔果幾何，千鈞勿浪語。

又

困來寧退休，倦容勿對客。勿易吐肝膽，而令辭氣迫。

又

德義早安排，十三年前語。今日初度日，慚愧汗如雨。

又

過喜氣多揚，過憂貌亦嗇。理情如調羹，味過詎堪食？

又

尋常躡徑草，容易撲流螢。怙強終不覺，爾弱乃相陵。

又

長呼據竿頭，他人焉置足。環瞻匪爾榮，將以爾爲鵠。

又

陽過常畏人，陰過不畏己。人目當其麗，吾目當其鄙。

又

小怒不能懲，大怒且相襲。大怒旬日連，小怒時刻戢。

又

羊腸鮮覆轍，密語多興戎。風波翻齒頰，冰炭羅心胸。

又

勿恃沾沾恩，恩爲怨之府。勿恃煦煦親，親爲疏之藪。

又

貞士不易悦，曲士不易結。胡爲乎營營，空爾成勞拙。

又

逢比榮萬年，桀辛辱千古。吊罷莫談忠，慟淚方如雨。

又

治世非一手，亂世非一足。南渡主多冤，群工俱食肉。

又

磯流嚮滂湃，風樹影參差。神氣清寧日，聲容和順時。

又

參芎自不惡，藜蘆亦何尤？丈夫同氣味，白首願同遊。

又

螢火未成日，不信草能飛。望夫軀化石，石軀有無知。

又

家有軒轅鏡，鏡貌紛於此。去者影常留，來者胡以俟？

又

漏語亂之階，轉喉若發機。機動靡不走，促膝成噬臍。

又

謂我不如斯，人其誰我諒？是何人之殉，不憐我之喪？

又

蟻鬪如雷震，病耳亦時聞。人誰同此耳，相述徒殷勤。

又

周行松桂羅，狹徑多蓁莽。遇莽方迴足，何如詢路口。

又

燕居如對客，客至不更容。倉皇多掩飾，藉是以自攻。

又

怒毀成愎諫，喜譽若爭憐。借將頷下氣，增取面前妍。

又

乍面成乍煦，易諾旋易悔。孰與少踟躕，猶令直道在？

又

誰將一粒珠，棄之於中野。誰將一寸長，人前誇詡者。

又

吾將益人善，因之攻人瑕。區區亦疏耳，如煮水灌花。

又

陽剛散之始，物生肇自坤。石冷能藏火，火烈祇成焚。

又

折旋不足虔，百拜盡成虛。減寸不爲丈，凜凜貫終初。

又

人情誕固誕，評章密似毛。評人如評鬼，雙淚落青袍。

又

大濟肇於忍，大懟肇於忍。一忍不復辨，剛道是愚蠢。

又

先朝肇大禮，群議競紛然。文成問不答，聊爾咏青天。

又

千里難一師，百拜難一語。訐言感如飴，相成出相齬。

又

口虛而內實，欲入閉之門。空洞絕伎倆，是爲百益原。

又

天雨之潤禾，傾盆不如細。侈口相開陳，知應匪求濟。

又

知人真不易，諮詢失亦頻。勿謂憑高客，勿謂聽密人。

又

人亦何容辱？人亦何容欺？我不而人可，貌諾而中携。

又

又手成經濟，揖授何森然。欹側談條理，沉醉説醒言。

又

眼净微成巨，三年貫虱心。羊羹與雞距，戈甲起繽紛。

又

制念如縛鹿，一排而一觝。無念乃無縛，正襟墮支體。

又

雄辯如求勝，直窮亦似爭。纔勝負者遠，纔爭大道崩。

又

劉戒釋文義，潘不議論予。無乃談聖學，勿越各身軀。

又

何事須明心，神通無更有。一朝心其心，宇宙在吾手。

又

何事賞巴曲？何事唱陽春？既成立語式，更得聽言人。

又

時或率天性，分明大道行。無端翻自悔，苦媚世間情。

又

意左莫投足，言違急斂唇。訾人如齒劍，揚己如投焚。

又

諸有不能無，諸無不能有。靈性一何靈，無無仍有有。

又

些個失人意，愁腸百疊縈。却詫元城子，梅州鼾睡聲。

又

談忠多負主，論孝未酬親。呴濡才似髮，相負便生嗔。

又

不作井中泥，輒鳴牀上琴。匡人何予有，況爲廢謳吟。

又

惟敬能生樂，恣睢成悶懷。尋常莫造次，戒好笑中來。

又

支言亦有根，根深不在口。任爾三百緘，根動口自剖。

又

爾窺事遲遲，喜怒勿遽發。爾處事疏疏，經理須密切。

又

卒然輒舛錯，簡點已千里。改是胡以預，造次必於此。

又

大木充棟梁，全帛美裳衣。石〔一〕不中繩墨，環觀嘆奇稀。

又

飛雲流遠浦，旭光盪風林。去住儵不滯，可擬達者心。

又

一字歎於中，四座俱回首。惕兮敬靡忘，勿以爲細咎。

又

無謂楚可疑，趙孟自坦坦。無謂漢可信，留侯戈已返。

又

知幾者不辱，況令辱相續。微色不自喻，是之謂走肉。

又

一水滿不容，一水滿欲施。海若乃汪汪，二水小如卮。

又

何故多遺忘，知因心不存。水澄物自照，垢遠鑒靡昏。

又

心胸藏礨䂖，譽之以爲譏。岐路相違左，合之乃成離。

又

戚休掣電來，得喪迅雷起。心澄目不搖，憑言了生死。

又

養氣如養虎，虎哮制則難。養心如養龍，龍變以能蟠。

又

天下極難事，取土益高陵。千秋華嶽賞，帝座幾人登。

又

保心如保印，印去能吏拙。事心如事親，常令安且悅。

又

事不問巨小，身在思有濟。庸庸偶其間，何殊匏之繫？

又

以言教者讐，以言教者訕。几席笑談間，好師成大患。

又

常定亦常覺，常覺亦常定。泗濱獲要言，吾以止吾性。

又

吾亦完其我，夭壽我何關？人毀與人奪，似隔幾重山。

又

有物彌天地，至密至恢恢。放非由近去，卷不遠方歸。

又

宗聖終無愆，遵王道如砥。人心真聖君，從心何不理？

又

不識嚴僮僕，能無畏影衾。心開雙目朗，匝地鬼神森。

又

心意由來別，心性亦分明。不窺真性面，終是氣縱橫。

又

傑人千仞壁，卓見亦橫中。方識不聞睹，穆然洵聖功。

又

事因忙處錯，中道在從容。擬議爲言動，免令愆戾叢。

又

止止還止止，休休休坐馳。兀兀固在此，浪浪將何之？

又

魄我魂仍我，夢胡不我由？夜夢原從晝，云何不靜修。

又

聞雞頻問夜，非是愛辛勤。老至光陰少，那能不惜陰？

又

匪擬人相重，不嫌人我輕。察言知不足，從此日兢兢。

又

古人惜寸陰，寸寸必有事。古不專誦書，所事果何事？

又

名利真成祟，英雄奈爾何。清江平似席，倐忽起風波。

又

問路非行路，年年在戶庭。果然行路客，問罷即登程。

又

不欺人功淺，功深絕自欺。自欺寧易絕，還在欺人時。

又

何處窺剛德，應於衆眡時。初心原不惡，底事爲人移？

又

不慴於巨禍，不怵於殊榮。不眩於久暗，白首鮮能行。

又

飲毒十年前，毒發十年後。智人慎舉匕，憒人悼成疚。

又

日照不擇地，雨潤無遺草。吾心藏仁機，嫉惡亦能槁。

又

飽食臥北窗，多少恩難補。征人捍邊陲，農夫勞畎畝。

又

利榮無冀想，推挽絕偏私。杳杳高風在，執鞭我願之。

又

請看鼓枻人，江海如平地。由來此世途，各自分難易。

又

莫視聖者高，自高更局促。暑葛寒以綿，人人贊化育。

又

天心最憎機，人心能照機。試觀海上客，何事不忘機？

又

積風風乃厚，強信終成疑。相逢纔半面，便道遇鍾期。

又

鄉願萬尋坑，白頭跳不出。圖個世人稱，年年囚鬼窟。

又

點檢從前事，感應如桴鼓。勿云方寸幽，天公於此睹。

又

常憑未發天，好令直如弦。忽忽初念轉，照照却惺然。

又

朝暮相煎急，誰人會個休？通來一寸血，點點逐浮漚。

又

着力因求得，得後何庸力？無力却有力，綿綿自消息。

和鄒南皋先生寄示三詩

土坼田分畛，冰消水共池。怪來關切甚，原未隔毫絲。

右共一家

耳目若可鎔，見聞何所住？春色滿乾坤，畫樹非真樹。

右文字障

不道西山高，却道日將晏。誰知夾日烏，陽光猶自爛。

右四大假

劉冲倩誕初子錫朋

劉子今方赤，相看不爾如。他年年似我，憶取爾之初。

劉冲倩定嗣長子錫蕃

主器遵而祖，荆花好振先。彝倫天叙就，而祖即而天。

劉冲倩誕次子錫履

多孫若祖忻，雙郎忻若父。有弟忻若兄，異日三無負。

七言絕句

獨　坐

蓬萊弱水是何處，悠然獨坐小齋中。分明天地共浩浩，豈必烟海逐空濛。

和友講道

道無堂奧亦無門，何處入來何處存。舉足求門足便是，眼前淪渾更無痕。

賞牡丹

花前逸興欲傾杯，爲問此心何處來。物理若還不我與，等閒那得笑顏開。

坐　思

萬軍接刃鬥紛紜，旗鼓惟聞將帥尊。若道此心更有主，又令將帥主何人？

吳安節先生貽詩步韵以謝

茫茫今古道常存，眼底抛除誰是尊？一座堂皇天樣大，無端又向小分門。夏庭鑽斧亦遭逢，俎豆闕祠代代同。却道頭顱剛直甚，悔將主過博臣忠。

新　月

訪客登臨百尺樓，纖痕遥共薄雲流。如輪皓魄分明在，舉世爭言月似鈎？

癸丑村居雜詩

東鄰西舍總淳厖，後圃前廳盡植桑。莫道農家成寂寞，茂林好鳥奏笙簧。坐卧高樓萬户低，山屏闌楯兩相齊。眼前塵障開除盡，暮雨朝烟入品題。澍雨昨宵漲小池，曉來庭院綠參差。兒童報道蔬堪摘，便好邀賓賞歲時。得請歸來恩許閒，細窺書卷飽看山。四郊却道無禾黍，又爲饑人不解顔。五旬無雨壟苗枯，少女誰家挽轆轤。也愛深閨幽静好，半因饑餒半田租。才愁溽暑忽秋凉，人世誰同天運長。好展襟期酬令序，四山雲物曉蒼蒼。高臺四望野連天，風月於兹豈有邊。三尺筐[二]牀紛計算，還知世界幾千千。田叟邀來爲解蓑，飲君濁酒爲君歌。莞然一笑還相問，昨夜月明詩幾多？村小不盈數十家，迴迴相見問桑麻。稚兒未任犁鋤力，也向溪頭解種瓜。

聞報書懷四首丁巳

鈍質生來故不奇，科名官位總逾涯。若人剛好投閒地，猶費
夕郎夜草辭。

鄭重多賢輔聖君，不才自合老烟雲。兒童課罷書堂寂，種竹
栽花日又曛。

利鎖名韁久若遺，無端猶爾浪猜疑。而今想在相拋却，正是
茅檐穩睡時。

塵世繁勞不上肩，山中長夏日如年。千秋未了遺編在，且喜
蠅頭也會看。

初任司理到任日吏用印報云升授吏科給事中
虛套取喜何必乃爾走筆題其上

休飾虛章報吏科，縱成真取便如何。眼前羞作瞞心事，莫把
津華覬望多。

梁燕重來二首行取候命

萬里都門春復春，雕梁燕壘又更新。呢喃相向如相訝，不是
燕人是晉人。

年年作客客華堂，歸燕殷勤話暖涼。飛過回廊還對語，主人
何事鬢成霜？

藤

嫩枝柔幹倩相扶，未信終成矮地鋪。當是老龍離玉闕，昂藏頭角隱平蕪。

竹

偶因月上橫疏影，不爲霜來發勁枝。休把貞操漫相擬，還須些個自然時。

迎春花

輕黃不似首春時，果是青青但此枝。欲識花無與花有，且言春去竟何之。

葵花

自白自黃還自紅，賞不加喜折不恫。若教着意才傾日，花若能言應笑儂。

榴

共道榴花結子多，百花堦下共森羅。滔滔萬派歸滄海，胡不中原絕水波。

落花

凭欄遊冶惜芳菲，陣陣風來片片飛。多惱多情總向外，本來纔着便忘機。

咏垂楊似座中友

爲甚枝枝向下垂，不剛不勁耐風吹。相逢爲爾頻傾酒，記得十年贈別時。

題北園十五首

　　楚弱劉强東逝波，銅山金谷總銷磨。啼鶯莫向窗前枕，無限榮華正夢柯。

　　七尺身軀一粒沙，年來病瞀苦相加。吾將一笑攀明月，白玉京中別有家。

　　昨夜狂風萬水號，如從三峽聽江濤。垂雲翻在應憑取，飛入天門興轉豪。

　　風高猶自怯衣單，華嶽峰頭四望寬。萬國洪鑪悲正熾，銀潢瀉却與清寒。

　　采藥時從陌上還，牀頭欹枕看青山。一腔熱火風吹去，欲向忙人賣個閒。

　　夢裏分明玉帝傍，騎龍駕虎任翶翔。迴頭世界些兒大，不是爭蝸是怒螳。

　　萬里黃河一綫流，茫茫大地水中漚。非非是是莫相聒，一夜西風欲白頭。

　　石橋橋畔濯滄浪，高柳陰濃足午凉。野老班荆情共適，無人識是瑣垣郎。

纍纍高塚傍河涯，古碣苔封半欲敧。惟是銀瑝曾不拜，百年處處口爲碑。時遊張氏墳。

十里郊原信步遊，每逢嘉樹且休休。旌旗却憶長安道，瀟灑終應此日優。

隴頭小坐説當年，逐牧隨農過綠阡。人是舊人窮亦得，烏沙難道漆同堅。

半生炊黍未全醒，羸體相看便不寧。非是貪官非愛壽，個中不了爲惺惺。

春老園花秋近枝，黄昏相對淚交寧。如天事大關情切，惟有清風明月知。

盂水昨宵夢化金，靈臺帝主窒吾心。楊家夜却尋常事，蟻穴能令江漢深。

岸裂瀾狂漲若湖，且沉且起賴殘壺。中流力盡波仍急，尼父空中笑欲扶。

避暑姚館漫題 乙巳

邸報傳來莫嘆呀，長安從昔此紛拿。飛霜墮雪皆天意，到得東風自放花。草有千般花萬叢，形形色色也難同。負心唾面都由彼，不向人間競楚弓。千年華表草中埋，八百籛翁亦去來。抛却金環總一律，儘他二豎莫徘徊。

南遊八首

廬山面目何爲眞，我來問取山頭人。山人住慣等平地，脉脉無言鋤白雲。

爲觀瀑布登高閣，懸流百仞空中落。山僧不見雪花飛，指點巖頭説旱潦。時瀑布無水。

文殊臺上惟月明，水中有石聲鏗鎗。這番公案憑誰剖，還是石聲是水聲。

白鹿無踪古洞幽，仍登絕嶺豁雙眸。紫陽笑指僚山曲，一樣淙淙涌碧流。

千丈神妖繫鐵柱，年來逃向靈臺住。憑遣千兵擒不來，不持寸刃驅將去。

一溪緑水一林松，五柳先生宅此中。天遣生成晉處士，非將飢餓博高蹤。

佛子金身三丈五，袒肩垂手觀下土。莫怪當年着眼高，等閒豈識群生苦。

訪仙臺上石崔嵬，人道餐霞去不回。果向深山更深處，温良何故進丹來。

會堂和楊晉庵先生勉學詩七首

此道何時不大明，青霄無奈片雲生。幾迴欲掃掃不得，不掃憑誰代若行？

爲是爲非我自明，每從暗裏淚痕生。會堂度度得良藥，欲策駑綿勉强行。

同此天真同此明，宛如一鏡羅群生。煩君提我迷途裏，沂水河邊好共行。

還得原來恁地明，無邊真趣自生生。何須着力相防檢，水自流兮雲自行。

眉宇薰人乍欲明，須防鄙吝別來生。利名根蒂縛人急，口說難憑且去行。

頤解蓬開未是明，譬如擊石火光生。可憐擊罷依然石，到此令人猛欲行。

果然明盡却無明，到得真明萬照生。千古良知孩提子，孩提剛是任天行。

鳶飛魚躍

鳶魚吟罷此心開，色色如斯莫更猜。窗草驢鳴同意思，古人纔是誦詩來。

和張霽春談碁詩

茫茫今古大碁枰，興敗輸贏局局争。畢竟有時雙歇手，迴頭一笑枉生情。

校勘記

〔一〕"石"，四庫本作"若"，似當從。

〔二〕"筐"，四庫本作"匡"。

《仰節堂集》後語

　　《仰節堂集》者，真予曹夫子會道微言、涉歷政績、匡時卓議暨交知柬書、登覽吟咏所存之草及門士纂集而成者也。初曰"存稿"，存之者，所逸幾信也。夫子不欲立言，觸事寫情，稿不多存，茲集特其什一耳。任自萬曆甲午、乙未以暨戊戌、己亥，頻年過淮。時夫子理刑淮上，崇祠會學，治水籌兵，勸農訓俗，寬徵省役，簡訟持廉，種種成效，豐碑載頌無窮也。已而丁未、戊申，任北上，訊夫子于瑣垣外舍，見其批鱗讜議不啻盈車，然多秘篋中，不以示人。更越五年餘，任從并州負笈而西，起居夫子之山園，見其定省太夫人於高堂，殫心畢力。課農趾畝，優游阡陌間，澹然也，而簡翰吟咏，自此益富。任東還，見淮陰太守，欲哀鋟全集行世，馳書夫子，艴然力阻，謂勿貽誚於世。復逾十載，龍飛癸亥，都城再謁夫子，閱睹新編及關陝、河津諸刻，續增半倍，而原草遺者亦半，淮刻概未收入。任竊録所睹者，斷章以采其要，約旨以萃其凡，綜核一家法言，信石經之秘傳，詎《論衡》之猥瑣？夫子諄諄誨人，汲汲援俗，凡從游者，稍稟道根，必罄植培之力，嘉惠勤劬，蓋隻字片言，無非闡道。大都無物無我，廓取無中之有；有天有人，約取有中之無。則任于夫子之莫可抽寫者，略爲描寫焉而已矣。昧僭數語，敢云智足以知夫子哉？聊以鳴千古一時之良遇也。

　　癸亥盛春望，休寧門人戴任拜書

附：重刻《仰節堂文集》序

余師真予曹先生《仰節堂文集》行世已久，余曾得一部，朝夕諷誦，不能釋手。且當時家藏戶珍者不鮮，甲申之後，十失八九。已丑兵燹，運城極厄，無論片墨不存，並其原板不可問矣，奈何！一日，先生之外孫景君字望薳者忽遇此集於安邑市上，蓋幾與敗絮殘楮相爲没滅耳。景君急購之，若驚若喜，見余而道其繇來，余乃仰天謝曰："先生之靈不泯，天地鬼神爲之呵護也歟！"於是聚而謀諸弘運書院之友，諸友曰："碩果之存，危哉！"相與鳩金而爲重刻，以圖不朽。刻成，諸友屬余序。余曰："比鄰夏有《司馬溫公集》，河津有《薛文清公集》，合《仰節堂集》，可謂三大文章矣。自此汾、涑重清，條、霍更翠，其關風化、人心，詎淺微哉？然而重刻之友亦與咸休。太史公謂"蒼蠅附驥而行千里"，余於斯亦云。

門人吕崇烈頓首題於弘運書院中，時康熙二年，歲在癸卯六月吉

奏疏　刑科

天事當欽時事可虞疏

爲天象當欽，時事可虞，披瀝愚忠，懇聖鑒察理亂之機，圖更新之治，以固鴻業事。

臣惟明主惟欽若昊天，乃臻盛美；諫官匪敷陳時政，可效涓埃？邇者星象著異，形狀逾常，紛紜衆夥。據其占候，良可寒心。皇皇上帝，睹茲世事之非，故示不常之警，至怒也，亦至愛也。皇上爲天之子，一氣潛通，遇此星變，烏容不察？夫自宵人流禍，椎剝成風，行者驚憂，居者悽楚。性命如蟻之輕，枯體不安於土，而人心於是乎失盡。守令不保其生，司道不存其體，撫按不行其權，宗藩不免其辱，而紀綱於是乎蕩盡。夫民心既渙，賴紀綱以維之；紀綱亦墮，大業焉憑？識者謂須慷慨節義之臣，以銷禍亂於未然，以蹈鼎鑊於臨事，庶幾忘身決策以報皇朝。然今之用舍者則可訝矣，大抵右從容而左奮發，喜衆同而惡獨異。夫從容者固足養和平之福，而奮發者實足收明作之功；衆同者固多謹厚，而獨異者亦多揮霍。何可不加之意也？即如巡撫任事者既不安其職，而巡按任事者復以資格擬外轉，何以風焉？誰復挺挺直前而不好好延譽乎？夫中外僚寀有如晨星，推而未下者，動以百數。既血脉壅閼而未通，更機務廢弛之可駭。方祈布列多賢，奈何不盡其用？故士氣之靡，於今已極，而言官爲甚。朝廷設立言官，原以爲皇上之耳目，非欲其與諸僚相容隱。乃近者剝牀切膚之事既習爲尋常，而救焚拯溺之譚亦目爲迂闊。言者有糾劾之疏，則辨者有自美之章；言者屢格，而辨者愈彈愈起。不惟不能動大臣，且不能動小臣；又不惟不能動之而已，建言者屏息郊關，被論者揚眉堂署，不相率而雷同阿附、私交遠禍乎？昔聞仗馬斥鳴，權臣所以鉗口；寒蟬抱葉，懦臣所以自全。國家亦何利焉？凡此人心之失，紀綱之蕩，均爲釀亂之階；士氣之靡，言路之塞，究非彌亂之策。

伏乞皇上沛下明詔，令當事之臣登崇真品而蚤俞點用，諫諍之官勿懷畏忌而仍賜優容。斯以之振肅紀綱，收拾人心，杜銷亂釁，當必有石畫者。抑或宸居萬里，情態未能盡達，儻臨朝洞察，則天鑒必徹幽隱。祖宗時有早朝，又有午朝，又有召對輪直之典，即不敢盡望舉行，然亦豈容終廢？或數日，或旬月，獨不可間一舉之？又或不臨前朝而召閣部九卿於其便殿之中，咨詢民瘼，鑒別官聯，則時事乖違之狀，必將盡呈於上前，而所以更化葺理者，聖心自不容已。宋景一言，且致螢惑之退，聖明德政，足知天眷之隆。轉異爲祥，撥亂返治，萬萬年無替矣。臣不勝激切仰籲戰懼之至。

嚴禁貪墨疏

爲催徵方急，民隱可虞，仰乞聖斷，申嚴貪墨之禁，以保宗社乂安事。

臣近閱邸報，見太倉老庫止存八萬餘金，九邊年例缺至百萬，處處告急，而各省直逋欠錢糧亦且二三百萬。臣不勝杞憂隱慮，萬一外變內釁猝然發動，將何措手？此危急之秋也。幸蒙皇上允從戶部之請，特遣部臣分投守催限完解，燃眉可濟，誠爲得策。

顧臣更有私憂焉。今天下民窮財盡，邑里蕭條，其困乏之由固匪一途，而貪吏椎剝實居其首。平常無事，尚不當瘠民自肥，況今催徵正項，時刻難緩，儻吏治不清，朘削如故，上欲府庫之充，下欲溪壑之溝[一]，嗷嗷赤子既急公賦，又急私斂，骨髓幾何能不立盡？非逃則死，非死則亂耳，可不嚴爲之禁哉？蓋自士風不古，熙熙爲利，雖清操介節自不乏人，而橫征濫取實有其徒。最下者通暮夜之金錢，創無名之供給，罰罪外之銀穀，賣法巧索，傾人之家，蕩人之產。亦有號稱賢吏，猶以紙贖、火耗爲固有，空票取物爲常事。夫紙贖儲穀，以備荒也，出納要在公平，稍羨亦入官帑，大抵本土之財充本土之用耳。有司業有常俸，猶恐素餐，此項與彼何干，而實之囊中乎？下民貿易，其價有常，乃立官價名色，甚且併官價不給，白取白用，或至罷市。既禁佐貳不許濫受民詞，而印篆在手，乃多取之，不以爲虐，何以服佐貳之心？故佐貳者亦橫行掊剋，不罰罪而罰紙價，反多不明收而暗收，暗收更醜。又有黠猾之人於上司批狀羅織多罪，或自行問贖，故呈爲媚，是以不肖之心窺人也。諸如此類，民安得不困？而惟正之供何所出焉？間有指稱拖欠，反肆侵漁，拖者十三，謬稱十六。又或指稱抵補，亦肆侵漁，問三十四年之錢糧，曰抵三十三年矣；問三十三年之錢糧，曰抵三十二年矣。紊亂文卷，展轉支吾，稍不研窮，鮮不中計。亦有赤歷與由票數目不同，正額與見徵多寡互異，昔經查盤，曾睹此弊。其催徵無法，利歸爪牙，委官有寬限錢，胥吏有常例錢，種種奸竇，又不可勝數。窮民方飲恨群詛，豈樂輸納？錢糧不完，多此之故。

　　目今若不痛蠲舊習，但心急催徵，彼輩惟有敲朴搜括，摧殘民命，離析民心，及至他虞，且以催徵借口。匪重法繩之，何望省改乎？查得官吏犯贓，應盡數追併，依律問斷，原有成議，累奉申飭。而邇乃多務寬假。往穢盈楮，竟從輕議；囊篋已滿，猶冒虛聲。彼復何所憚哉？夫士人縉綬服官，誼當報主。報主在愛民，愛民在潔己。而貪吏負民以負國，貧民以貧國。至今計臣蒿目，聖主慨衷，安用姑息，徒以釀患也？

伏乞皇上敕下部院，行文各該撫按，嚴諭有司，當此錢糧緊急之時，閭閻積苦之日，各革頹風，務從廉潔。如有仍肆貪墨，重加參拿，盡數追贓，依律問發。明春計典亦照此施行。蓋議及催科，不獲已也；議及刑罰，亦不獲已也。然雖曰嚴之，實以成之，彼果易貪而介，自應以癉爲彰。官常既肅，民困自蘇；傍孔既塞，正賦自足。不但軍實有賴，而本固邦寧，宗社靈長之慶，恆必由此矣。伏候聖明裁察。臣不勝激切悚息待命之至。

乞結滯獄疏

爲滯獄本宜早結，況逢霪雨爲災，懇乞聖明亟允省發，以普皇仁事。

臣滇[二]閱邸報，見刑部及錦衣衛相繼具疏，各爲大雨連綿，監房傾塌，囚犯累累淹浸，莫必其命。官校悚悚，關防無所措手。慘悽之狀，殊可憫傷。淋漓不已，荼苦未歇。夫此囹圄之中，其係奉有明旨應當拘禁候決重犯，猶可言也，顧亦有問勘已明，未奉俞音，不敢省發者，實繁其人。如該部近日類請批發幽滯犯人，并熱審矜疑犯人，及勘奏山陵犯人王大義等，則填委者種種，而待盡者奄奄。該衙亦有久囚犴獄未蒙歸結之衆，而原任參將梁心則一十二載而遙，尚未天日之睹。大抵諸犯之內有註誤者，有牽連者，有罪止笞杖者，有賠贓已完者，日復一日，歲復一歲，將爲獄中之泥耳。部衛屢請，夫豈無據？儻聖旨早下一日，則各犯早脫昏墊，早得寧家，其庶幾萬有一焉，可延殘喘，是拔之鬼錄而渡之慈航也。夫居常無事，猶須求生於死，期於刑措，以昭好生之德。當此災沴之秋，忍令其披枷帶鎖於水澤，枵腹呻病而沉冤也？法不當死，情不當死，理不當死，而死於水，豈不足以干和氣哉？夫釋一人則造一人之命，省一人則省一人之關防，策無得於此者。職伏誦聖諭，有"霖雨爲灾，深切憂念"之語，豈有縈縈囚繫最苦最楚之人，而聖念所不及乎？昔聞燕臣呼枉，六月飛霜；孝女冤申，旱灾立輒。皇上欲挽回天意，亦烏得不於斯加意也？職職掌所關，不容緘默。伏懇皇上敕下各該衙門，查照原疏，立行汰議。應發落者發落，應釋放者釋放。被宥者銜感皇恩，而凡此含生之衆，亦莫不忻頌聖慈而祝聖壽於齊天矣。臣不勝懇切待命之至。

乞勘冤獄疏

題爲內宦單辭誣陷，冤獄沉埋未結，懇乞聖明亟敕查勘，以平刑典事。

臣猥廁刑垣，凡刑罰失中，例當糾正。邇日最可詫異不平者，則馬鞍山官廠內臣田聘所奏煤窰一起犯人是也。先是，田聘奏稱，武安侯鄭惟孝聽信家人齊桓等侵奪官山，阻截煤炸。欽奉聖旨，將齊桓等拿發鎮撫司撻問。該司撻問後，覆奏未下，惠安伯張元善及鄭惟孝先後奏辯，畫圖帖説進呈，亦俱未下。齊桓等奄奄在獄，未經發落。夫果如田聘一面之辭，則齊桓等何足憐憫？但據張元善等辯疏，則棍徒王順、陳暹、侯麻子、劉仲舉等擅開煤窰，在於景皇陵後、過街塔及新莊等處，原與馬鞍山官廠相隔遼邈，絕不相蒙，而田聘受人投獻，遂行誣奏。其奏內鄭惟孝家人十名，則有張元善家人張夏等六名裝陷於內。夫景皇陵後、過街塔、新莊可謂之馬鞍山乎？張元善家人可謂鄭惟孝家人乎？指東爲西，指張爲鄭，此與指鹿爲馬何以異哉？夫地理各有分界，人户各有籍貫，顯明可按，非曖昧難明之事也。皇上何不敕下法司，速行查勘，要見王順等所開煤窰果否在景皇陵後，果否在過街塔，果否在新莊，委與馬鞍山官廠相隔若干里，果否相干，其張夏等六名果否係鄭惟孝家人，仍恭查欽製紅牌、《大明會典》，其景皇陵後、過街塔等處果否係陵寢禁地，應否煤窰，則田聘之控辭聳奏不逾俄頃而可定矣。

嗟乎！皇皇列聖，創業垂統，遺萬里之山河，而山陵禁地不獲保一段乾净之土，小人網利，膽大包天，又何有於無辜之衆哉？此亦神人之所共憤矣。伏乞皇上亟敕法司施行。臣無任激切懇禱待命之至。

生徒毆辱提調乞正法疏

爲生徒毆辱提調，法紀陵夷，乞重懲正法，併乞興正學以維世道事。

頃接南直隷提學御史史學遷揭帖，內稱廬州府合肥縣生員金文華等，因該縣知縣曹光彥朴責之忿，糾衆撞入衙署，知縣避匿，家衆傷殘，器物搶毀。此尚知有王法乎？我皇上以一人之尊控御天下，但以半通之綸授一介之士，楊[三]歷四海，誰敢抗衡？此無他，尊朝廷也。狂生陵侮縣官，恃其衆耳。如以衆而已矣，天下民萬億，居上者幾何？其亦何所不至哉？數年之間，生儒之橫見於蘇，見於楚，見於蜀，見留都，今又見於廬。窮年作養，望其敬上，不虞其犯上也。法度不行，匪一朝夕之故。姑息因循，既無能懾之平時；綱弛紀廢，又無以示之型範：有自來矣。目今宜嚴處狂生，盡法究譴。其各處學憲等官公嚴持正者，輒造飛語以相搖撼，亦宜一併禁鈐，屏邪説而正人心，俾執法者不撓於衆口。至於一切法紀，着實整頓，如奸胥把持衙門，刁軍挾制主帥，仕宦搆陷於鄉紳，上官藐抗於屬吏，諸如此類，有犯不赦。上既守法如山，下乃信法如蔡，聳四方觀聽，遏猖獗於未萌，其誰敢輕犯三尺，自取誅譴哉？

然此猶非其本也。自辭章之習興，天下不知學，而至於今極矣。士人稍能記誦，搦管爲文章，輒號於人曰“吾學矣”，世之人亦稱之曰“彼學矣”，豈不可怪哉？夫學者，遷善改過，盡性踐形，以成其爲人者也。讀書者求明此學耳。今則父兄之教子弟，師長之訓生徒，但云“餂羔雁取顯榮”而已。既無修身制行之工夫，安得無干名犯義之橫逆？此時人衆，可陵官長則陵官長；他日登第，可虐小民則虐小民，可背君父則背君父。流毒邦家，遺羞簪組，非其人之本不善，則以教之失其方也。

聖祖稽古建學，豈僅欲如是而已乎？夫楊、墨爲我、兼愛，行仁義而偏焉耳，孟子且憂其流，至於率獸食人，人將相食。由今之俗滔滔不反，將何底止？撫世者可不亟圖其變哉？竊意若求上策，則復聖祖之辟舉，倣程氏之學議，博選名賢，羅列中外，明示以所重在行，此第一義。或以習俗日久，猝難更制，則臥碑内有“薰陶德性，以成賢人”之語，《提學敕諭》内有“躬行實踐，孝弟廉讓”之語，獨不可申明而實行乎？此又不俟改法可以成化者也。第令禮部以章教明倫爲實職，以治隆俗美爲實效，仍令銓部訪得群僚，申有經明行修、徹於大道者，如顧憲成、鄒元標、劉元卿、馮從吾等，分布直省，授以應得職銜，俾其倡明正學，示人以安身立命之所在，必令督學者不但掄文，先須正行；提調者不徒簿書是役，而教化是急；司教者不第塞甎齷齪，而躬率操修；撫按又加意提撕，植之風尚。浸漬累年，轉相則效，士風世態，或可一變。不然，舉世貿貿，不知天之生我謂何，不知君之用我謂何，不知我之爲人謂何。波蕩風靡，逐勢競利，本心固蔽，諸惡敢爲，大亂將興，生靈塗炭，奚止合肥狂生蔑棄法理而已耶？臣一隙款款之愚，伏望聖明敕下各該衙門議覆施行。法無違梗，學究本原，不惟披猖之夫有所檢繩，而端良之彦亦將肩比，其於世道必有裨益。臣不勝激切待命之至。

吏科都察典屆期申明約列疏

爲察典屆期，申明約列，以飭吏治事。

竊照國家之理亂係民生，民生之休戚視吏治，吏治之淑慝係考核。考核而不肖倖免，不惟此一人流虐，而衆不肖鼓志矣；考核而賢者誤黜，不惟此一人抱枉，而群賢者解體矣。期以三年之久，詳以中外之評，奈何可艸艸也？在前諸禁約條例載在令甲，不爲不備，茲計期將屆，而臣等竊慨吏治之頹，稽查往牒，參以臆見，謬附於三令五申，期之於“實行”兩字，恭陳數款：

一曰旌廉懲貪。夫居官賢否，款項固多，而廉貪實其大寮。士風不古，朘民自潤，實多其人，閭里蕭條，率由於此。不旌廉何以示風？不懲貪何以示戒？伏睹《大明會典》，來朝官員有廉能超衆者，引至御前，面加獎賞，仍賜宴於禮部。其貪酷異常者，着錦衣衛拿送法司問罪。不應者，着各巡按御史問罪。鼓舞警惕，國憲昭然。相應申飭今次朝覲官員，廉能、貪酷者，撫按蚤期查報，部院核實上聞，廉能者獎賞賜宴，貪酷者拿問追贓，盡法究遣。夫仕者禄俸原自有限，縱官至黃堂，一歲俸薪不過二百，火耗、贓罰，律禁私用，此外則暮夜金，不可言矣。乃或寒素通籍，未久大富，何處得來？連綿箱扛，露面而走長途；充牣金錢，厚顏而誇親友。此齊人之妻妾所羞，豈清明之盛世可恕？宜憑嚴法，以遏狂瀾。

二曰訪單宜核。夫臣等在事衙門分行諮訪，其相評駁嚴且密矣，然非能盡歷其地，盡睹其人，不過據人士之口及采獲之單耳。單可盡憑否？一人筆之，十人轉相抄之。單至於十，可不謂公論乎？筆止於一，可謂公論乎？私揭固有明禁，揭亦須詳察，恐其任耳之未的，執見之稍偏，及間有愛憎耳。果有真見，一單不爲寡；果係浮言，十單不爲衆。勿以衝繁之地與僻静程才能，勿以營幹之人與悃愊校聲譽，勿以經薦經參之後有成心，勿以閨門陰曖之事傷人意。天理人心，王法清議，願諸臣加之意焉。

三曰外奏當詳。夫撫按、司道與各該有司日相共事，年力一見而知，才幹數委而見，心術操守，亦可詳窺細訪，莫能逃者。內之諮訪，不過濟其不及，防其未確而已，使其果及且確，何必以爲猶未而仍紛紛也？但須其精知人之鑑，奮鋤奸之力，竭一片精神，稱量停當。臣等藉以持循，須其稍遺，則以諮訪所得，相兼酌處，期在相成。儻顛倒之甚，責有所歸。曩曾以誤參、漏參，而巡撫等被指摘矣。

四曰干囑宜處。夫計吏大典，亦公典也，天威咫尺，照臨在上，誰敢以私干者？乃每有以師生而相庇護，以親以故而相庇護，弱者及居散地者柔浣之，強者及居要地者硬持之，遂致黑白倒置，留汰混淆。當事者有掣肘之嗟，被處者有寡援之誚，成何法紀？合行禁諭，但有爲人囑托，明庇不肖，祈免幽黜者，不論事前事後，參論究處。

五曰勿拘資格。往見考察時，甲科官每難下筆，往往縱舍；舉貢出身則易易視之，不加憐惜，佐領卑官或注以貪以酷矣。夫馬夫弓兵，一月供給，豈足當正官一票？舉貢豈無美才，豈無遠志？祗緣世情軒輊，遂致策勵不前。今次宜破風習，固不有心以抑甲科，貴官勿有心縱之；固不有心以縱舉貢，卑官勿有心抑之。各得其平，以服衆之而已。

六曰勿拘數目。歷來察處官員，每泥定數，而各省直之官與官于各省直者，亦每拘數。竊意一時吏治有興有替，一方風尚有美有慝。不肖者衆，何妨多處？不肖者少，何妨少處？儻不肖寡而助盈，將反無辜；肖多而限數[四]，不免漏網。均之非法也，何必拘泥？期在肖[五]盡處、所處盡不肖而已。

七曰賄鑽[六]當禁。朝覲饋遺，節經禁約，竟未遏止，故有徇交際之故習者，亦有藉阿堵爲鑽營者。交際者苦浩費而免完時套，原非一帕之初，畏禁諭而藏掩入門，亦是士林之俛。鑽營者伏兹臭穢，白日乞哀，若謂當路可侔造物，褆身可無勁骨，私意窺人，謂堪貨取，殊爲可鄙。何如遵禁從省，既以自潔，亦以潔人之爲愈也？合預行各官，不許指稱科歛。抵京之日不許奔馳授受。違者聽巡察緝事衙門及臣等參究。

八曰實職宜明。今天下張官置吏密如櫛比，而世事日隳，則以官不盡職也。孟子論王道不越農桑、鷄豕、庠序、孝悌。後儒談治，一何玄也？俗吏當官，又何疏也！無論庸冗悖戾爲溺職，即號稱賢者，亦罕所講究。夫立官爲民，此其大指要在興民之利，不但不取其財而已；仍在正民之德，不但能厚其生而已。"父母"之稱，所當體貼，鉅畢細舉，真心流貫，如子如家，斯爲不忝。僅于聽訟催徵、完銷簿書間稱能吏，猶非其至。況乎上以虛文行，下以虛文應。粉飾蒙掩，聊播僞聲，何足道焉？至於官府以各州縣之盡職，司道以各府之盡職，等而上之，職居總要者，莫不皆然，非但區區自潔其身而已。儻不能彈壓化誨，則亦一庶官耳，奚取于尊稱師帥、一南面衆北面也？守官者當各盡其職，察吏者當各因其職，一切學、屯、兵、糧、農、捕類俱以此推。職內有虧，即有他長可略也；職內無虧，即有他不足亦可略也。斯不失設官初意，而國事無不興矣。

以上多出成談，臣等何能高論？但念因循日久，舊章每束高閣，一番振刷，是在我皇上敕部議覆，設誠致行，其於吏治未必無補，民生庶有攸賴，而邦家永奠于泰矣。臣等無任惶悚待命之至。

乞通章奏疏

爲忻逢聖誕，昌明萬國，拭目德政，懇祈通章奏決用舍，以暢群情事。

恭惟皇上統御八方，包羅萬象，以天下之精神爲精神者也。衆喜成春，衆呼成雷；萬祝萬禱，通於天帝；氣和形和，萬壽無疆。茲當聖節屆期之日，尤不可有人情結塞之處。臣等在吏言吏，亦願就章疏用舍間暢群情耳。自推用之奏不下，而抱長者厄抑不售；自糾劾之奏不下，而掛議者滯泥不行。人情鬱陶，莫此爲甚。

夫銓部推升，非盡以富貴畀人，將集群力以效之國；諸臣之被推，亦非盡圖富貴，將展所蘊以致之主上；用人亦非僅僅富貴之，將令其拮据勤勩以修庶政也。奈何推官爵若靳之，視臣工若疑之，謂可以用、可以無用，可以速、可以遲？古英君誼辟，重於待士，急於用賢，或不類此。然皇上轉遲留而臣等轉催請者，畢竟爲皇上社稷計，非爲見推之人身家計也。總憲不補，誰爲皇上彈壓風紀？戎政不補，誰爲皇上振詰兵威？卿貳不補，誰爲皇上分理於內？督撫不補，誰爲皇上宣猷於外？庶事叢脞而國家受其敝，其被推不下之人，雖未簡任，亦省擔荷，無甚損也。故臣等催請者，總爲皇上，不爲諸臣。皇上宜慨然速用，而遲疑何爲乎？以至往年臺省命下，糾彈之疏，疊疊相繼，雖其中言人人殊，然大概思得一當以酬知遇耳。儻皇上欲疏進言之路，宜朝上而夕可；欲核被議之人，宜敕部以品評。奈何概寢諸疏，竟付空談，杳無下落？被言者終歲杜門，紛疏求去，叩閽不應。在政體則溷悶而政壞，在士體則萎薾而士亦壞。據空銜者廢實政，鎖閑署者阻賢關。轉相猜忌，飛語繁興，究亦流禍於國耳，何難一處分而久從停閣也？夫果當用者用，當去者去，不惟見用而得用、求去而得去者適愜其情，而諸內外臣工仰日月之明，慶風雷之迅，靡不洒然稱大快事。寰宇偕暢，協氣流通，祥臻福至，聖壽齊天，豈俟嵩高三呼之祝哉？伏望聖明鑒允施行。臣等無任懇願待命之至。

乞亟允枚卜疏

爲懇乞聖明亟允枚卜，以定人心，以杜隱禍，以銷灾異事。

竊見邇年以來天灾地震，物怪人妖，餓莩載道，風霾蔽空，而正陽樓之火尤是異常之變。皇居之壯門而隳頹，此而不圖修者，是與天抗而禍亂立至也。修省多端，其贊襄俱賴輔臣，則枚卜一事乃今之第一義。從昔閣臣常至四五人，固以廣謀斷之益，亦以絶覬覦之萌。自李廷機當去未去，王錫爵當止未止，獨葉向高一人辦事，累請爰立未允，大小臣工亦累請未允，伊以人言之侵不入閣者，已多日矣。人以責相爲辭，伊以去就自審。然邪正消長之關，耽耽之徒欲梯富貴之日，若向高遂至不安，閣中更無一人。彼一時也，雖言路之臣嘔心瀝血，能使閣中無票本之人乎？能使別衙門代庖乎？則廷機可出，而錫爵亦可來。蓋臣束手，邪人得算，援引阿附之人，排逐異己之士，乖戾之念橫心，平章之業何有？天下事尚可爲哉？儻得枚卜蚤行，衆賢在列，政本有屬，邪謀自寢。縱令朝上一疏焉曰責相，暮上一疏焉曰責相，誰彼尤者？而爲輔臣者，朝以去就爭，暮亦去就爭，亦何碍焉？夫不附李、王，士人類皆言之，然而隻子之睽地被搖撼焉，此衰彼勝，固勢也。即伊側目之言官遭齮齕焉，此去彼安，亦勢也。到得彼時，國事決裂，而機實預萌也。追思臺省命下，以下交章奮擊，恐成畫餅，誰能甘心相從而違初議？抑亦清流罹禍而殄邦家，尚何救哉？惟有爰立一舉而衆志定、禍端息矣。故在今日，向高固當力請枚卜，而不必久杜門以中邪計，爲社稷，非爲一身也。皇上當亟允枚卜之請，多羅賢哲，廣收輔導之益，亦非爲向高一人，爲社稷也。猶豫日久，枝節橫生。下觀人情，上卜天意，無乃凜凜阽危之在眉睫，皇上神明豈不燭照？而歧路各分，議論角立。如其捧主人之玉爵，此喧彼競，玉爵且破，不知憐惜，非皇上自爲計稷[七]計而誰計乎？伏願聖明鑒察，政本幸甚，宗社幸甚！

乞允儲講以重國本事

爲儲講久停，舉朝佇望，懇乞聖明亟賜允行，以重國本事。

臣等竊睹東宮輟講七年于茲，九卿等衙門交章頻請，目穿舌敝。可啓我皇上至聖，則以繼聖望之；我皇上至明，則以繼明望之。欲以繼聖而繼明，胡可曠年歲而荒學業哉？粤考三王，未嘗不教世子，三代之治者所以悠長。

洪惟我太祖高皇帝有《儲君昭鑒錄》，成祖文皇帝有"務本"之謂，無非殷勤，尚無俞旨。恭惟皇太子，皇愛之所鍾也，四海臣民之所戴也。主器凝邑，前承列聖之鴻業，後衍萬年之盛治者也。然承鴻業、衍盛治亦必有道矣。道非學胡以凝？學非講胡以明？古昔英君哲后，舉其心法、治法乘之典籍，一考鏡而鑒戒了然。

皇朝典制，設有侍從講官，列于左右，一敷陳而睿聰誨諭，俾成令德耳。列聖相承，俱重儲宮之教，卜世無窮，端由於此。欲遠紹古轍乎？近守家法乎？無之而非教皇太子爲第一義也。且昔皇上沖年，亦有孜孜學問，時御經筵，固將乘憲於萬載，何不指授於膝下，而令壯齡聖子目不睹《詩》《書》，耳不聞講誦，躬不近儒臣乎？臣等區區一念，效愛戴於皇上，乃愛戴吾君之子；愛戴吾君之子，乃願其時敏於學，爲皇上之鴻業計、盛治計，總之爲皇上也。

皇上試發俞旨，克期開講，青宮學業日新，聖心必當大暢。屬毛離裏，何等關親！作述重光，無雙樂事，中外臣民，莫罄忻頌。伏願皇上鑒允，國本幸甚，天下幸甚。

亟舉枚卜以贊聖治疏

爲枚卜關繫最大，聖明俞旨猶稽，懇祈亟命舉行，以贊聖治事。

竊照累年以來，滿朝陳請者，枚卜、考選、大僚數大事，謂天下治忽所繫，非可一朝緩者。荷蒙聖意轉圜，大僚漸次點用，而考選之命一旦發下，言路蒸蒸，朝端生色，普天之下，莫不歡騰。惟是枚卜猶未舉行，密勿之地尚覺寥落。若此事亦舉，則盛美益彰矣。政本重地，萬機殷繁，烏可不廣羅名賢以充之？

從古公孤論道，不一而止。祖宗以來，閣臣亦須數人，歷歷可考，此實目前第一喫緊之務。伏乞皇上諭合該部，精加推擇，請旨簡用。仍依祖宗朝故事，翰林及別衙門兼收並任，但求其才德弘茂，足資贊襄者則用之耳。夫古之卜相於耕、於釣、於築，原自無方，今乃以寧輔重任爲翰林占定之物，此外雖有高賢大良，國家不得其效，是宰相僅爲詞臣設而非爲朝廷設也，奈之何可以成治乎？伏願皇上鑒察主斷，不但以廷推爲文具，而立賜點用，其于聖治裨補不淺。臣等無任懇切祈願之至。

管計有人恭候欽命疏

爲科臣充滿，管計有人，恭候欽命，以重大典事。

臣惟制不可越，例不可逾。若冒任、越制、逾例之事不明告于君上之前，此人臣之罪也，則來歲計典是已。然或無人可任，如前時各處按臣之類，只得且守職掌以俟代，有人可任，如近時銓臣、道臣之類，自當更換以從事。二百四十年來無三管計事之例，臣么麼庸菲，何敢創任此事？然向猶苦於科之乏[八]，今則各科濟濟矣，自有可管外計之人矣，惟皇上命耳，至順亦至便也。必如此而後計典爲妥，天下乃服。不然，上命一日未下，事體一日未定，諸臣候准管之命，微臣候准免之命，貿貿悠悠，曠時廢事，其如大典何？皇上神明，豈無洞察？懇乞即降綸音，准用管計科臣，庶計典無誤而臣亦可免於僭越矣。臣等何任籲禱候命之至。

都察院夷氛孔熾修防宜急疏

爲夷氛孔熾，修防宜急，懇乞聖明亟敕當事臣工，破延緩之習，奮明作之力，以杜危禍，以安宗社事。

臣以駑劣，十載山林，仰荷皇恩，謬叨起用，引分控辭，再疏未允。側聆廣寧隱没之報，竊有主憂臣辱之思。屢趨入都，則見眾正登庸，列署充滿，凡可以安內攘外，殆無遺算。但議論雖多，力行實寡，延捱日月，罕有擔任。假如任用大將，自是第一義。然而若何廣搜，若何重委，猶未真有閫外之托也。若何練士之藝，固士之心，鼓士之氣，猶未見貔虎如林也。昔之火器、兵甲既以授虜，今所議造猶云需料遠方也。榆關固當扼險，都城亦合嚴防，而議建敵臺、議立營、議築羊馬城者，鑿鑿石畫，可使虜不薄城，猶未見興工也。戰車業有造完，便當令軍士演習試用，而委置風日雨雪之中，或至半載，何無照管也？軍興繁費，匱竭須慮，而冒破虛糜，因循姑息，法紀猶未張也。固守於內，須應援於外，可以牽制虜，可以夾攻虜，則附近撫臣等事。近閱真定撫臣請兵之奏，猶有單弱之虞也。諸如此類，未可枚舉，何所恃而禦侮？徒覬奴酋不來耳，來則恐山海猶之乎廣寧。山海一破，都城自震，彼尚忍言乎？亦聞無義之人安排一逃，懷忠之士預計一死。逃者無論，死亦何益？何不奮起精神，着實修舉？宴會徵逐，宜自減停。繼日待旦，務求全勝。前此每遼事一敗，大家慌忙，纔過旬日，則不問矣。乏枕戈臥薪之意，有坐待胥溺之狀，不知賈生賭此，如何流涕！

伏乞皇上自計宗社，策勵臣工，行立限之法：凡遇喫緊章疏，限以某日覆奏；應行事務，限以某日舉行，仍限某日考成。儻有違限，該科查參。該科不參，責有所歸。其閣臣不時集諸大臣於朝房，於凡戰守等事商議推敲，求其至當，刻期速舉。各該堂上官，時至廠局、營伍、修建等處，省試鼓舞；閣臣亦不妨時一躬視，以激衆志，既當國軸，莫非其事。皇上時御便殿，召閣部等大臣問其兵事，或于臨朝之日召至墀前，問某事料理如何，果否完結，令其當面陳答，誰敢延緩不求實效？將見內備既修，賊謀自寢，縱有侵犯，剿盪無難，皇圖鞏固，端必由斯。向者全遼未失，猶爲畿甸藩籬，今則一關之外，便是虜穴，即令彼踅伏不動，亦有震鄰之恐，一日放心不下。況彼狡謀日深，兵力日厚，叛臣勾引，實繁有徒。而我以泄泄當之，猝然寇至，措手不及，噬臍何裨乎？夫救焚拯溺之時，非從容鎮靜之日，禍在燃眉，不得不大聲疾呼，用是不顧忌諱，冒昧上陳。伏乞聖明裁察施行。臣不勝悚慄待命之至。

奉聖旨："這本說的是。邊事壞於因循。即如近推總兵江應詔，准賜尚方劍，如何不催他速領敕劍，赴任遼東？失事李維翰、高出等併奸細杜茂、劉一巘等，久已拿到，尚未問奏，顯是各官稽悮，姑且不究。奏內限日稽查，原有各科注銷成規，着嚴行申飭，務在必行。該部知道。"

久鬱忠魂可憫疏

爲久鬱之忠魂可憫，奉職之銓屬堪原，懇乞聖明霽威需澤，以光聖德，以風庶官事。

臣頃見吏部尚書張爲原任該部考功司郎中薛蕙疏請恤贈，致觸宸嚴，責其年遠濫覆，該司官徐大相降三級調外任，家臣引罪，閣臣請宥，尚未轉圜。夫論歲月之迹而已，則蕙宦業在先朝，是誠違也，該部之覆奏似誠濫也，皇上之譴處誠是也，臣復何敢置喙？但蕙之忠讜節行匪尋常可埒，或未盡達於聖聰耳。儻一一洞悉，則皇上之最愛者忠，最憎者不忠，其於蕙之恤典將必翻然如雨露之渥矣。

蕙於正德間爲刑部主事，值寧濠不軌，武廟南巡，乃伏闕諫止，上干霆怒，廷杖三十，罰跪五日，幾斃，幸蘇。迨後，自里起官爲吏部功郎。復值世廟大禮之議，引經據傳，亹亹辯論，與王議者左，遂下詔獄逮訊。夫既罹捶楚於先，肌膚糜爛，不絕如髮，到此宜亦稍怯，而挺前無懾，直蹈危機，真所謂如金百鍊益勁，似水萬折必東，知有國不知有身矣。蓋其忠烈性成，濟之學問，羽翼聖真，開來繼往。所著有《約言》，有《六經淺說》，有《老子解》，有《遊嵩集》，冥會于耳目見聞之外，悟《中庸》喜怒哀樂未發之旨，恍然心得，躬行實踐，批麟折檻，固有本也。士林歸向，綽著聲稱。或謂其文學行誼，卓然名世，或謂其抗疏兩朝，大節侃侃，學宗伊洛，理學名臣。謂其行己峻潔，家世清白，庭難旋馬，室止容膝。或請旨祀社，或疏請易名。有臣如此，可無優恤乎？久未議贈，乃前人之延緩，可謂之遲，似與等閒年遠者不同科也。皇上神聖英明，無微不燭，正忠良闡顯之日，此時不恤，更待何時？該部司官不請恩於聖主當陽之日，更待何時？彼其仰宣上德，特請恤忠，原以奉職，似與等閒概覆者不同科也。累年以來，皇仁汪濊，其以一長片善徼恩光之末者不知幾臣，偏是蕙之精忠未蒙慈恤；其奏諸人之一長片善，博俞旨之允者，亦不知幾臣，偏是闡忠之大相未蒙聖鑒。竊謂論既歿之臣如蕙者不數數，旌之可以勵臣節，一級未加，洵爲缺典；論見任之臣如大相者亦不數數，留之可以裨銓政，降謫未免，真是堪惜。臣非爲二臣計也，恐諸在位之士謂蕙一諫再諫，坎壈終身，僅僅如是；謂大相孜孜奉公，修廢舉墜，亦僅僅如是。慮有化堅鋼爲繞指者，非國之利也。

我皇上量同天地，明并日月，臣乃敢瑣瀆天聰，伏乞允蕙之贈而寬宥大相，其於鼓舞群工，光昭聖德，關繫匪淺。若夫乞恩不當濫，覆奏不當濫，天語煌煌，該部自是凛凛，微臣敢不欽奉？惟是異忠特典，終難一轍拘耳。伏懇聖明鑒察。臣不勝悚慄戰慄待命之至。

乞用正推以收賢良之效疏

爲舊臣品望素崇，微臣誤蒙點用，懇乞聖明准用正推，以收賢良之效，以贊休明之治事。

頃吏部缺左侍郎，該部會同九卿科道，推舉得原任都察院左副都御史馮從吾，而以臣爲陪。奉聖旨："鄭仍以太子賓客升吏部左侍郎，兼翰林院侍讀學士。曹于汴升右侍郎。"欽此。臣悚然稽叩，不勝感激，不勝惶汗。夫從吾與臣一正一陪之間，固經家[九]部衡量，多官推敲，真見從吾之德遠過於臣，從吾之才遠過於臣，若騏驥之前行，駑駘之隨後，匪漫然而爲序也。既推之後，通國帖服，皆謂從吾委堪首舉，足副皇上任使，可以修明銓政而光聖治也。臣忽以淺陋越其前而叨聖眷，此心不能自欺，豈能自安哉？按從吾筮仕翰林，執法柱史，以忠直謫居林下者三十餘載，汲汲進修，不慚衾影。迨皇上龍飛御曆，甫赴環召，每抒策以匡時，期尊主而維世，僅僅年餘，請告而去。其去也，人莫不惜之而且高之；既去也，人莫不思之而且薦之。是以今之推舉，莫不忻忻嘖嘖，冀承帝簡，以爲景星再見而麒麟重來也，奈之何可以弗用乎？夫皇上用臣於吏部，固將令鑒別流品，推用賢能也。從吾及臣，其等自有辯矣，臣一旦逾之而據非其分，是流品之混自臣始也。臣向叨風憲之末，不能推轂從吾，業已懷愧。今且冒銓貳之缺，而致其仍潛於洲野，是臣進銓部之日，即蔽賢之日也。臣罪滋大，臣懼滋深。爲此披瀝血誠，懇乞聖鑒，仍准起用從吾，俾貳銓部，必有俊偉之建樹以報聖恩。容臣照舊協理院事，臣勉竭綿力，期效犬馬。臣不勝悚慄戰懼待命之至。

回籍賢臣根因自别疏

爲回籍賢臣根因自别，用賢圖治，要在乘時，謹再述舊臣之良，竊附於以人事君之義，仰乞聖鑒，亟賜轉圜簡用事。

邇者該吏部等衙門以該部缺侍郎，公推得原任都察院左副都御使馮從吾，未蒙簡用，而臣以菲劣陪推，猥叨欽點。臣惶悚無地，瀝誠具奏，懇乞聖明仍用從吾，以收賢良之效。奉聖旨："曹于汴品望素著，特簡佐銓，着遵新命到任，不准辭。該部知道。"欽此。臣益增跼蹐[一〇]，莫知攸措，求所以未用從吾之故，不能窺測。及誦皇上批示閣臣之揭，有云"從吾回籍未久"，方知聖意所在，原不薄其才品，第爲其未久耳。但從吾回籍，與别臣不同，臣敢再述其詳，仰瀆天聽。

大凡人臣去國者，除因病、因年外，有躬負罪愆而去者，有職業無效而去者，有人言指摘而去者。若此之類，須俟日久論定，方可起用。從吾有一於是乎？愆過未曾聞也，職業未嘗不修也，人言未嘗有訾議也，祇以抱"難進易退"之節，爲飄然鴻冥之舉，此正不貪富貴可用之臣，早用一日，早得一日之效，何爲待其久也？當此内外多警之時、上下憂危之日，既有忠良，便當委以重任，朝不待夕，豈以未久而遺之？竊恐日復一日，歲復一歲，致入暮境，精神衰退，又安得用之？是天生賢傑，原以供國家之用，而國家未盡其用也，豈不可惜也哉？蓋臣與從吾居址密邇，漸劘多年，真知其賢，匪特一方之士，實天下之士。不惟用之吏部，可致清通簡要之猷；抑且漸擢公孤，當有啓沃贊襄之益。是以望皇上早用之殷殷也，原不以人己起見，亦不盡以正陪起見也。臣一介草茅，荷蒙聖恩，不啻覆載，然頂踵髮膚皆皇上之賜，何所持而報主？惟是薦用賢良，裨補聖治，庶或少效涓埃，以答聖慈之萬一耳。古昔帝王刻印銷印，千古以爲美談，第求至當，原自流轉。懇乞聖明鑒察更正，准用從吾，實清朝盛事。臣不任戰慄懇禱待命之至。

名賢難得起用當先疏

爲名賢難得，起用當先，三瀝血誠，懇乞聖鑒，允用舊臣，以裨聖治，以昭聖德事。

臣聞古昔忠臣薦賢爲國，至再三補牘不休，其君不以爲忤，而卒用之，總之亦爲國計也。臣爲原任都察院左副都御使馮從吾未蒙佐銓之簡，再疏懇用。奉聖旨：“近來躁競成風，讓官亦可嘉尚。但朝廷自有大體，成命豈可更移？曹于汴着即遵旨到任，不必煩陳。該部知道。”欽此。

臣感悚交膺，莫克負戴，不知當如何捐糜以答聖眷，豈敢饒舌，自干咎戾？第爲聖恩隆重，臣誼難欺，儻見賢不舉，欺孰大焉？臣自知甚審，知從吾亦甚審。若嗜榮躐進，恐夜氣清明，汗流沾背。蓋從吾實踐躬修，不比空談之士，匡時濟世，綽爲有用之才，是國之寶也。臣見任目之官，儻知而不舉，非所以仰承聖主，明目達聰也。當從吾副院之日，臣猶爲大理寺少卿。即從吾去冬出都，旋即抵里，耕稼畎畝，亦將近歲，臣偬然越之爲銓貳，明旨所謂“躁競”，臣實蹈之，此心能安乎？皇上褒臣以讓，臣何敢當？但既有讓之名，須有謙之實。從吾猶草莽之臣，臣忝攝銓曹之列，是虛爲讓而巧爲躁，臣不敢置身若此，皇上亦安用此等臣爲也？夫臣之事君，如子事親。子有所蓄其旨，必進於親；親若拒而不用，子將食不下咽。臣有所識忠良，必進於君；君若咈而不用，臣將居無寧宇。是以不避煩瑣，必以上告也。皇上，天也；皇上之心，大虛也。原自空洞，無所執着。前因其回籍，何妨未點；今鑒其賢良，仍賜簡用。日月光明，直照山林之彦；乾坤回轉，旋加不測之恩。普天頌聖，聲施無窮，臣之拜舞，過於自售。善先其身而後賢，臣道之所不載也。知其人而善任，哲后之急也。懇乞聖明鑒臣一點血誠，原非矯情過遜，亦惟是求補於國，效忠於主耳。臣不勝戰懼籲望待命之至。

校勘記

〔一〕"溝"，疑當作"滿"。

〔二〕"湏"，據文意似當作"頃"。

〔三〕"楊"，當作"揚"。

〔四〕"肖多而限數"，依前文例，疑當作"不肖多而限數"。

〔五〕"肖"字前疑脱一"不"字。

〔六〕"鑽"，原文作"錯"，爲"鑽"之訛字，徑改。下文重出者徑改，不再出校。

〔七〕"計稷"，據文意疑當作"社稷"。

〔八〕"乏"後疑脱"人"字。

〔九〕"家"，據文意疑當作"冢"。

〔一〇〕"踏"，原作"蹯"，據文意改。

跋　語

曩我真笪先生自勾吳來守晉都，倡明理學，叩之，則曹老師之舊遊也。茲焉父母駕箅篁而涖此邦，即眺龍門、探禹穴，叩之，又笪先生之從游也。嘻！晉都何幸，屢環君子之轍！吾輩何緣，屢奉楷模，均出有遺之門也。師門《學則》一編，傑輩學之而不厭，復元誠一欲刻而未能焉。父母囊投而鋟梓之，是奉法寶信衣，真欲夜半負之而走矣。昔文定謁上蔡於德安之應城，入門見吏雜植立庭中，如土木偶人，肅然起敬，遂稟學焉。傑於焉父母，亦願至大庾嶺而拜禮也。

絳門人李瀛傑薰沐謹跋

跋 《曹門學則》

　　木有本，水有源；學問通，須本源。乃言行作止，悉得神明用事，文章性道，一以貫之。吾師之學，即以透徹本源爲宗，故作事事事透徹，立言言言透徹，敷教人人透徹。小子久坐春風，莫能名其所謂，竊窺無邊際、無滲漏、無間斷，性體如是，吾師適還其如是也。允讀《學則》者作如是觀，方不爲師門門外漢。

　　靈丘門人朱鼐鑗百拜謹跋

共發編

重刻《共發編》序

《共發編》者，吾師曹真予先生司理淮陰時，講學安定祠内，淮士彙而鋟梓者也。先生置之，插架三十年未嘗示人。當日淮刻數種，日久不無散佚，如《節孝祠會約》竟成烏有，而此編僅存一帙，安知異時不與《節孝約》等？於是諸弟子請於先生，重付剞劂，稍又亦有訂入其邇年仰節堂、傳是堂會講之語，冀請合刻，而先生復不許。曾憶先生語弟子曰："淮士多負氣，每睥睨武弁，弁輩亦跼蹐遜之。一日大會安定祠，有胡生平者躬捧大盤，徧供茶於諸弁及齊民，容色甚和，而弁輩亦怡然接受。"余因嘆學問之果能化人氣質也。節孝祠會原以徐節孝爲風，而淮之齊民若孔金父子等以孝著稱者，幾二〔一〕十餘人。講學足以興民行，不可睹哉？柱竊謂淮人聆先生之講，僅於從政餘暇耳，成效已如是。吾儕歲又侍左右，日承誘誨，不啻呼寐而振蒙，儻不能變化氣質，興行合道，視淮之士民不其有深愧乎？其烏得不奮勵於兹編也？

時天啓五年春三月望日，門人楊柱謹序

共發編卷一

不佞資質惛鈍，牽纏於習染，其於大道無窺也，貿貿無之。然嘗聞先正有云："道義由師友開。"乃率諸生會講。講則疑生，疑生則相與思之，相與辨之，我發諸生，諸生發我，稍稍亦露端緒焉。既而諸生編所問答爲帙，請附於會約後，曰："常目之以求發也。"請且固，予乃許之，命曰《共發編》，當就有道者請正，或其我發也已。

安邑曹于汴書於淮之學孔堂

譚生大禮問云："先生教人，說人生只是一個孝，孝則藹藹若春，故爲仁。仁於天屬春，凡不孝者其心慘如秋。又謂孔子大聖，猶未滿孝之分量。大禮竊謂'堯舜而上善無盡'，想亦是此意否？"

曰："此理甚明。即如親恩罔極，而人子之致於親者有極。雖聖如孔子，豈以孝道已盡而毫無所歉乎？再如文王爲君止仁，然商季之民多毒痛，其自視仁爲何如？爲臣止敬，然紂惡不悛，其自視敬爲何如？故文王望道未見。孔子動曰'未能'，曰'何有'，曰'未得'，正謂道無窮盡，乾乾不息，無歇手處也。'堯舜而上善無盡'，亦此意也。"

問："先生教人只於家常勾當開發，俾人意念忻從，精神常向於內。大禮竊疑家常勾當誰不行習？誰其著察？而近云著察，謂本體即是工夫。第習心難除，本體久受染矣，而謂即是工夫，恐流茫蕩，奈何？"

曰："本體者，天理也；工夫者，人事也。天理、人事一時俱在，外人事以求天理，或反流於茫蕩。謂本體即工夫，正所謂不茫蕩也。且子謂本體受染，不知因何受染。今欲去其染，於何處去之？則本體即工夫又可見矣。"

問："先生教人真實下手用功，謂'人不知而不慍'，非因人不知我益加學問。只是君子盡其在我，不見有所可知，故不求知，又何有慍？此不慍即悅樂之本體也，孔子尚矣。顏子不改其樂，程子曰：'顏子所樂何事？'先生曰；'顏子所樂無事。'大禮竊疑'無事'二字從前所未發矣，不知'無事'光景與'如愚'光景何別？"

曰："無事故虛，虛故能受，能受故不違，不違則無扞格，無扞格則無事，則亦非有二也。"

問："先生教人割舍名利念頭，方能擔當聖學。利，利也；名，亦利也。名利之念無大無小，始乎蟻穴，極乎滔天。居常毫毛自便，如遇五代六朝，則朝君暮仇無不爲之，皆此名利之萌乘時而發也。大禮竊謂爲聖爲賢，鴻名也；盡性至命，厚利也。日以此提撕用功，亦能勤人；但其心恐仍涉於名利，將或爲滔天之蟻穴否？"

曰："謂爲聖爲賢爲鴻名，盡性至命爲厚利，提醒用功亦是，但不知求此名利而依依乎？得此名利而沾沾乎？抑忘之乎？果忘之也，則亦無名利矣。其依依、沾沾也，則性命上加一層，終與聖賢有異，亦安知蟻穴之不滔天？"

問："先生教人爲學，以與人爲善爲第一大善。如我愛人、敬人而不能致人我愛、我敬，終是我之精神未能貫注於人，奚以完此一體分量？大禮竊疑顏子以能問不能，只見能之在人，問以自裨，與之共能也，與人爲善之意自在其中。若‘犯而不較’，其與人爲善之意何在？”

曰：“‘犯而不較’，正爲不能感人而反躬内省，遑知較人不至於感通無間不止也？非置之而不較也，豈非與人爲善乎？大抵人己無二，纔説成己，便有人在内，成盡天下萬世之人，纔完個成己。”

問：“先生教人以心應事，以事證心。每言果致中，在致和處見。果静亦静，在動亦静上見。此心應事、事證心之正印也。大禮竊疑人心轇轇轕轕，點染久矣，居嘗浄几焚香，默坐澄心，并善念亦欲去之。”

曰：“静坐工夫，先儒所重。此學者收攝精神第一義，不可少者，但若專靠在此便流於厭動，一遇紛雜即便乖亂矣。夫以心應事，心常足以待事也；以事證心，事常不違於心也。則心事參合，動静無二，何往不宜乎？”

問：“先生教人識取幻體、真體，謂真體廣大，峻極於天，猶包於天之外而與天同悠久者。人人具此真體，則天、地、民、物原一一聯屬於我。大禮竊疑體本無幻，寄真始幻；體亦無真，對幻有真。第以天地萬物一一聯屬於我，而不能忘我之相，仍依幻爲真矣。欲極論其無我相之旨，儒與禪宗將無同？”

曰：“若天地萬物一一聯屬於我，斯無我相矣；然天地萬物亦無相也。以相觀天地，則如彼其大矣；以相觀萬物，則如彼其衆矣。安能聯屬於我？故幻相非真，真相亦非真，而無相者爲真。夫墮禪者非也，而避禪者亦非也。無真而未嘗無真，無幻而未嘗無幻，無天地萬物而未嘗無天地萬物。裁成輔相，種種見在，烏知其禪與不禪？”

問："先生教人即心即聖，如學王右軍字，即學到至像處，中猶有不相肖者。學聖人終與聖人隔，亦然。吾心自有個聖，以我學聖不如以我證心。大禮竊疑心亦難證矣，將何證之？"

曰："心誠不易證，然孟子最善證心者。有曰'乍見孺子入井，皆有怵惕惻隱之心'，有曰'嘑蹴之食，乞人不屑'，有曰'大人者不失其赤子之心'。由前二説忽然而來，不假安排；由後一説十分完足，不假增助。諸生欲證心乎？試於此證之。"

問："先生教人爲學，不必分別諸家同異得失，只要着實擔當去做，則説良知固可，説良能亦可；説格物爲窮物之理固可，説格物爲格不正以歸於正亦可。大禮竊疑學貴識主腦，如爲學問主腦而辨，則宜辨同異得失；如主腦已得，則隨處皆可用功。顏子於學脉主腦，徧身徹體皆已通透，而猶曰'欲從末由'，不知此'從'字當如何理會？"

曰："余意爲不務躬修者，較勘訓詁，評駁儒先；又或泥其師門，負其高見，紛紛争論，剛成好勝。辟如辨朱、陸者數百年矣，而爲朱、陸者反不多見，所謂舍其田而芸人之田也。果實心爲學，則理本一原，觸處皆是，豈矜門户？故謂不必分別者，此也。其實同異得失，豈得無辨？學問到處當自了然。若夫顏子'欲從'，'從'字謂道不可從也。從之者，二之也。一之，斯無從矣。夫我即道，以我從道，是以我從我，故曰'末由也已'。"

高生鹿鳴問："自科舉興而士心多陷溺矣。程子先爲世道憂之，而況今日請於科貢外復漢鄉舉、里選，勢能行否？"

曰："漢至今未遠，其鄉舉、里選何不可行？豈惟漢乎？雖古聖人之政亦可舉而措之。然古法之不行，無其德故也。有聖德斯有聖政矣，有聖學斯有聖德矣。漢治固善，而德不逮古，故雖有其制，其治終與古異。”

宋生士奇問：“先生曾云顏子簞瓢陋巷不改其樂，然未嘗不問爲邦。且孔子周流，顏子未嘗不從；而孔子又與諸弟子闡明經世之學，傳之萬世。可見聖賢不是自家用世，便教人用世。然又問諸生有個科第到手，肯不要否？果爾，則用世之略何塗以出？”

曰：“天下無忘世之聖賢，不可得而忘也。伯夷固隘，然亦曰‘待天下之清也’。若孔、顏在今日，亦必由科第爲用世之途。然必進以禮，退以義，以行道濟時爲事，斯爲聖賢之出處。若不以禮義、不能行道濟時，則雖以周官德行爲途，亦何取焉？”

韓生國保問：“每自家檢點，過舉甚多，在何處下手？”

曰：“人之過不一，然其原一而已。逐過而改之如止沸，清其原如撤薪。顏子不貳過，先正曰‘貳與一對’，常一則過寡矣。”

馮生世明問：“竊睹先生身任斯道，誠然大勇，而諸生欲近乎勇，只在知恥。人不知恥，爲學之不講耳。願聞講授之宗。”

曰：“恥何從生？生於心。恥何從知？心知之。講學者勿講口耳而講心，勿講人之心而自講其心，斯知恥矣。”

胡生平問：“皋、夔、稷、契有何書可讀？今之讀書者滿世界矣，乃客山東而擔聖學，僅見一韋布，何也？”

曰：“誦《詩》讀《書》，聖賢對面，準繩具在，勃乎進修，故開卷有益，書何可不讀？然善讀者以書證心，不善讀者以心從書。德之不蓄，口耳是資者又其下矣。心齋先生第善讀耳。”

熊生志美問心性天命。

曰："心外無性，性外無命，命外無天，渾淪密匝，皆是物也。"

葉生中興問心體。

曰："心體不可見，見之乎萬事萬化；萬事萬化可見，然已具於不可見之中，是謂體用一原。然則謂心爲有，謂心爲無，謂心在外，謂心在內，其爲滯均爾。夫學不可逐物，故反觀內照，以存心體。然滯而不化，則亦物焉而已。"

王生士騫，丁生維泰、維貞，蕭生允宜，王生天慶問生死。

曰："以能言能動爲生，則生於胎孕，死於衰老；以所以言、所以動爲生，則未生已生，既死未死。夫人之生於天也，一塵不足喻其小也，生焉爲有？死焉爲無？得道者與天同運，不以朝生爲生，豈以夕死爲死？夫生理大矣，不能盡其性者，不能盡其生者也，則生爲忝生，死爲徒死。忝生謂之行屍，徒死擬諸腐草。夫惟盡其性則盡其生矣，以生生者爲生矣。生無虧欠故生順，死無毀壞故没寧。"

趙生有年、趙生世進謂："吾人日用，但過欲存理之爲兢兢。"馮生世明謂："學在悟，悟則人欲皆天理，不悟則天理皆人欲。"譚生大禮謂："悟自不容不修，乃龍溪先生又有'悟而不修，修而不悟'之說，此又何樣悟、何樣修也？今不必在存理上用功，只十分放下，割去隱微名利根株，而天理自種種現前矣，何勞存理？願先生開示。"

曰："存理遏欲之爲修，欲退理明之謂悟。學期於悟，修以求悟也。有修而不悟者，無悟而不修者。悟而不修，偶有所見耳，非悟也。修而不悟，亦不足言修。然修悟終當合觀。'致知在格物'、'求悟在修'之説也，悟則其修無替，所謂不息也。譚子謂'不必存理'，夫理固無俟於存、不存，而存欲自退。兹云割名利根株，方割時亦理用事，大抵割欲即以存理也，存理即以割欲也。第但斤斤於割欲，恐欲根無斷時。十年見獵而喜，可思已。馮子之言自確論也，理、欲原非迹論也。"

高生登龍、梁生維毅問："曾聞先生曰，爲學須將此心放下，儻亦孟子所説求放心之旨否乎？"韓生國保又問："某嘗於其心放時，每用收攝，未知收攝工夫果是否？"

曰："前因某生言收放心，故余謂收放心不如放下心。蓋余嘗收放心矣，其狀苦；又嘗放下心矣，其狀甘。竊意心本甘，吾何爲苦之？子於心放時，每用收攝，不知甘苦如何。孟子'放心'之'放'與'放下心'自不相蒙。然孟子言'求放心'而不言'收放心'，更宜較勘，因何心放，於何處求之。且士或認意爲心，認定氣爲收心，不可不知也。"

丁生維貞、馮生世平問："終日茫昧，不知心在何處，何以識得自己真心？"

曰："子不安於茫昧而舉以相問，此即子之真心可以識得矣。此後有所不安者，勿欲勿爲，當有豁然時。"

共發編卷二

天下事不必己爲之，亦不必人爲之；名不必己居之，亦不必己避之。有心於貧與有心於富同，有心於賤與有心於貴同，有心於死與有心於生同。金石，無知之物，然石能感金而致之，其氣通也。上之不能得民，其氣不相通也。夫氣，依乎志，志無機而鷗鳥狎，志有機而父子離。

惡惡不可動氣。百年之後，雖公卿之富貴成虛；元會之終，雖堯舜之聲名亦泯。此足以破塵迷。然君子脫落名利，初不爲是也。彼以性分在己，焉用聲名？所喻在義，利自不足動之。

伊尹相湯之業何等弘大？使非三聘，則亦終身有莘而已，略不怨悔。忠君孝親，安民阜物，辟如饑食渴飲，寒裘暑葛，隨時行之而已。飲食不求人知，而忠孝求人知，惑也。

以不好名爲名，辭利爲利，然則名利關何時打破？戒之哉！

孔子"食不語，寢不言"，"於鄉黨恂恂不能言"，"成事不説，遂事不諫"，"不可與言不言"，"怪力亂神不語"，"利、命與仁罕言"，"言未及之不言"，"未見顏色不言"，"非禮勿言"，然則一日之間，言時少，默時多。猶於訥言、慎言、恥言、謹言、不出言惓惓爲戒，曰："予欲無言。"學者終日喋喋，支誕不羞，而欲幾於道，胡可得也？

心如水，水體本平，激之而後有波。顏子不改其樂，只是心平。

"人之有技，若己有之。"古人只要了得天下事，不見才可名，故不見。才名在人，又何必才名在己？晨而興，著衣納履，盥嗽飲餔，應人立事，裁成萬物，參贊天地，嚮晦而息，擁衾就枕，事有大小，總謂之道。

空洞之竅何以能聽萬聲？半寸之睛何以能察萬色？片許之舌何以能知百味？故體有大小，理無間隔。

小心即大勇。

禮莫嚴於祀神、覲君，然必飲福、舞蹈，可見人之相與，貴情意浹洽。

秋深覺寒，可見與天地同體；人人俱寒，可見萬物同體。然合下即有萬物，便踏實作一體做。蓋既知萬物一體，便當有安排萬物之方略，乃爲實學。

天載無聲無臭，然離却有聲臭者，何處安頓？講學愈精則愈粗，愈高則愈下，故聖學爲庸，行如赤子而止。

用人之公者，不避仇，不避親，亦不避身。趙充國曰："無逾老臣。"

一介不苟方是廉，印證在臨財之際；一毫無私方是公，參驗在發念之時。

遭人之唾罵斥辱，皆我大得益處。

漫天漫地俱是氣，俱是理，俱是心，俱是性，俱是天，俱是我，所謂真我。

學問毫無可倚借，至虛則神，惟無欲乃得之。

人之性由天而生，然此性乃天所由生也。怒殺一蟻即可以坑長平之卒，貪取一粒即可以奪萬乘之國。

學問只要個真。匡天下如桓文，讓千乘如仲子，只一假便壞盡。寧爲真而有過，不爲假而無非無刺。

奸莫奸於善裏瞞，惡莫惡於竊仁義，苦莫苦於不知學。聖賢用惡處亦是一體。

幸而爲人，失其所以爲人；幸而爲官，失其所以爲官。惜哉！

心之在人。雖夢寐而未嘗斷息，常動故也；雖酬應而不可朕兆，常靜故也。

饜肥甘者，愛其口而忘其腹，愚也甚矣。瘠人以自肥，其愚亦猶是也。

田獵樂事，然古人以之練兵也。故行政者因其情，導其機，使民樂爲之。

飲食不入於口，終不知味；學問不體於身，終不悟。

問通於□□心，曰適於己之心。

夫人也，天地所生，然亦各生其生者也，第謂天地生人，是天地之前無我矣。

以聖賢之道爲口吻之資，罪之大者。故空言不譚，泛問不答，氣盛者勿與辨。

神氣常要凝定。

經世以世，不以我與，是謂出世。若杜門却慮，滅蕩禮法，曰："吾將出世。"僅棄世爾。

有與胥隸爲比鄰者，素相善也。一日有事於公，主司怒焉，命胥隸辱詈之，斥逐之。既竣事而遇胥隸，相善如故。或曰："夫非辱汝斥汝者?"曰："夫有所受之也，何異乎? 行使止尼，亦有所受之。孟氏之不較臧倉也，孔子曰命也。命合如是，公伯寮不得不爾，奚以較爲?"

從人于井，君子噬之。回腸阿人，與之同陷，輕言遭噬，愚亦類此。故事求可，功求成，非漫而已。陷身陷心，陷德陷業，入井之途多。

《易》稱"易簡"，聖惡隱怪，儒者曰"道在庸而已"，亦何爲矯矯激激自異也? 誠然哉! 然一介不取，與行一不義得天下不爲，不"易簡"也乎? 晰我性命非隱也，守我藩籬非怪也。人汙我汙，人醉我醉，貨利可逐，聲色可溺，曰"我不立異也"，可乎哉？

晝遊雖樂，不聞遇夜而悲；春景足嬉，豈至逢冬而惡？何者？安於時也。時有順逆，何異晝夜春冬？而情逐境遷，乃致愁苦，亦惑矣。故智者順亦樂，逆亦樂。宵亦稱良，何擇乎晝？愚者逆亦憂，順亦憂。冬則淒凜，春豈無陰？

有人焉欹鼻眇目，衆稱二醜；惡其醜也而寢項，乃稱三醜。膚餓、肋勞者苦哉，而戚其心，是增一苦也。或告乙曰"十年且死"，則計日歡笑，迨期而終。告丙曰"十年且死"，則晝夜悲啼，迨期亦終。等終耳，歡笑不爲得哉？

獸不慕走，禽不慕飛，而禽翔空，獸奔壙，質具故也。禽慕走，獸慕飛，終必不獲，其奚慕焉？夫兩目之視不如四之明也，然誰則慕四目者？生既如是，慕之無裨耳。窮通夭壽，非定於有生之始乎？而役役外羨，不亦愚哉？

箠楚加人，瘡瘍起膚，莫不望其速竟，冀痛之歇也。箠既而猶痛，瘡愈而痛不止，誰其願之？貧賤患難，既往而追念嘆悼，是貧賤之常而患難無已時也，故甑破不顧，有旨哉！

既生爲人，須異禽獸；既生中國，須異胡虜；既爲男子，須異婦女；既爲士人，須異齊民。若曲腸毒手，厚顏卑志，又何異焉？鬚眉空戴，生死堪羞。智者以天下爲一體，愚者以一體爲路人；智者流百世之芳，愚者快一時之利；智者保其恥，愚者棄其良；智者觀愚，如醒眼觀醉，備嘆其醜；愚者觀智，如穢中觀麝，不悟其香。

戕多命以充口腹，我甘彼苦；疲眾力以恣盤樂，我逸彼勞；奪人財以厚家業，我肥彼瘦；凌人弱以逞剛強，我伸彼屈。彼則何辜？我則何忍？怨毒難解，惡業難銷。

夫道不可難視，不可易視。目前皆是，何難焉？終身不知，何易焉？難之者怯，易之者瞶，終成千里。

夫學隨事可盡，隨時可盡，隨地可盡，隨分可盡。外無待越，內無容減，當其見在，不乏毫釐。

性者，理宰氣而寂。心者，理乘氣而活。意與事，則氣運理而顯諸用。

以未發之中爲根本，以萬物一體爲規模，以改過遷善爲工課。

君實厚我，我勿薄；民實親我，我勿疏；天實大我，我勿小。

忠告之益，每及於虛懷之士。儻無此語，吾有溢志乎？

干進之謀，不商於守正之士。儻聞此語，吾有隱慝乎？

一日夢孟子答門人之問，余謂一友曰："孟子此時胸中一無所有，與孔子空空一般，只因人問及，乃答出許多議論。"是夜余又夢，與二友各出所有，相抵爲戲。余視二友所無者，以余所有之物出之，將窮之也。然一友忽有此物焉，俄而一友亦有此物焉，出於余料之外，遂大笑。有無安可預定哉？人之智慧固旋生也。孟子本無也，因問而有；二友本無也，因余而有。或者鬼神之通余乎？教以致虛靜之體以應感乎？

鄒座師曰："千古聖賢命脈，全在一'仁'字。"又曰："人須是見得此身爲天地立心，爲生民立命，卓立於雲霄之上，則物不能屈。"又曰："心在人。用之小則小矣，用之大則大矣。"又曰："天德、王道是一事，總一學問。"

聞耿淑臺先生常恐陷人於有過之地。

天下有孝子，則人稱之；有忠臣，則人稱之。然未聞以慈父稱人者，世人亦未有以人不知其慈爲病者，且人未有稱赤子以孝，而赤子亦未有以不知其孝爲嗔者。故不知不慍之君子，慈親孺孝之等閑。

李明晦曰："爲人所妒，是不如人。"此言可味。幽明有間，仁之枯也。

今人乍見孺子將入於井，皆有怵惕惻隱之心，此心從何處來？

竊嘗疑，鄭衛之詩果爾奔者之口吻，孔夫子列之《國風》中，令經生學士朝吟暮誦，何也？其以爲戒乎？崔氏傳本豈不可戒？世之大儒胡不錄？

昏夜乞哀且可深恥，況白日乎？

進德存乎勇。

天分最不易得，故孔孟之門人無能埒孔孟，非其化誨不善，若有不可强然。然則質之近於道者，可自棄哉？

君之使臣，如主之使僕。僕役於主，不敢不聽役；臣用於君，不敢不聽用。非求之也，有重荷焉，受主命，荷之而已。營營求充役，志不在荷也。

有美青雲子，疑人以不肖。無乃信未孚，其可一念校？至誠能動物，聖賢垂至教。勿以忠見疑，而以不忠報。因人之見疑，而味。

敬於無意之先以待意，意起如是，意過如是。

世之所難，莫難於爲其事而不居其名，莫難於共事而無爭。

忘親之命可以爲子乎？忘君之命可以爲臣乎？忘天之命可以爲人乎？

明道無等待，行道無等待。時時道在，時時明在，時時行在。

孜孜方有人，悠悠終無成。念起而勃，念過而消，電光雖屢，安能成照？

聖學事四個字，一曰任，二曰奮，三曰恒，四曰成。

不思而得，不勉而中，從容中道，聖人與我同類者。

君子依乎聖道，遯世不見，知而不悔，庸人能之。種樹者培根，非僅剪修枝葉；爲學者盡性，豈僅補葺形迹？

無不是的天，何怨？無不是的人，何尤？

耳順，故邇言好察；眼順，故堯與人同。

邇言必察，庸行必謹，纔見日用皆學。必待眇論奇行方究心乎？是爲學之時無幾也，何云"時習"？

天眼極明，天耳極聰，天算極周，天網極密。君子知天畏天。

天恩難報，君恩難報，親恩難報，衆恩難報。君子知恩報恩。

古人之書不可不多讀，但靠書不得，靠讀不得，靠古人不得。

玩愒了一日，枉却此日；因循了一生，枉却此生。

方怒而觀理，不若謹於未怒。未怒何以用功？只存本體，哀喜皆然。未發何以觀氣象？曰："觀中。"曰："中不可捉摸，何以觀？"曰："觀不可捉摸者。"曰："不可捉摸何以觀？"曰："不捉摸便是觀。"

害治不但小人，不但不學者。學術不正，每爲世病，亂之生亦多坐此。終日譚孔孟，而合孔孟之脉者鮮矣，功利、辭章無俟論也。

世之仕者，未有不升堂之求而先求聽訟者，而辨學者乃反是。

問："良知爲法門，今且成套，欲別更一語，何者嘉？"曰："任拈皆可。"

妙解難憑，擔任難憑，願心難憑，熱腸難憑。

言多尤多，事多悔多。譽至毀至，利至害至。

心者，性之靈，非有二也；理者，氣之妙，亦非有二也。

問："戒慎不睹，恐懼不聞，何無安逸時？"曰："戒懼就是安逸，非有所戒懼也。"

問憤與樂，曰："憤處就是樂處，是喜歡。發憤即是天行健。日昃不遑，文王之憤；繼日待旦，周公之憤。孔子夢楹以前當是如此，故曰：'不知老至。'"

學者但從《論語》頭句起，行得一句，天下之事畢矣。又不然，但憑心以動，心所羞恥不爲，天下之事畢矣。

能言不能行，誕言耳；可言不可行，冥言耳。故君子之言，能行、可行者也。君子之行，己可行，人亦可行；人可行，己亦可行者也。

處膏潤，正可勵操，而不免點染，如入寶山空手歸。

士有三難：對境難，認不是難，任事難。

伊川折柳之諫，不如孟子好貨、好色之對。

潘雪松先生每謂“學者須有堯舜君民之志，又常令人求良朋相切磋”，“倡奢侈之風者不仁”。

　學問不由本體，不由仁義行，終不滿。入手即如是，辟之學射者，彎弓即望的。研究修持，固爲本體設，須知憑何物研究修持。

　有爲生於不爲，有爲之之意則不能爲矣。

　無善無惡，斯言自精。性善之旨，原不相左。鄒文莊曰："無善無惡，斯爲至善。"得之。

　輕言出口，囑人勿洩，孰與於默？

　虧體則辱親，人皆知之，然不知此體即萬物，一體之體即心性大體。

　《詩》三百，蔽以"思無邪"。若但謂善感發、惡懲創，《春秋》豈不更切？蓋涵味諷誦，溫厚和平，性情得其正，故思無邪，《詩》理性情以此。

　静則六合俱静，動則六合俱動。

　求人知，無可知矣；求人喜，無可喜矣；求人敬，無可敬矣；求人用，無可用矣；求人交，無可交矣；求人譽，無可譽矣；求人信，無可信矣。

　强食不甘，强笑不歡，强交不固，强言不入。

祖父之遺，子孫公用之；天地之遺，天下人亦當公用之。而貧富不均，或至餓死，可嘆也。均之者，人主事也。

三宿而後出晝〔二〕，是孟子學問得力處。一介不與人，是□〔三〕尹學問得力處。

孟子不受齊王兼金，此不足爲難，其難在受薛、宋之金，乃知區區詡廉抑小耳，顧匪可助長。

以事迹定善惡不得，顧源頭不同耳。故聖人不廢刑殺，而鄉原以忠信廉潔賊道。

物情室務，皆學之事；田農市賈，皆學之人；蘭芳蜂義，皆學之益；街譚巷語，皆可該道之全。

偶見几上橫硯，几下火盆，謂此皆心也。又據案講萬物皆備於我，謂此案亦備於我。

入圍求科第，科第成則暢然可迴，不則雖不得不迴，然而未可也；入京求官，官成則暢然可迴，不則雖不得不迴，然而未可也；出世爲人，人成則暢然可迴，不則雖不得不迴，然亦未可也。

以日之出没爲晝夜，世人見耳。試登日觀峰乎！業已杲杲，下界猶夜。未晝已晝，既夜不夜，日無有無，可擬生死。生理如日，人知日輪常在，故不憂夜，故可夜；不知生理常存，故怖死，故不可死。

人臣得罪於君，被誅殺，怡然受刑不動色者，衆多稱之，其實非也。思大杖則走之義，安得恝然不介意乎？

毀譽、得失、生死，乍來爲儻，轉盼成陳，焉用滯滯？

搜玄窮隱，譚天論聖，其思如毛，其口如河，若非實有諸身，一毫不濟於事。

天未欲平治天下，人故舍我。如欲平治天下，誰其舍我？不能違天也。孟子信天。

代人桔槔者，其人感而謝之。天雨霑足，奚以言謝？小惠得人亦似此。

有積粟者，人疑其得諸農，得諸商。以爲精，以爲惡，彼亦忘其所自及精、惡而問人。士之究性於典籍者頗類是。

君子齊人已，故利有時不辭，況辭害乎？不利人以無，況害人之有乎？

問學，曰：“《大學》首明德，《中庸》先明善，《孟子》始智，大都言覺。學者，覺也。”

惟知故止，惟止故知。然知則六合內外瑩瑩一片，止在何處？賢有止，聖無止。聖無知，故無止。孔子生知乃云無知，文王敬止是爲無止。

未學者患在狃於卑近，無志於高遠；既學者患在侈其高遠，不知其卑近。

横之臆見，不準以先民之程，奚其可？局之成説，不衡以自心之明，奚其可？

不言白而行墨，不外盈而内歉，不色明而衷暗，夫是之謂實勝。

一動意而審諸，一啓齒而審諸，一舉趾而審諸，夫是之謂謹微。

有一等人，有一等過。下等以爲善，中等或以爲過；中等以爲善，上等或以爲過。

有一等人，有一等見。衆人只見己是，不見人是；聖人只見己不是，不見人不是。

或問友，曰：“勢利之場無友，須道義之交乃有之。”

勿輕受德，勿輕作緣，勿苟邇，勿苟昵。

君子之爲善，不自知其然；小人之爲不善，亦不自知其然。利在前則趾舉，非有心舉之也；害在前則趾卻，非有心卻之也。蓋血氣爲政，往往觀驗皆然。不爲君子，而欲無小人之行，可得哉？天子以四海爲身，諸侯以一國爲身，士以一家爲身。身之血氣乖亂，則疾疢瘡痏，諸苦生焉。養生家調氣以心，故治天下國家者治之以心而已。

君子知微，故日休謹於微，天下無事矣。

宋儒曰：“一草一木皆有至理。”此言非過。草木之理與吾身之理無二，但不必逐草逐木求之，文成亦欲向內耳。

寡言則心靜。

衣冠高卑短長，時尚每變，迴視昔日所用，亦自訝之，然當時奚以用？習見移目也。故習成移，見成障，習見之累大，脫習掃見，可言學矣。

行取候命，遲延日久。爲道而留者，上也；爲道而去者，次也；無所爲而去者，三也；無所爲而留者，四也。

醫家不必藥奇，惟求病愈。又曾見醫家有病人，轉求別醫，惟期病痊，乃不自用。若醫世如其家，肯自用哉？

耕當問奴，織當問婢。問耕於婢，問織於奴，爲失問；以奴譚織，以婢譚耕，爲妄譚。

寒時望春，春來冬去；暑時望秋，秋來夏往。日中則昃，酒酣則散，官高鄰退，年高鄰衰，望高矜高，皇知藏不媺乎？

渡大江而後知所儲木非枕才也，登峻阪而後嘆腐軸之致敗也，晚矣！柘柳出土而以爲松柏，暗矣。

甲漏言於乙，乙訐而誅之，乙之尤哉？甲之尤哉？

達人辭名，清人辭利。讓名者達，讓利者清，何損不讓？讓言、讓氣莫若讓時，五十之齒，讓渠三十年，其亦休矣。

胡東渠先生貧無積粟，零糴以食。或請其乘賤多糴，笑曰：

"逢貴喫貴。"當時若云無錢，便似炫清，且人不之信，反費呶呶矣，前輩老成可法。

聖人能從心所欲，故不逾矩。世人大概違心耳，世人所從者意也。

言人之過，聽者亦厭之，何必如是？

莫非命也，順受其正，命無不正者，受命耶？受正也。非正即非命也，人自立巖墻，犯桎梏，天豈命之立？命之犯？

父母之慈自根達枝，故易；子孫之孝由枝反根，故難。是以治水浚源，爲學務本。

譚風水者謂祖父葬之安妥，可以福廕後人，然祖父生前或置之不得其所，枯骨且相流貫，盛衰繫焉，況生存之體乎？祖父向隅而悲，冀享興隆，必不得之數也。

講學之患有二：高曠者決防維而脫倫常之矩，謹飭者守局曲而遺聲臭之先。有本有末，方爲學之全。

士人之患有二：未志於學者，溺習染而甘心於凡陋；既志於學者，狃因循而隳功於半途。有初有終，方爲學之成。

在我者至大至剛，塞天塞地，失其大而不勝小，失其剛而不勝柔，天地不相關，此孟子之所嘆；在我者至富至貴，可愛可求，忘其富而自謂貧，忘其貴而自謂賤，愛且求於外，此周子之所憐。

人能言，鸚鵡亦能言。聖賢説道理，衆人亦説道理。差在何處？

士其服士乎，士其身士乎？士其身士乎〔四〕，士其心士乎？試爲一剖。

天作孽猶可違，自作孽不可活。若曰天作孽則猶可違，然天未嘗作孽也，人自作孽耳，何可活哉？自侮、自毀、自伐，皆自作孽也，天何嘗作以侮、毀、伐之禍哉？

衆人是聖人，虧情莫虧理，心同意不同，俱諺語，俱至言也。

木有本末，相連不斷，學之本末何以異此？

栽者培之，傾者覆之，自培也，自覆也。生意洋洋，受者受，不受者不受。天無心也，無爲也。物如地，天如水，流行坎止。

人大抵自滿，大抵好教人而不好人教。曾記鄒座師聽後學之譚，連連點首。渠講學半生，何取於後學？而亟許乃爾，此其虛也。

火不可見，道亦若此。世人日用火，鮮知火者。

生理無所不在，謂几案器具非生物，可乎？明眼人當有睹也。

今人睹鳶魚，則興飛躍活潑之思，鷄犬當前，不免成厭，向稱活潑者，想像畫冊而已。

遇瞽者，思夫子之矜之而矜焉，蓋胸中影子爲之耳。聾、跛相逢瞽，心徧是漠然無與，踐迹之不能充類也。

聖諭六言，徹上徹下，世所撰解多質，第爲齊民設耳。士人解此則當深究，如講孝徹孔、曾之訓，生理原性命之初，作爲充知非之盡，尚有餘道哉？

孔門所謂小人，非盡如世之所稱惡人，直不大耳，然已不齒於君子矣。

不見知而悔，由其自見好處，履之爲庸，不知其好，不知何悔？唐虞揖讓，尋常杯酒當無異視，然杯酒揖讓原無兩心。

中庸難能，人知中難，不知庸難，非刊落名利意識之盡者，未足語此。

與人爲善者，我與人共爲善，非但一身伎倆而已。喊呼者合衆人之聲則聲大，舉重者合衆人之力則力大，爲善者合衆人之善則善大。

心不在焉，是謂之放。不在天下，不在萬世，亦謂之放。纔覺即在，是謂之求。其求徹天，其覺徹天，其藏徹天，其密徹天。

六曹司屬俱冠以“清吏”，重可知也。府州縣牧民之長俱曰知民隱，不知，其職乃溺。

共發編卷四

"舟中人衆休争渡，海上風高且暫留。"因淮人渡海被溺，題此示戒，然處世可以類推。衆□〔五〕之地，禍釁藏焉。不察勾萌，蔓將無及。故大樹將軍不妨獨後，山梁色舉，見許以時。

曾曰"動容"，孟曰"生色"，容、色學之徵，可以證人，可以自證。

理義之於心，其木之於水乎？闕則槁；其砥之於刀乎？闕則鈍。

病不可與藥，危至；人不可與言，禍至。

承家之主與創家之主異，既非手營，難期周計，必藉忠僕爲之營護。守成君臣似焉，有其負之，烏迨其責？

農有農之術，賈有賈之術，仕有仕之術，不可同也。

莫之爲而爲者，天也。人生於天，則亦莫之爲而爲。莫之致而至者，命也。性原於命，則亦莫之致而至。夫人也，有所爲而爲，有所致而至，便是李放桃花，非其質矣。故率性爲道，莫之爲，莫之致也。《中庸》譚道，妙在"率性"二字，不學不慮，不思不勉之本然也。人人如此，聖人常如此。

"是丘也"，明指其身，俾二三子觀之，我固在此，何隱之有？衆人舍可見之聖，覓不可見之聖，安得不疑隱？

“天生德於予”，德不以順逆生死爲存亡。“桓魋其如予何？”彼能加害者不過我之身而已，庸足介乎？“匡人其如予何？”亦同。若曰文王雖既殁，文不在兹乎？除非天欲喪斯文，則後死者不得與於斯文，然天終不欲喪斯文，斯文終在我身，存亡何妨？此之謂“齊順逆，了生死”。

性也，有命焉。君子不謂性，看得有命謂性可也。命也，有性焉。君子不謂命，看得有性謂命可也。

賦税取民之財，必先足民之財；足民之財，必先節民之財；節民財必先自節。徒言取而已乎？驅之亂也。

問本來面目，曰：“此面目天同大，勿令小，若小即非本來；此面目明浄若冰，光明宣朗，勿令暗，若暗即非本來；此面目無迹可指，何處爲耳，何處爲目，何處爲口鼻，勿執着，若執着即非本來。”

問道心、人心，曰：“性生心，心生意。性生之心，道心也；生意之心，人心也。”論其本體，則曰：“道心冲漠無朕，故曰微。以其在人，則曰人心可以聖可以不聖，可以不狂可以狂，故曰危。病人介存亡之間曰危，非必亡之謂也。辟之朝印，自是善物，付之於官曰官印，無所不可矣；然豈二印哉？”

天可知乎哉？知天者幾人哉？無得而知，故無得而名。法天者於何從事？汲汲於知，汲汲於名，何若汲汲於不可知、不可名，不其大乎？

盤銘“日新”，惡染也。醒人醉，寤人寐，生人死，染爲之，非有振拔之志，鮮能滌者。孟氏云"載胥及溺"，此之謂也。

容人者樂，寡欲者逸。

未明求明，既明保明。求明者目瞽，求醫不啻也。保明者病殆，保命不啻也。

昏我智者，利乎！喪我人者，利乎！我之毒也，而嗜之乎？

愛親者愛日，自愛者愛日。親衰，愛之日短；身衰，學之日短。其皇皇等也。

孔子"夕可"，曾子免夫汲汲，盍圖哉？既不可鹵莽幸冀，亦不可甘心遺悔，烏得不惕？吁！念及此，諸不急事堪休矣。

諸不正皆險，險則禍，免於禍者幸。然未嘗免七尺之夫而居於幸，是禍矣。

夜卜之夢，寐奚其卜？夢裏遊魂如何知死去遊魂如何？令人有猛省處。

問睿思之功，曰："在正心。心得其官乃能思，乃何思何慮？"

千般瑕釁皆由於口，一寸遊絲莫挂於身。

休教人不過意，休教我不過意。

生事不如省事，一悔難容再悔。

身有存亡，性無生滅，然身亦無存亡。二五還之，二五何存何亡？

心彌六合，身僅七尺，然身亦不止七尺。天性如彼其大，形色何得獨小？衆聲連耳，衆色連目，衆器連身。聲連聲，色連色，器連器，直至天外。形且如此，而況心性？真是洋洋然。嘻！譚及此，瓦礫糞土，安得不爲之所？

當下就是只爭個覺，爭個任。覺且任，無餘事矣。

爲學須有不容已之意，方可望成，然在得趣。

太極圖教人轉看上去，見人以理而生，乃知罔生爲幸免，世僅以氣聚氣散爲生死而已。

人之生，仁義禮智信、金木水火土、心肝脾肺腎，一齊俱到。

必也，視此身亦若一人，宛從傍觀之，遇當喜而不寐，於彼人固然，於此人亦然。遇彼人侵犯此人，亦爲彼人不快意，其庶矣乎！

必也，視此身若非血肉，宛是一團氣，視人物亦然，直恁通透合併，其庶矣乎！

大凡落在言辭，便須字樣襯貼，要在善會。假如止仁，止敬，止善，只是仁而已，敬而已，善而已，非有一仁、敬、善，又去止之也。

保世莫要於足民，興化莫先於正樂。

問士何爲，必曰希賢；問希賢何事，必曰希其篤信聖人；問信聖何事，必曰信聖同天。然則希賢、希聖、希天乃一齊事，似有階級而實無階級，先正“直入”之説固可繹。

憑德性乃合天，則意氣易盈易涸，變化氣質極難。若知德性氣質不隔，則氣質可化，德性用事。

終日言政而不及化，文中子憂之。吁！言政者亦鮮矣。

蔬糲之食無慚於口，綿布之衣無慚於身，亦浩氣所由生也。

吾今知人行之始於孝，終於恥，所關大也。聰穎才藝，疏於本原，終至敗類。棄恥者棄身，不以恥風禍世也。

吾今知大節不奪者之果難也，利害未如毛，輒茅靡矣。喪元在壑，志不可奪，彼何人哉？

福莫福於聞道，禍莫禍於炫長，羞莫羞於非分。

排之使卑可免非分之位，奪之使貧可免非分之財，訕之使無名可免非分之譽。罪愆既消，襟懷亦適。

細民、讐人亦有益我處，戎夷、鳥獸亦有愧他處。

謹厚之士衆稱矣，孔門猶不與也；鄉黨自愛無咎矣，孟子猶不許也。必也學道乎！匪是無以立。

營營干進，矻矻黷財，陳龜筮而問得失，神其告之乎？甚且賄神矣，祇貽之怒。吁！凡事勿貽神怒。

陽長徐徐，陰長徐徐，大和絪縕，天道也。故拘迫匪以進學，和舒所以宅心。

昔賢云："爾知，我知，我知匪爾知比。爾知猶有爲者，我知必不爲矣。"曰："我有未知乎？"曰："未之知也。真我真知必不爲。"

世波多狀，若非從事於學，蕩漾苦人，學乃無能撼。

既云當行，行無停晷；既云當止，止如截鐵。剛者若是，勿云姑且。"姑且"兩字斷送幾多人。

聖路顯然，聖門洞然，聖室燦然。欲見聖乎？爾身即是。

精注石穿，神凝日返，志學似之。餒極旨食，疲甚安枕，嗜學似之。溺人扒岸，戰人格虜，力學似之。如是方成。

出處輕而臣業衰，取予泛而士節墮。

幾露如毫末，明者燭，强者斷，諸悔杜焉。

倚着不化，聖學邈矣。包函不廣，天人判矣。

言者以進德而立業，聽者以腴聞而藻辭，是以學無成，教無裨，交無終。《書》曰："敬遜務時敏，厥修乃來。"

《共發編》跋

蓋聞五常曰君臣、父子、兄弟、夫婦、朋友，五大曰天、地、君、親、師。五常之有友，五大之有師，猶五行之有土也。此豈直搦管雕蟲、鬥奇靡，焉賴師友哉？曩洙泗以文會友，正以友輔仁。仁，人心也，生機不息，纖翳不點。人人本具此體，故以不識一字凡夫亦可立地學聖。奈積染成迷，匪遇真師指授而著察，且懵懵乎行習，無當於學脉矣。幸際河東曹先生真切定静，威重坦夷，蓋晋自文清而後直引聖道爲己任者，海内屈指。

先生今治淮七載，諸所犁然興革，湛然冰澄，皆實學也。政暇，率淮士會講安定祠中，既命禮爲會約。士鱗集傾聽，乃聽而疑，疑而思，思而辨，久久，諸生彙所問答語爲帙。先生曰："余語都忘之矣，則何不彙所未嘗語者？"第先生以無言而傳，諸生不能無言而述，此《共發編》所由請也。而先生望道未見，寓於與人爲善之中者如是。大都先生之心貞純篤至，環視戴圓履方、含生負氣一有不獲其所，即殷殷引爲己責。先生之學不立門户，惟自庸言庸行一之乎！孔子圓滿充足，我經世而一無我心。先生之言不爲可駭可異，眼前提點，人人思奮，而精靈神理之自溢，此何也？真也。真即仁也，仁即千古之學脉也。

先生留千古之學脉於淮，而況鷹揚有會，節孝有會，又復爾爾。今應内召，行以實學翼聖明，需寰宇，回視化止蘇湖，尤翔洽矣。兹而後，諸生儻以有待而興，倏以無待而歇，試睹此約。此編繡之梨矣，得無兩澤相依，日以輔仁，凛如躬侍函丈，求所以不負此生乎？斯可不負先生。

萬曆二十六年孟春月十一元日，淮南門生譚大禮頓首謹跋

《共發編》後跋

崇烈從學曹先生於鄉塾、於官舍久矣，有言無言，深言淺言耳，盈心洟焉。大都憑本體爲流行，直達天載之隱而不雜。家常倫物之近，不軼矩繩尺寸之纖，謂精粗、表裏、上下無不渾合也，謂古人今人善美無不可資也，謂一民一物無不可愛也，謂毀譽、窮通、順達無不可芯也。循之可據可依，究之無朕無際也。項得《共發編》讀之，則先生筮仕之初訓誨淮北人士者，大都亦如斯。蓋先生蚤歲嗜道業，已得其要領，故以學以教，恒如斯也。

先生欿然不自足，每謂弟子曰：“俟汝輩學成再商。”崇烈不敏，竊謂學不外此，惟日孳孳而已。高明君子當自能辨之。

門人呂崇烈頓首謹識

校勘記

〔一〕“二”字後衍一重複符號，今不錄。

〔二〕“畫”，據《孟子》當作“畫”。

〔三〕□，原書漫漶不清，據《孟子》當作“伊”。

〔四〕此句當衍或有誤字。

〔五〕□，原文漫漶不清，據文意當爲“爭”。

《四庫全書總目提要》（存目）

《共發編》四卷 山西巡撫采進本

明曹于汴撰。于汴字自梁，安邑人，萬曆壬辰進士，官至左都御史，事迹具《明史》本傳。是編乃爲淮安推官時，講學安定祠内，與門人問答之語。其持論多涉玄妙，如譚大禮問："無我相之旨，儒與禪宗將無同？"于汴答云："若天地萬物一一聯屬於我，斯無我相矣；然天地萬物亦無相也。以相觀天地，則如彼其大矣；以相觀萬物，則如彼其衆矣。安能聯屬於我？故幻相非真，真相亦非真，而無相者爲真。夫墮禪者非也，避禪者亦非也。無真而未嘗無真，無幻而未嘗無幻，無天地萬物而未嘗無天地萬物。財成輔相，種種現在，烏在其禪與不禪"云云。是坐儒者之皋比而演釋迦之經咒，則何不披緇而開方丈也？

昔人云："二十一史，便宜若而人，冤枉若而人。"有激之辭也。他不具論，即如荀、楊二子，儒者擯之。雄爲莽大夫，尤非士類所齒。然近有辨其未仕莽，果爾，則千載之冤也。《書》云："與其殺不辜，寧失不經。"吁！近世更無史矣。傳聞失真，猶可言；私衷謬筆，敢以誑世。荆川曰："生前但有一碗飯，死後便有一篇誌。"做此爲乘，不念九原之恥，可勝於邑！

子輿氏謂有道無道之役皆天，則人之遇事不平者可平矣。然豈一聽蹂躪哉？則有師文王之訓在，是迴天之術也。天可順，亦可迴，不能迴而逆之，烏得無禍？

古人云："匹夫匹婦，若勝予焉。"馮慕岡氏曰："我視天下人，都是先生。"問："人有問陽明先生致知、格物，在童子如何做，答曰：'如洒掃應對，便是格物，便是致他洒掃應對一點知。'致洒掃應對之一點知，知亦有深淺乎？"先生曰："洒掃應對，亦休容易看。掃除一方，與掃除天下何異？應對父兄，與應對四方何異？似淺實深，理會到極精極滿，纔叫格致。"曰："直下如何做？"曰："合洒掃便洒掃，合應對便應對。"

問："《詩》蔽於'思無邪'，《禮》蔽於'無不敬'，《書》蔽於何語？"曰："'在安民'，故每以母雞、母彘、導妻子、養老爲文王之王政，而徒爲高妙之談者所不取。"

問："《大學》古本可玩否？"曰："可。然其釋格物，曰有以爲窮理者，有以爲格正者，有以爲格式者，有以爲格通者，有以爲量度者，有以爲格去者，俱有所見。但窮理者未有行不守正、行不合式而可格者，未有不通天下之心、不量度先後而可格者，未有不格去物欲而可格者，則亦無偏主也。”

先生與一生論性，其生舉似雲，雲入見先生曰：“性如是否？”曰：“其人如是，自不得不如是講。”

澍問：“夫子之道，忠恕而已矣。”先生曰：“夫子之道，孝而已矣，弟而已矣。酒肆招牌題云‘公平’，夫子之道，公平而已矣。”又問，曰：“夫子之道，卓而已矣，椅而已矣。”或人未達，曰：“形而上者，不離形而下。”

闇謁叩先生，恭睹門楣，俱有題語。宅堂云“天理人倫，王法清議”，讀之悚悚。又云“居室如何是美，第見所餘，未見所不足”，蓋不求盡美也；“齊家要在崇恩，莫念其短，且念其有長”，如此乃親睦也。書院云“大道無岐，習見成心須掃盡”，若斯則無邊見；“空譚匪學，真參實踐莫蹉跎”，若斯則非虛講。又云“休憑講似懸河，還自勘隱微之處”，更欲研之於內也；“試念風傳近寶，要常參聖蹟之關”，尤對症之藥也。莊園云“幾會幾元，此番蓬蓬來遊，誰堪執有”？是欲通古今也；“徹天徹地，明是洋洋合併，孰與區分”，是欲合人物也。俱令人深省。

問：“闇十七八時，將本質壞，所以今日作事難。”曰：“壞不了，如門閉之便暗，推開便明。”

一日在師前，談及文清公拂鬚事，先生曰：“以此見爲學之難也。文清公猶有脫略處，吾人便當刻刻警惕。此又見爲學之易也，雖有脫略處，猶成大儒。”

鄒南皋曰：“‘怒’字奴心，非正心，怒最不可有。怒則傷肝，肝屬木，木屬仁，怒則傷於仁。養德養壽俱宜戒之。”

答辛復元云：“昔者李本陽臁生瘡，久而方愈，告予曰：‘某初病此，不無縈繫，累月不退。既而置官於度外，乃稍安。又既置死生於度外，遂如脫。蓋向予忻忻相笑也。’彼時本陽爲兵部，想足下無所繫，知勿藥矣。”時辛在病。

少墟有言：“不但伊尹爲任，即柳下惠、伯夷無有不任，不任不足以成聖，當下就任。”

問驛路嚴、車馬艱，曰：“國初有以南京大司馬騎騾赴任者，稍倣此意，何憂車馬？”

問衙舍蕭然，供費不敷，曰：“先進有居九卿之位，用半尾魚行祝壽禮者，稍倣此意，何憂供費？”

乾臺筆記

土潤且活草木蕃茂，砂礫枯燥，安能發育？故忠厚遂開八百，商、韓不庇其身。

猶之乎講讀也，或僅供口耳，或大禪開繼。猶之乎如命也，或順之神逸，或梗之心勞。猶之乎百年也，或古賢共席，或秋草同萎。有志者辯之。

時時對上帝，刻刻理性命，那有閒工計猥事、較細語？

父母、兄弟、妻子之間，工夫於茲用，力量於茲驗，境之順逆不計。若逃却倫理談説工夫，誕談耳。善步者，周道、羊腸無不可置足。遇羊腸而顛躓，豈真善步哉？

人無一息不與天通，一呼一吸，來往相禪，天人無間，人奈何自與天隔？

昔在孔門，示人入道，惟學與思。思以參理，學以履事。事無巨細，勿輕放過；理極精深，直窮到底。學得思以通微，悟門乃開；思得學而貼實，理境乃熟。並進無斁，日日如是。

閲白沙文編，爲人撰文，不輕許可，間有悞信而溢美，復作詩以自咎，其慎如此，可法也夫！

姚培吾每遇生日，席地其父母神主之側，坐竟日，不見客。

昔魏公見泉登第後，請教先輩，先輩云："凡人官小不戀，大則戀；財少不愛，多則愛。"亦不甚解。比筮仕襄陽司理，人饋以襄扇，十柄、二十柄，不惜也，隨散之。一日藩王饋千柄，遂置諸箱。嗣後或送十柄、二十柄，積置於上，不復散人。久而忽悟，兹所謂"少不愛，多則愛"乎？亟呼火焚於庭。清操凜凜，没齒不替。

昔年張淥汀年兄寓吾廬，著族譜，吾爲運筆。其祖先二事甚卓：其一曾種瓜，遇人盜食而憐之，發願，遂每年種瓜十畝，不鬻錢，恣行人食。其一里人有妻妒，不得保嗣子者，一日見其人色甚憂，問之，則云"妾有姙，慮妻虐害，不保生"，乃曰："第令逃於吾家。"里人遂遣其妾逃其家，佯爲尋覓不獲也者。里妾果産子，不令通聞，養其子母八年，方歸其人。嗚呼！厚德一至是。

已而已而，長林廣野，可以樓而。風空月宇，可以遊而，已而已而！

右乃癸卯歲，余年望五，感痁恙，若不可起，自爲誌銘之辭。不期痊可，復歷二十餘年矣。念此餘生，得之望表，不啻足矣，豈可仍有他覬？因書以自勗。

或臨萬仞之壑，性命怵焉，千夫慫之墜，不從也，自惜性命也。講學以晰性命，一夫搖之而易向，又何不自惜也？性命豈有兩與？然畢竟無兩。

劉思庸先生善讀書，逢人未嘗講；劉朴庵兄居官清，未嘗嫌人不清。何至誨妒哉？

天之最惡者，烈勢狡謀，可懼也，不可玩也。

問調爕陰陽，曰：“且調爕自身陰陽，喜怒哀樂，動止語默，調之合則。然陰陽一太極，太極本無極，調一身之太極可也。”元公曰：“主靜立極，是調爕陰陽之要也。”

南皋大而徹，少墟任而莊，龍淵清而樸，景逸沉而恬，中素忠而篤，慕岡忠而真，朴庵清而介。

賀季真以寶珠與賣藥王老，求黃白術，王即以珠易餅，與賀共食。賀惜其輕棄，王曰：“慳吝未除，術何由得？”彼異教且能如是。

不負天，不負君，不負親，不負師，不負此身，其惟學乎！

人有靈蠢，鬼亦有靈蠢。人之靈者通於幽，而靈通者鮮；鬼之靈者通於明，而靈通者亦鮮。其惟至聖至神乎？幽明合矣，不能隔也。

辛子問如何乃無錯，曰：“神明用事。然或神明其非神明，不神明其神明。”

南皋曰：“即心即事，即事即心。”景逸曰：“忘私欲易，忘道理難。”少墟曰：“小人見私，壞了小人；君子見公，壞了君子。”語皆精切。

余莊馮村，居人不及三十家。然多賢孝，侯氏青年殉節，烈日爭光，傭人之婦耳。梁盡孝、秦士貴，俱木匠，每執役於人家，遇饌食之美者，必裹歸奉母，仍背其子女，防其分食。楊守仁乃鐵匠，其母愛女，每多費，仁委曲應辦，無怨言。母死既葬，墓距家頗遠，戀不忍還，留連累日。

又曾聞張葵南氏云，一佃夫種伊田，約均分所穫。既而多雨，省汲灌。迨穫，不肯均分，請如主七、佃三舊例。賢哉！不苟得也。

又聞劉銓部朴庵云，一土工，衆以居士稱之。腰繫小杵，每築牆，大杵外，以小杵杵其隙，主人即欲就簡，不從也，所築必百年不壞。賢哉！不苟其職也。

張鴻臚體岩之孫女，適王鴻臚少亭之孫，蚤卒。將卒之前，持金珠首飾，跽其翁簾下，曰：“婦將不起，此繳上。”其翁大慟，亟令扶起入室，復曰：“留敝衣數事，吾衣之入棺，餘可收藏。”其翁復大慟，令衣錦綺數襲，蓋感之也。賢哉！臨終能不亂也。較俗之病篤而潛轉衣物於母家，惟欲耗費夫家者，霄壤矣。

賈人王雙槐名繼先，與喬東岡名岱同業賈。一日，有利息之入，各分訖，喬置魚酒於青樓，以享雙槐。雙槐曰：“請析業。”喬驚問故，曰：“初有所獲，不以贍家而浪費乎？”喬愧謝，乃已。一日閒坐，喬述其兄不友狀，雙槐復請析業，喬曰：“何又乃爾？”雙槐曰：“爾非乃兄，何以至今日？甫能成立，不以養兄而怨之乎？”喬復愧謝，不復爾。二人一忠告，一虛受，俱成富室。士人相友，能切劘相成如斯者鮮矣。

門人問答語

先生曰："余在淮七年，凡有裨於地方者，頗皆殫力。有二事未及圖，至今衷歎。" 鐕問何事，先生曰："淮，大郡也，而無良醫。思聘鎮江良醫數人，令淮醫師之，閭閻有疾，不至死庸醫之手。古樂之崩，莫甚今日，思制一部古樂，令人宴會，或婚娶、祭祀用之，可挽淫靡之風。二事俱以解篆未行也。前任大常，欲疏請正樂，尋轉大理，亦不果。"

馬生之驎問："何如可立品格？" 先生曰："心地清，人品自卓；學問明，心地自清。"

驎又問："愛民有心，恐位卑不能普及。" 先生曰："譬之明月，照天下者此月，照一國者此月，照一家一身者亦此月。患吾心之不如月，奚患乎照之不遠？" 又曰："不欺便可潔己，潔己民自沾恩。"

又："宇宙茫茫，公卿無數，操觚無數，英氣無數，究竟誰是？徒有真正聖賢，精光不泯，是以有志之士或磨杵成針，或立地成聖。年過者雖難於磨杵，豈難於立地？"